汽车维修企业管理实践研究

邓彦波 ◎ 著

吉林出版集团股份有限公司

图书在版编目（CIP）数据

汽车维修企业管理实践研究 / 邓彦波著. -- 长春：
吉林出版集团股份有限公司，2024. 5. -- ISBN 978-7
-5731-5175-9

Ⅰ. F407.471.6

中国国家版本馆CIP数据核字第20249GA599号

汽车维修企业管理实践研究

QICHE WEIXIU QIYE GUANLI SHIJIAN YANJIU

著　　者	邓彦波	
出版策划	崔文辉	
责任编辑	王　媛	
封面设计	文　一	
出　　版	吉林出版集团股份有限公司	

（长春市福祉大路 5788 号，邮政编码：130118）

发　　行　吉林出版集团译文图书经营有限公司

（http://shop34896900.taobao.com）

电　　话　总编办：0431-81629909　营销部：0431-81629880/81629900

印　　刷　吉林省六一文化传媒有限责任公司

开　　本　710mm×1000mm　　1/16

字　　数　210 千字

印　　张　13

版　　次　2024 年 5 月第 1 版

印　　次　2024 年 5 月第 1 次印刷

书　　号　ISBN 978-7-5731-5175-9

定　　价　78.00 元

前　言

随着汽车产业的快速发展，汽车维修行业作为汽车产业的重要支撑部分，面临着日益严峻的挑战与机遇。作为汽车维修企业的核心组成部分，其管理实践的科学与否，直接关系企业的运营效益、市场竞争力以及长远发展。因此，对汽车维修企业管理实践进行深入的研究，不仅有助于提升企业的管理水平，更能为整个行业的健康发展提供有力的支撑。

汽车维修企业管理实践是一个复杂而系统的过程，它涵盖了从战略规划、组织结构、人力资源管理、财务管理到市场营销等多个方面。在这个过程中，企业需要不断地适应市场变化，优化资源配置，提升服务质量，以满足客户日益多样化的需求。同时，随着信息技术的快速发展，汽车维修企业也需要借助现代科技手段，实现管理模式的创新，提升管理效率。

然而，当前汽车维修企业在管理实践中仍面临着诸多问题。一方面，由于行业门槛相对较低，许多企业缺乏科学的管理理念和手段，导致管理混乱、效率低下；另一方面，随着市场竞争的加剧，企业面临着巨大的生存压力，如何在保证服务质量的同时降低成本、提升效益，成为企业亟待解决的问题。

汽车维修企业管理实践研究具有重要的现实意义和理论价值。通过对企业管理实践的深入研究和分析，我们不仅能够为企业解决实际问题提供有益的参考，更能为整个行业的健康发展提供有力的支撑。随着研究的深入和实践的推进，汽车维修企业管理实践将不断得到优化和创新，为企业的长远发展奠定坚实的基础。

本书在撰写过程中，参阅和引用了一些文献资料，谨向它们的作者表示感谢；同时感谢一直以来支持、鼓励和鞭策我成长的师长和学界同人。由于笔者水平有限，书中难免存在不足之处，敬请广大学界同仁和读者批评指正。

目　录

第一章　汽车维修企业概述

第一节　汽车维修企业的定义与分类

一、汽车维修企业的基本定义

汽车维修企业，作为现代社会中不可或缺的一部分，承担着维护汽车性能、保障行车安全的重要职责。随着汽车产业的快速发展和汽车保有量的持续增长，汽车维修企业的地位和作用日益凸显。

（一）汽车维修企业的概念界定

汽车维修企业，顾名思义，是专门从事汽车维修、保养、检测等相关服务的经济实体。这些企业通常具备相应的资质和认证，拥有专业的技术团队和设备，能够提供高质量的汽车维修服务。根据业务范围和服务类型，汽车维修企业可以进一步细分为综合维修企业、专项维修企业等不同类型。

（二）汽车维修企业的核心业务

汽车维修企业的核心业务之一是汽车故障诊断与排除。企业需要运用专业的技术和设备，对汽车进行全面检测，准确找出故障所在，并采取有效的措施进行修复。这一业务要求维修人员具备丰富的实践经验和扎实的理论知识，能够迅速应对各种复杂的故障情况。除了故障诊断与排除，汽车维修企业还承担着汽车保养与维护的重要任务。这包括定期更换机油、清洗空气滤清器、检查刹车系统等常规保养项目，以及根据汽车使用情况进行的深度维护。通过科学的保养和维护措施，可以延长汽车的使用寿命，提高行车安全性。

汽车维修企业通常还兼营汽车配件的销售与更换业务。企业需要与各大汽车配件供应商建立合作关系，确保配件的质量和供应稳定性。同时，维修人员还需要具备配件更换的技术能力，确保更换过程的安全和有效。

（三）汽车维修企业的市场地位与作用

汽车维修企业在汽车产业链中扮演着举足轻重的角色。一方面，它们是汽车产业链的重要一环，为汽车制造企业提供售后服务支持，保障汽车产品的质量和声誉；另一方面，它们也是广大车主的重要服务提供者，为车主提供及时、专业的维修服务，解决行车过程中遇到的各种问题。

此外，汽车维修企业还承担着推动汽车维修技术进步和创新的重要使命。随着汽车技术的不断更新和升级，汽车维修企业需要不断引进新技术、新设备和新方法，提高维修效率和质量。同时，企业还需要加强人才培养和技术研发，推动汽车维修行业的持续发展。

（四）汽车维修企业的发展趋势与挑战

随着环保意识的增强，绿色维修成为汽车维修企业的发展趋势。企业需要采用环保材料和工艺，减少废弃物排放和能源消耗，实现可持续发展。智能化技术正逐渐渗透到汽车维修领域。通过引入智能诊断系统、远程监控等技术手段，可以提高维修效率和准确性，降低维修成本。

随着汽车维修市场的不断扩大，竞争也日益激烈。企业需要不断提高服务质量和技术水平，以赢得客户的信任和支持。同时，还需要加强品牌建设和市场推广，提升企业的知名度和影响力。

二、汽车维修企业的分类及特点

汽车维修企业是汽车产业中的重要一环，为车主提供必要的车辆维修和保养服务。随着汽车市场的不断扩大和技术的不断进步，汽车维修企业也逐渐形成了多种类型，每种类型都有其独特的特点和优势。

（一）汽车维修企业的分类

根据服务范围、技术水平和经营规模的不同，汽车维修企业可以划分为以下几类：

一类汽车维修企业是从事汽车整车修理、总成修理、汽车维护和小修作业的汽车维修企业。此类企业设备齐全，技术先进，能够修理各种故障，包括发动机、底盘、车身、电气系统等方面的问题。一类汽车维修企业通常规模较大，技术实力强，能够提供高质量的维修服务，但收费也相对较高。

二类汽车维修企业主要从事汽车一级、二级维护和汽车小修作业。与一类企业相比，二类企业的设备和技术水平稍逊一筹，但也能满足大部分车主的日常维修需求。此类企业通常规模适中，价格相对亲民，因此在市场上具有较大的竞争力。

三类汽车维修企业主要从事汽车专项修理或维护，如车身修理、涂漆、电气系统修理、轮胎修理等。这类企业通常专注于某一领域的维修服务，技术精湛，能够满足车主对特定问题的维修需求。然而，由于业务范围相对较窄，三类企业在市场上的影响力较小。

此外，还有一些连锁汽车维修企业、品牌汽车维修中心等，这些企业凭借品牌优势和规模化经营，在市场上具有一定的竞争力。

（二）汽车维修企业的特点

不同类型的汽车维修企业在服务范围、技术水平、经营策略等方面表现出不同的特点。

汽车维修企业的服务范围涵盖了汽车整车修理、总成修理、汽车维护和小修作业等多个方面。无论是发动机故障、底盘问题还是电气系统异常，汽车维修企业都能提供相应的维修服务。这种广泛的服务范围使得汽车维修企业能够满足不同车主的多样化需求。汽车维修行业是一个技术密集型行业，对从业人员的技能水平要求较高。汽车维修企业需要具备专业的技术团队，包括汽车维修技师、电器维修师等，他们需要具备丰富的实践经验和扎实的理论知识，能够准确判断故障原因并采取有效的维修措施。此外，随着汽车技术的不断更新换代，汽车维修企业还需要不断引进新技术和新设备，以适应市场的变化。

汽车维修企业的经营规模差异较大，从大型的一类汽车维修企业到小型的三类汽车维修企业，规模不一。大型汽车维修企业通常拥有更多的设备和技术人员，能够提供更加全面和专业的服务，而小型汽车维修企业则更加注重某一特定领域的维修服务，灵活性更强。随着市场竞争的加剧，越来越多的汽车维修企业开始注重品牌建设和连锁化发展。通过打造品牌形象和提供标准化服务，企业能够提升客户忠诚度和市场占有率。同时，连锁经营能够降低运营成本和提高效率，使企业更具竞争力。

随着汽车保有量的不断增加和汽车技术的不断进步，汽车维修市场的需求将持续增长。同时，随着消费者对汽车性能和品质的要求不断提高，对汽车维修服务的需求也将更加多样化和个性化。因此，汽车维修企业具有广阔的市场前景和发展空间。

三、汽车维修企业的服务范围与对象

随着汽车行业的迅速发展，汽车维修企业作为产业链的重要一环，扮演着举足轻重的角色。这些企业专注于提供多样化的服务，以满足广大车主的维修需求。

（一）汽车维修企业的服务范围

汽车维修企业的服务范围广泛，涵盖了汽车从日常维护到深度维修的各个方面。具体来说，主要包括以下几个方面：

汽车维修企业的基础服务之一是进行常规维护与保养。这包括更换机油、清洗空气滤清器、检查刹车系统、轮胎更换与定位等。这些常规服务旨在确保汽车的正常运行，延长汽车的使用寿命，并预防潜在的安全隐患。当汽车出现故障时，汽车维修企业能够提供专业的故障诊断与修复服务。无论是发动机问题、底盘异常还是电气系统故障，企业都能利用先进的检测设备和丰富的经验，迅速准确地找出故障原因，并采取有效的措施进行修复。

除了常规维护和故障修复外，汽车维修企业还提供一系列专项维修服务。例如，针对车身的钣金修复、喷漆服务，针对汽车空调系统的维修与清洗，以及针对汽车电气系统的专项检测与维修等。这些专项服务旨在满足车主在特定领域的维修需求，提高汽车的整体性能和外观。

为了满足车主对配件的需求，汽车维修企业通常还兼营配件销售与更换业务。企业会与各大汽车配件供应商建立合作关系，确保配件的质量和供应稳定性。同时，维修人员还具备配件更换的技术能力，能够确保更换过程的安全和有效。

（二）汽车维修企业的服务对象

汽车维修企业的服务对象主要是广大车主和车辆使用者。具体来说，包括以下几类人群：

私家车主是汽车维修企业的主要服务对象之一。随着汽车保有量的增加，越来越多的家庭拥有私家车。这些车主在车辆使用过程中，难免会遇到各种维修问题。汽车维修企业能够提供及时、专业的服务，解决车主的困扰，确保车辆的安全和正常运行。营运车辆，如出租车、货车等，由于使用频率高、行驶里程长，更容易出现磨损和故障。这些车辆的所有者需要更加频繁的维修和保养服务，以确保车辆的性能和安全。汽车维修企业能够满足这些特殊需求，为营运车辆提供及时、高效的维修服务。

汽车制造商与经销商也是汽车维修企业的服务对象之一。这些企业需要与汽车维修企业建立合作关系，为其生产的汽车提供售后维修服务。同时，汽车维修企业还可以为经销商提供技术支持和培训，提高经销商的售后服务水平，增强品牌形象。政府机构与企事业单位通常拥有大量的公务用车和运输车辆。这些车辆需要定期进行维护和保养，以确保其正常运行和安全性。汽车维修企业可以为这些机构提供定制化的维修服务方案，满足其特定的维修需求。

（三）服务范围与对象的匹配与拓展

为了使服务范围与对象更好地匹配，汽车维修企业需要关注市场动态和客户需求，不断调整和优化服务内容。同时，企业还应积极拓展服务对象，寻找新的市场增长点。例如，可以加强与汽车制造商和经销商的合作，拓展售后维修市场；也可以关注新能源汽车领域的发展，为新能源汽车提供专门的维修服务。

此外，汽车维修企业还应注重提升自身的技术水平和服务质量。通过引进先进的维修设备和技术，加强员工培训和技术交流，提高维修效率和质量。同时，企业还应关注客户体验，提供便捷、高效的服务流程，提高客户的满意度和忠诚度。

四、汽车维修企业在产业链中的位置

随着汽车产业的不断发展，汽车维修企业作为产业链中的重要一环，扮演着关键的角色。它们不仅为汽车制造企业提供了完善的售后服务，还满足了广大车主的维修需求，确保了车辆的安全和性能。

（一）汽车维修企业在产业链中的基本定位

汽车维修企业位于汽车产业链的下游，是连接汽车制造企业与终端消费者的桥梁。它们负责接收并处理来自车主的维修需求，通过专业的技术和设备，对汽车进行故障诊断、维修和保养，确保车辆的正常运行和安全性能。

在产业链中，汽车维修企业与其他环节密切相关。它们与上游的汽车零配件供应商和维修工具设备供应商保持着紧密的合作关系，获取所需的零部件和工具，为维修服务提供必要的物质保障。同时，它们也与下游的车主保持直接联系，了解车主的需求和反馈，不断提升服务质量。

（二）汽车维修企业在产业链中的价值体现

汽车维修企业拥有专业的技术人员和先进的维修设备，能够对汽车进行全面的故障诊断和维修。它们能够迅速准确地找出故障点，并采取有效的措施进行修复，确保车辆的安全和性能。这种专业的维修服务是汽车产业链中不可或缺的一环，为车主提供了便捷、高效的解决方案。

汽车维修企业为汽车制造企业提供了完善的售后服务，有助于提升品牌形象和市场竞争力。通过提供专业的维修服务，汽车维修企业能够提高车主对汽车品牌的信任度和忠诚度，进而促进汽车的销售和市场份额的扩大。同时，汽车维修企业还能够及时反馈车主的需求和意见，为汽车制造企业提供改进和创新的方向，推动汽车产业的不断进步。

汽车维修产业链的发展不仅为汽车维修企业本身创造了大量的就业机会，还带动了相关行业的发展。例如，汽车零配件制造、维修工具设备生产等行业都因为汽车维修企业的需求而得到了发展。这些行业的发展不仅为产业链中的其他环节提供了更多的商业机会，还为社会创造了更多的就业岗位，促进了经济的繁荣。

（三）汽车维修企业在产业链中的发展趋势与挑战

随着汽车技术的不断进步和市场的不断变化，汽车维修企业在产业链中的位置也面临着一些新的挑战和发展趋势。

首先，随着新能源汽车的快速发展，汽车维修企业需要不断学习和掌握新的维修技术和知识，以适应新能源汽车的特殊需求。这要求企业加强技术研发和人才培养，提升自身的技术水平和竞争力。其次，随着市场竞争的加剧，汽车维修企业需要不断提升服务质量和客户满意度，以赢得更多的市场份额。这要求企业加强内部管理，优化服务流程，提高服务效率和质量。此外，汽车维修企业还需要关注政策法规的变化和市场动态，及时调整经营策略和业务模式，以适应外部环境的变化。

第二节　汽车维修行业的发展历程与现状

一、汽车维修行业的起源与发展历程

汽车维修行业的起源与发展历程是一个悠久且丰富的故事，它伴随着交通工具的演进和人类社会的进步而不断发展。下面，我们将从汽车维修行业的起源开始，逐步探索其发展历程，并试图描绘出这一行业在历史上的重要节点和变革。

（一）汽车维修行业的起源

早期的交通工具多为马车或人力车，其结构简单，维修需求相对较少。然而，随着工业革命的到来，蒸汽机、内燃机等动力技术的出现，交通工具逐渐实现了机械化。尤其是汽车的发明，极大地改变了人们的出行方式，也催生了汽车维修行业的诞生。

早期的汽车维修主要依赖于工匠的经验和手艺，他们通过观察和试错，逐步积累了对汽车机械结构和工作原理的理解。这些工匠往往是多面手，不仅负责车辆的维修，还负责车辆的保养和调整。他们的技能和知识在当时的汽车维修行业中起到了至关重要的作用。

（二）汽车维修行业的发展历程

在汽车维修行业的初期阶段，由于汽车技术尚不成熟，维修工作多依赖于工匠的直觉和经验。此时的汽车维修店往往规模较小，设备简陋，只能进行简单的维修和保养工作。然而，随着汽车数量的不断增加，汽车维修行业逐渐壮大，开始形成一定的市场规模。随着汽车技术的不断进步，汽车维修行业也迎来了技术革新的阶段。电子技术、计算机技术等先进技术的应用，使得汽车的控制系统和诊断系统变得更加复杂。为了适应这一变化，汽车维修行业开始引进先进的诊断设备和维修技术，提高维修效率和质量。同时，汽车维修行业也开始注重专业培训和技术更新，以提升从业人员的专业素质和技能水平。

随着市场竞争的加剧和消费者需求的多样化，汽车维修行业开始进入服务升级阶段。除了提供基本的维修和保养服务外，许多汽车维修店还开始提供一站式服务，包括车辆保险、年检、代驾等增值服务。同时，一些高端的汽车维修品牌还注重提供个性化的服务体验，如定制化的维修方案、专属的客户服务等，以满足不同客户的需求。

近年来，随着环保意识的日益增强，汽车维修行业也开始向绿色维修方向发展。这包括采用环保材料和工艺进行车辆维修，减少维修过程中的废弃物排放和能源消耗；同时，也注重推广节能减排的维修技术和方法，为汽车行业的可持续发展做出贡献。

二、当前汽车维修行业的市场规模与结构

随着汽车保有量的持续增长，汽车维修行业作为汽车产业链的重要一环，其市场规模和结构也在不断变化和发展。

（一）市场规模

近年来，随着汽车市场的繁荣和消费者购车热情的高涨，汽车维修行业市场规模呈现出稳步增长的趋势。根据权威机构发布的数据，我国汽车维修行业市场规模已经达到数千亿元，且呈现出逐年递增的态势。这一规模的增长主要得益于以下几个方面：

汽车保有量的增加。随着人们生活水平的提高和交通基础设施的完善，汽车已经成为越来越多家庭的必需品。汽车保有量的增加直接带动了汽车维修需求的增长，为行业规模的扩大提供了有力支撑。

消费者维修意识的提高。随着汽车技术的进步和消费者对汽车性能要求的提高，越来越多的消费者开始重视汽车的维修和保养。他们愿意为汽车的健康和安全投入更多的资金，这为汽车维修行业的发展提供了广阔的市场空间。

政策环境的优化。政府对汽车维修行业的支持力度不断加大，出台了一系列政策措施来规范和促进行业的发展。这些政策的实施为汽车维修行业提供了良好的发展环境，进一步推动了市场规模的扩大。

（二）市场结构

当前汽车维修行业的市场结构呈现出多元化、专业化的特点。具体来说，主要表现在以下几个方面：

多元化经营模式。汽车维修行业已经形成了包括4S店、综合修理厂、连锁维修店、快修店等多种经营模式并存的格局。这些经营模式各具特色，满足了不同消费者的需求，也促进了市场的多元化发展。

专业化分工。随着汽车技术的不断进步和维修需求的多样化，汽车维修行业逐渐形成了专业化分工的趋势。不同的维修企业开始专注于某一特定领域或车型的维修服务，提高了维修效率和质量，也提升了行业的整体竞争力。

地域性分布。汽车维修行业在地域性分布上呈现出一定的特点。一般来说，大中城市的汽车维修市场相对较为集中，而小城镇和农村地区的市场则相对较为分散。这种地域性分布与当地的经济发展水平、汽车保有量以及消费者需求等因素密切相关。

（三）发展趋势

未来，汽车维修行业将继续保持稳步增长的发展态势，市场规模和结构也将发生一系列变化。具体来说，主要有以下几个发展趋势：

品牌化、连锁化经营。随着市场竞争的加剧和消费者需求的升级，品牌化、连锁化经营将成为汽车维修行业的发展趋势。通过品牌建设和连锁经营，企业可以提高服务质量和效率，提升消费者信任度和忠诚度，从而在市场中占据更有利的位置。

技术创新和服务升级。随着汽车技术的不断创新和智能化水平的提高，汽车维修行业也将面临更高的技术要求和服务标准。企业需要加强技术创新和人才培养，提高维修技术水平和服务质量，以满足消费者日益增长的需求。

绿色维修和环保发展。随着环保意识的日益增强和政府对环保要求的提高，绿色维修和环保发展将成为汽车维修行业的重要发展方向。企业需要采用环保材料和工艺进行车辆维修，减少废弃物排放和能源消耗，实现可持续发展。

（四）影响因素

汽车产业政策。汽车产业的发展政策对维修行业具有重要影响。政策的调整可能会改变汽车市场的竞争格局和消费者的购车行为，从而影响维修行业的市场规模和结构。

科技进步。随着汽车技术的不断进步，维修行业需要不断更新维修设备和技术，以适应新型汽车的需求。科技进步既为维修行业带来了新的发展机遇，也带来了挑战。

消费者需求变化。消费者的维修需求和消费习惯对维修行业的市场规模和结构具有直接影响。随着消费者对汽车性能和品质要求的提高，维修行业需要不断提升服务质量以满足消费者需求。

市场竞争格局。维修行业的市场竞争格局也会影响其市场规模和结构。激烈的市场竞争可能会促使企业提高服务质量和效率，同时也可能导致行业利润率的下降。

三、汽车维修行业的现状与挑战

汽车维修行业作为汽车产业链的重要一环，其发展现状与面临的挑战密切相关。随着汽车保有量的持续增长和消费者对汽车性能要求的不断提高，汽车维修行业面临着巨大的发展机遇，同时也面临着诸多挑战。

（一）汽车维修行业的现状

随着汽车市场的繁荣和消费者购车热情的高涨，汽车维修行业市场规模呈现出稳步增长的态势。越来越多的消费者开始关注汽车的维修和保养，为汽车维修行业的发展提供了广阔的市场空间。

随着市场竞争的加剧和消费者需求的升级，汽车维修企业开始注重提升服务质量。许多企业加强了员工培训和技术更新，提高了维修效率和质量。同时，一些企业还推出了个性化、差异化的服务，以满足不同消费者的需求。

随着汽车技术的不断进步，汽车维修行业的技术水平也在不断提高。许多企业引进了先进的维修设备和诊断技术，能够更准确地判断汽车故障并进行修复。此外，一些企业还积极探索智能化、数字化的维修方式，提高了维修效率和准确性。

（二）汽车维修行业面临的挑战

随着汽车维修市场的不断扩大，越来越多的企业涌入这个行业，导致市场竞争日益激烈。为了争夺市场份额，一些企业不得不采取低价竞争的策略，导致行业利润率下降。同时，一些不法企业也存在乱收费、欺诈消费者的行为，严重损害了行业的形象和信誉。汽车技术的更新换代速度非常快，新的车型和技术不断涌现。这就要求汽车维修企业不断更新技术、引进新设备，以适应市场需求。然而，一些企业由于资金、技术等方面的限制，难以跟上技术更新的步伐，导致在市场竞争中处于劣势地位。

随着消费者对汽车性能要求的提高和个性化需求的增加，汽车维修企业需要提供更加多样化、个性化的服务。然而，一些企业由于服务意识和创新能力不足，难以满足消费者的需求，导致客户流失和市场萎缩。随着环保意识的日益增强和政府对环保要求的提高，汽车维修行业也面临着更高的环保标准。企业需要采用环保材料和工艺进行车辆维修，减少废弃物排放和能源消耗。然而，一些企业由于环保意识和投入不足，难以达到环保要求，可能面临处罚和市场压力。

汽车维修行业是一个技术密集型行业，对人才的需求量大且要求高。然而，目前行业内存在人才短缺的问题，尤其是高端技术人才和复合型人才更为紧缺。这限制了行业的发展速度和创新能力，也增加了企业的经营成本。

（三）应对挑战的策略

面对上述挑战，汽车维修行业需要采取一系列策略来应对：

企业应加大技术创新投入，引进先进的维修设备和诊断技术，提高技术水平和服务质量。同时，加强人才培养和引进力度，培养一批高端技术人才和复合型人才，为行业的发展提供有力支撑。企业应注重提升服务质量和客户满意度，通过提供个性化、差异化的服务来满足不同消费者的需求。同时，加强与客户的沟通和互动，建立良好的客户关系，提高客户忠诚度和口碑效应。

企业应加强品牌建设和市场推广力度，提高品牌知名度和美誉度。通过参加行业展会、举办促销活动等方式来扩大市场份额和影响力。同时，加强与其他行业的合作与交流，共同推动行业的发展。企业应严格遵守环保法规和标准，采用环保材料和工艺进行车辆维修，减少废弃物排放和能源消耗。同时，加强环保意识教育和培训，提高员工的环保意识和责任感。

四、汽车维修行业的发展趋势与前景

随着汽车产业的蓬勃发展和消费者对汽车需求的不断增长，汽车维修行业作为汽车产业链的重要组成部分，其发展趋势与前景备受关注。

（一）汽车维修行业的发展趋势

随着汽车技术的不断创新，汽车维修行业也将迎来技术革命。智能化、数字化、自动化的维修设备和工具将逐渐普及，为维修过程带来更高的效率和准确性。同时，大数据、云计算等技术的应用也将推动汽车维修行业的智能化发展，实现故障预测、远程诊断等功能，提升维修服务的水平和质量。

随着市场竞争的加剧，汽车维修行业将逐渐走向专业化和品牌化。企业将更加注重提升服务质量和用户体验，通过品牌建设、专业化经营等方式来树立企业形象和口碑。同时，企业还将根据市场需求和自身实力，选择适合的经营模式和发展路径，实现差异化竞争和可持续发展。

随着环保意识的日益增强和政府对环保要求的提高，汽车维修行业将更加注重绿色维修和环保发展。企业将采用环保材料、减少废弃物排放、提高能源利用效率等措施，推动汽车维修行业的绿色转型。同时，政府也将出台相关政策法规，鼓励和支持绿色维修技术的研发和应用。

（二）汽车维修行业的发展前景

随着汽车保有量的不断增加和消费者对汽车性能要求的提高，汽车维修市场的需求将持续增长。同时，随着新能源汽车、智能网联汽车等新兴领域的快速发展，汽车维修行业也将迎来新的增长点。预计未来几年，汽车维修市场的规模将持续扩大，为行业发展提供广阔的空间。

随着市场竞争的加剧和消费者需求的升级，汽车维修企业将更加注重提升服务质量。通过引进先进设备、加强员工培训、优化服务流程等方式，提高维修效率和质量。同时，企业还将关注消费者需求变化，提供更加个性化、差异化的服务，满足消费者的多元化需求。

随着市场竞争的加剧和行业洗牌的加速，汽车维修行业将逐渐走向整合和标准化发展。一方面，大型企业将通过兼并重组、品牌连锁等方式扩大市场份额和影响力；另一方面，政府将加强行业监管和标准化建设，推动汽车维修行业的规范化发展。这将有助于提升整个行业的形象和信誉度，为消费者提供更加安全、可靠的维修服务。

（三）影响汽车维修行业发展的因素

汽车产业政策与法规是影响汽车维修行业发展的重要因素。政府对于汽车产业的支持程度、环保政策的实施力度、相关法规的完善程度等都将对汽车维修行业产生深远影响。因此，企业需要密切关注政策动向，及时调整经营策略，以适应政策环境的变化。

技术进步与创新是推动汽车维修行业发展的关键因素。随着汽车技术的不断进步和创新，汽车维修行业需要不断更新技术和设备，以适应市场需求的变化。同时，企业还需要加强技术创新和研发能力，推动维修技术的升级和改造，提高行业竞争力。

消费者需求与偏好是影响汽车维修行业发展的重要因素之一。随着消费者对汽车性能和品质要求的提高，汽车维修行业需要不断提升服务质量和技术水平，以满足消费者的需求。同时，企业还需要关注消费者的偏好变化，及时调整服务内容和方式，以赢得消费者的信任和支持。

第三节　汽车维修企业的组织结构与管理模式

一、汽车维修企业的组织结构设置

汽车维修企业作为汽车产业链中的重要一环，其组织结构设置对于企业的运营效率和竞争力具有重要影响。一个科学合理的组织结构能够确保企业内部各部门之间的协同配合，提高资源利用效率，进而实现企业的长期稳定发展。

（一）汽车维修企业组织结构设置的原则

汽车维修企业在设置组织结构时，应遵循精简高效的原则。通过减少管理层级、优化部门设置、提高员工工作效率等方式，降低企业运营成本，提高市场竞争力。在组织结构设置中，应明确各部门的职责和权限，确保各部门在履行职责时能够相互协作、互相支持。同时，也要确保各部门在行使权力时受到有效监督，防止权力滥用。

随着市场环境和客户需求的变化，汽车维修企业需要不断调整和优化组织结构。因此，在设置组织结构时，应充分考虑企业的战略目标和市场环境，确保组织结构具有一定的灵活性和适应性。

（二）汽车维修企业组织结构的基本框架

决策层是汽车维修企业的最高管理层，负责制定企业的发展战略、经营计划和重大决策。决策层通常由企业的高级管理人员组成，如总经理、副总经理等。管理层是决策层的执行机构，负责企业的日常运营和管理。管理层包括各部门经理、主管等，他们负责协调各部门的工作，确保企业各项任务的顺利完成。

执行层是汽车维修企业的基层员工，负责具体的维修任务和技术操作。执行层员工包括技术工人、维修技师等，他们的技术水平和工作态度直接影响到企业的维修质量和客户满意度。

（三）汽车维修企业组织结构的详细设置

维修部门是汽车维修企业的核心部门，负责汽车的故障诊断、维修和保养工作。维修部门可以根据企业的规模和业务特点进一步细分为多个小组，如发动机维修组、底盘维修组、电气维修组等，以便更好地发挥专业技能和协作优势。

技术支持部门为维修部门提供技术支持和指导，负责解决复杂的技术问题。该部门通常由经验丰富的技术专家组成，他们具备深厚的专业知识和丰富的实践经验，能够对复杂故障进行准确诊断和高效修复。配件管理部门负责汽车维修所需配件的采购、储存和管理。该部门需要密切关注市场动态和客户需求，确保配件的质量和供应及时性。同时，配件管理部门还要与供应商建立良好的合作关系，以降低采购成本并优化库存管理。

客户服务部门是汽车维修企业与客户之间的桥梁，负责接待客户、解答疑问、处理投诉等工作。该部门应具备良好的沟通能力和服务意识，能够为客户提供专业的咨询和满意的解决方案。此外，客户服务部门还可以通过定期回访和满意度调查等方式，了解客户需求和市场动态，为企业的决策提供支持。

人力资源部门负责员工的招聘、培训、绩效考核等工作，确保企业拥有高素质的员工队伍。财务部门则负责企业的财务管理和资金运作，包括预算制定、成本控制、收入核算等方面。这两个部门在企业的运营中发挥着重要的支持作用，为企业的稳定发展提供有力保障。

（四）汽车维修企业组织结构设置的优化措施

通过减少管理层级、提高管理效率等方式，推行扁平化管理，使决策层能够更快地了解基层情况并作出相应决策。同时，扁平化管理也有助于提高员工的参与感和归属感，激发员工的工作积极性。

建立有效的沟通机制和协作平台，加强各部门之间的信息共享和资源整合。通过定期召开部门会议、开展跨部门培训等方式，增进部门间的了解和信任，提高协同作战能力。

加大对员工的培训投入，提高员工的专业技能和综合素质。通过内部培训、外部引进等方式，培养一批具备高技能、高素质的员工，为企业的长期发展提供人才保障。

二、汽车维修企业的管理模式分析

随着汽车产业的快速发展和消费者对汽车维修服务需求的日益增长，汽车维修企业面临着日益激烈的市场竞争。为了保持竞争优势并实现可持续发展，汽车维修企业需要不断探索和创新管理模式。

（一）汽车维修企业管理模式的重要性

汽车维修企业的管理模式决定了企业的运营方式、资源配置和决策机制，直接影响到企业的运营效率、服务质量和市场竞争力。一个科学合理的管理模式能够激发员工的工作积极性，提高资源利用效率，优化服务流程，进而提升企业的整体绩效。

（二）汽车维修企业管理模式的现状

目前，汽车维修企业的管理模式呈现出多样化的特点。一些企业采用传统的家族式管理模式，依靠家族成员的管理经验和人际关系来维系企业的运营；一些企业则引入现代企业管理理念，建立了较为完善的组织结构和管理制度；还有一些企业则采用灵活的管理模式，根据市场环境和客户需求的变化不断调整和优化。

然而，尽管汽车维修企业的管理模式有所创新，但仍存在一些共性问题。例如，一些企业管理层对市场变化和客户需求不够敏感，决策迟缓；一些企业缺乏科学的管理制度和流程，导致工作效率低下；还有一些企业过于注重短期利益，忽视了企业的长远发展。

（三）汽车维修企业管理模式的创新方向

针对上述问题，汽车维修企业需要不断探索和创新管理模式，以适应市场变化和客户需求。汽车维修企业应积极引入现代企业管理理念，如战略管理、人力资源管理、质量管理等，以提升企业的管理水平和运营效率。通过制定明确的发展战略和目标，优化组织结构和人员配置，建立科学的管理制度和流程，实现企业的规范化、标准化和高效化运营。

信息化建设是提升汽车维修企业管理水平的重要手段。通过引入先进的信息化管理系统，实现对企业运营数据的实时监控和分析，提高决策效率和准确性。同时，信息化建设还可以优化服务流程，提高客户满意度。例如，通过建立客户档案和维修记录系统，实现客户信息的快速查询和维修历史的追溯，提升服务质量。

精益化管理是一种以客户需求为导向，通过消除浪费、提高效率来实现企业价值最大化的管理模式。汽车维修企业应积极推行精益化管理，从客户需求出发，优化服务流程，降低运营成本，提高服务质量。例如，通过引入精益生产理念，实现维修过程的精细化管理和资源的优化配置，提高维修效率和质量。

人才是企业发展的核心竞争力。汽车维修企业应注重培养和引进高素质人才，建立完善的人才培养和激励机制。通过定期培训、技能竞赛等方式，提高员工的专业技能和综合素质；同时，积极引进具有丰富经验和专业技能的优秀人才，为企业的创新发展提供有力支持。

（四）汽车维修企业管理模式的优化策略

汽车维修企业应树立以客户为中心的服务理念，将客户需求和满意度作为衡量企业绩效的重要指标。通过优化服务流程、提高服务质量、加强与客户的沟通互动等方式，提升客户满意度和忠诚度。

团队协作和沟通是企业管理的重要基础。汽车维修企业应建立有效的团队协作和沟通机制，促进各部门之间的信息共享和资源整合。通过定期召开部门会议、开展团队建设活动等方式，增进员工之间的了解和信任，提高团队协作效率。

绩效管理和激励机制是激发员工工作积极性的重要手段。汽车维修企业应建立科学的绩效管理体系和激励机制，根据员工的工作表现和贡献给予相应的奖励和晋升机会。同时，通过设立员工建议箱、开展员工满意度调查等方式，鼓励员工积极参与企业管理和决策过程，提高员工的归属感和责任感。

三、汽车维修企业的组织文化与价值观

在汽车维修行业中，组织文化与价值观不仅影响着企业的内部运营，还直接关系到企业的外部形象和市场竞争力。一个优秀的组织文化能够激发员工的归属感和工作热情，提高企业的凝聚力和执行力；而正确的价值观则能够引导企业走向正确的发展方向，确保企业的长远发展。因此，构建和培育符合汽车维修企业特点的组织文化与价值观显得尤为重要。

（一）汽车维修企业组织文化的内涵与特点

组织文化是指企业在长期发展过程中形成的具有独特性的价值观念、行为准则、道德规范、工作作风等文化现象的总和。对于汽车维修企业而言，其组织文化应体现以下几个特点：

专业性。汽车维修企业作为技术服务型企业，其组织文化应强调专业技能的提升和技术创新的重要性，鼓励员工不断学习和掌握新知识、新技术。

团队协作。汽车维修工作需要多个部门和岗位的协同配合，因此组织文化应强调团队协作和沟通的重要性，倡导员工之间的互助合作和共同进步。

诚信为本。汽车维修行业涉及消费者的安全和权益，企业应以诚信为本，坚持诚实守信的经营原则，树立良好的企业形象。

服务至上。作为服务型企业，汽车维修企业应将客户需求放在首位，提供优质的服务和满意的体验，赢得客户的信任和忠诚。

（二）汽车维修企业价值观的构建与体现

价值观是企业文化的核心，它决定了企业的行为准则和决策方向。对于汽车维修企业而言，其价值观应体现以下几个方面：

质量第一。汽车维修企业应始终坚持质量第一的原则，确保维修服务的质量和安全，保障客户的利益。企业应建立完善的质量管理体系，加强对维修过程的监督和检查，确保每一项工作都符合标准和要求。

客户至上。客户是企业的生命线，汽车维修企业应始终将客户的需求和满意度放在首位。企业应建立完善的客户服务体系，提供周到的售前、售中和售后服务，及时解决客户的问题和困难，提升客户的满意度和忠诚度。

创新发展。在快速变化的市场环境中，汽车维修企业应保持敏锐的洞察力和创新精神，不断探索新的服务模式和技术手段，提高企业的竞争力和市场占有率。企业应鼓励员工提出创新性的想法和建议，为企业的创新发展贡献智慧和力量。

社会责任。作为社会的一分子，汽车维修企业应积极履行社会责任，关注社会热点和民生问题，为社会做出贡献。企业应积极参与公益事业和慈善活动，回馈社会、造福人民。

（三）汽车维修企业组织文化与价值观的培育与传播

构建和培育符合汽车维修企业特点的组织文化与价值观需要全体员工的共同努力和持续投入。以下是一些具体的培育与传播措施：

领导示范。企业领导应成为组织文化和价值观的倡导者和实践者，通过自身的言行和行动来影响和带动员工。领导应积极参与企业文化的建设活动，为员工树立榜样和标杆。

培训教育。企业应定期开展组织文化和价值观的培训教育活动，帮助员工深入理解企业文化的内涵和意义，增强员工的认同感和归属感。培训内容可以包括企业的历史沿革、文化特色、价值观念、行为规范等方面。

宣传推广。企业应通过内部宣传和外部推广相结合的方式，将组织文化和价值观传播给更广泛的人群。内部宣传可以通过企业网站、内部刊物、员工大会等渠道进行；外部推广则可以通过广告、公关活动、社会责任项目等方式进行。

实践应用。企业文化和价值观的生命力在于实践应用。企业应鼓励员工在日常工作中积极践行企业文化和价值观，将其融入具体的工作流程和服务标准中，形成具有企业特色的工作方式和行为习惯。

四、汽车维修企业组织结构与管理模式的优化

随着汽车产业的迅猛发展，汽车维修企业面临着日益激烈的市场竞争。为了提高企业的运营效率、服务质量以及市场竞争力，优化企业的组织结构和管理模式显得尤为重要。

（一）汽车维修企业组织结构优化的必要性

组织结构是企业内部各部门之间的协作关系与权责分配体系，它直接影响到企业的运营效率和管理效果。对于汽车维修企业而言，一个合理的组织结构能够确保企业内部各部门之间的顺畅沟通、高效协作，从而提高企业的整体运营效率。然而，许多汽车维修企业在组织结构方面存在一些问题，如部门设置不合理、职责划分不明确、沟通渠道不畅等，这些问题严重制约了企业的发展。因此，优化组织结构成为汽车维修企业提高运营效率和市场竞争力的关键。

（二）汽车维修企业组织结构的优化策略

传统的汽车维修企业往往采用层级制的组织结构，这种结构层级多、决策速度慢，不利于企业的快速响应和灵活调整。因此，可以引入扁平化的组织结构，减少管理层级，缩短决策链条，提高决策效率和响应速度。汽车维修企业的业务涉及多个部门和岗位，因此建立跨部门协作机制至关重要。可以通过设立跨部门协作小组或项目团队，加强各部门之间的沟通与协作，打破部门壁垒，实现资源共享和优势互补。

为了确保企业内部各部门之间的顺畅运作，需要明确各部门的职责与权限。通过制定详细的岗位职责和工作流程，确保每个员工都清楚自己的职责范围和工作要求，避免出现工作重复、遗漏或推诿现象。

（三）汽车维修企业管理模式的优化

管理模式是企业运营和管理的核心理念和方法，它直接影响到企业的运营效果和市场竞争力。对于汽车维修企业而言，一个科学、合理的管理模式能够提高企业的运营效率和服务质量。

汽车维修企业应积极引入现代管理理念，如精益管理、六西格玛管理等，以提高企业的管理水平和运营效率。通过引入这些先进的管理理念和方法，企业可以更加科学地制定管理策略、优化工作流程、提高员工工作效率，从而提升企业的整体竞争力。

标准化管理是汽车维修企业提高服务质量和运营效率的重要手段。通过制定详细的服务标准、操作流程和质量检验标准，确保维修服务的规范化和一致性。同时，加强员工培训，提高员工对标准的理解和执行能力，确保标准化管理的有效实施。

信息化管理是提升汽车维修企业管理效率的关键途径。通过引入信息化管理系统，实现对企业运营数据的实时监控和分析，提高决策效率和准确性。同时，利用信息化手段优化服务流程，提高客户满意度。例如，建立客户管理系统，实现客户信息的快速查询和维修历史的追溯；引入智能诊断设备，提高故障诊断的准确性和效率。

激励机制是激发员工工作积极性和创造力的有效手段。汽车维修企业应建立科学的激励机制，根据员工的工作表现和贡献给予相应的奖励和晋升机会。同时，营造良好的企业文化氛围，增强员工的归属感和忠诚度。

（四）优化组织结构与管理模式的实施步骤

在优化组织结构与管理模式之前，企业需要对自身的运营状况进行深入调研与分析，明确存在的问题和瓶颈。通过收集和分析数据，了解企业的运营状况、员工素质、客户需求等信息，为优化工作提供有力支持。根据调研结果，结合企业的实际情况和发展战略，制定具体的优化方案。方案应明确优化目标、具体措施和实施步骤，确保优化工作的针对性和有效性。

在优化方案制定完成后，企业需要组织相关部门和人员进行实施。同时，建立监控机制，对优化过程进行实时跟踪和评估，确保优化工作的顺利进行。优化工作完成后，企业需要对优化效果进行总结和评估，分析优化成果和不足之处。在此基础上，制订持续改进计划，不断优化企业的组织结构和管理模式，以适应市场变化和客户需求的变化。

第四节　汽车维修企业的市场定位与竞争态势

一、汽车维修企业的市场定位策略

随着汽车产业的快速发展，汽车维修企业面临的市场竞争也日益激烈。为了在市场中脱颖而出，实现可持续发展，汽车维修企业必须制定明确的市场定位策略。

（一）市场定位的重要性

市场定位是指企业根据市场需求和竞争态势，确定自身在市场中的发展方向和竞争优势，以满足目标客户的需求。对于汽车维修企业而言，明确的市场定位具有以下重要性：

明确目标客户群体。市场定位有助于企业明确自己的目标客户群体，从而有针对性地开展市场营销活动，提高营销效果。

突出竞争优势。通过市场定位，企业可以深入挖掘自身的竞争优势，如技术实力、服务质量、价格优势等，从而在市场中形成独特的品牌形象。

提高市场占有率。明确的市场定位有助于企业更好地满足目标客户的需求，提高客户满意度和忠诚度，进而提升市场占有率。

（二）市场定位的策略制定

在制定市场定位策略前，汽车维修企业需要对市场需求和竞争态势进行深入分析。通过市场调研、客户访谈等方式，了解目标客户的需求特点、消费习惯以及购买决策过程；同时，对竞争对手的产品、价格、服务等方面进行全面了解，明确自身的竞争地位。根据市场需求和竞争态势的分析结果，汽车维修企业需要确定自己的目标客户群体。目标客户群体应具有一定的规模和购买力，同时对企业提供的服务具有较高的需求和满意度。通过细分市场，企业可以更加精准地定位目标客户群体，提高营销效果。

在明确目标客户群体的基础上，汽车维修企业需要深入挖掘自身的竞争优势。这些竞争优势可以来源于技术实力、服务质量、价格优势、品牌知名度等方面。企业应对自身的优势进行深入分析，找出与竞争对手相区别的特点，形成独特的品牌形象。根据市场定位和目标客户群体，汽车维修企业需要制定差异化的营销策略。差异化营销策略包括产品差异化、价格差异化、服务差异化等方面。企业应根据自身的竞争优势和目标客户的需求，制定符合市场需求的营销策略，提高市场竞争力。

（三）市场定位策略的实施与调整

品牌建设是市场定位策略实施的关键环节。汽车维修企业应注重品牌形象的塑造和传播，通过提升服务质量、加强客户关系管理等方式，提高品牌知名度和美誉度。同时，企业还可以通过参加行业展会、举办促销活动等方式，扩大品牌影响力。优质的服务是汽车维修企业赢得客户信任和支持的关键。企业应优化服务流程，提高服务效率和质量，确保客户在维修过程中得到满意的体验。此外，企业还应加强员工培训，提高员工的专业素质和服务意识，为客户提供更加专业的服务。

市场定位策略并非一成不变，随着市场环境和客户需求的变化，企业需要对市场定位策略进行定期评估和调整。企业应密切关注市场动态和竞争对手的动向，及时发现市场变化并做出相应的调整。同时，企业还应收集客户反馈意见，不断改进服务质量和提升客户满意度。

（四）市场定位策略的案例分析

以某知名汽车维修企业为例，该企业在市场定位策略制定与实施方面取得了显著成效。该企业通过对市场需求和竞争态势的深入分析，明确了以中高端汽车用户为目标客户群体，以提供高品质、专业化的维修服务为核心竞争力。在品牌定位方面，该企业注重提升品牌形象和知名度，通过举办品牌活动、加强客户关系管理等方式，提高了品牌美誉度和客户忠诚度。在服务流程优化方面，该企业引入了先进的维修设备和技术，提高了服务效率和质量，为客户提供了更加便捷的维修体验。通过一系列市场定位策略的制定与实施，该企业在市场中占据了较高的份额，实现了可持续发展。

二、汽车维修企业的目标客户分析

随着汽车产业的蓬勃发展，汽车维修企业面临着日益激烈的市场竞争。为了更有效地满足客户需求、提升服务质量和市场占有率，对目标客户进行深入分析显得尤为重要。

（一）目标客户分析的重要性

目标客户分析是汽车维修企业制定市场策略、优化服务流程、提升客户满意度的关键。通过对目标客户的分析，企业可以了解客户的消费习惯、需求特点、购买决策过程等，从而为客户提供更加精准、个性化的服务。同时，目标客户分析还有助于企业发现新的市场机会，拓展业务领域，实现可持续发展。

（二）目标客户的分类与特点

私家车主是汽车维修企业的主要目标客户之一。这部分客户通常对汽车的性能、安全性、舒适性有较高要求，注重车辆的日常保养和维修。他们的消费决策过程相对理性，会综合考虑价格、服务质量、维修效率等因素。因此，针对私家车主，汽车维修企业应提供高品质、专业化的服务，加强客户关系管理，提升客户满意度和忠诚度。

企事业单位车辆管理部门是汽车维修企业的另一重要目标客户。这些客户通常负责管理单位的车辆，对维修服务的需求较为稳定且量大。他们的消费决策过程往往受到单位预算、政策规定等因素的影响。针对这部分客户，汽车维修企业应提供合理的价格、优质的服务和高效的维修流程，同时加强与客户的沟通与合作，建立良好的长期合作关系。

汽车租赁公司是汽车维修企业的潜在目标客户。这些公司通常需要对大量车辆进行定期保养和维修，对服务质量和维修效率要求较高。针对汽车租赁公司，汽车维修企业应提供快速响应、高效维修的服务，同时关注车辆保养的周期性需求，制订合适的保养计划，确保车辆性能稳定、安全可靠。

运输公司也是汽车维修企业的重要目标客户之一。这些公司通常需要处理大量运输车辆，对维修服务的需求量大且持续。他们注重维修服务的专业性和可靠性，以确保车辆的正常运行和运输效率。对于运输公司，汽车维修企业应提供专业的故障诊断和维修服务，确保车辆在最短时间内恢复正常运行，同时提供灵活的维修计划和紧急救援服务，以满足运输公司的特殊需求。

（三）目标客户的行为模式与需求趋势

目标客户的行为模式受到多种因素的影响，包括个人喜好、消费习惯、经济能力等。随着信息技术的发展，越来越多的客户倾向于通过互联网搜索维修信息、比较价格、评价服务质量。因此，汽车维修企业应关注客户的在线行为，利用互联网营销手段吸引客户、提升品牌知名度。

随着汽车技术的不断进步和环保要求的提高，客户对汽车维修服务的需求也在发生变化。一方面，客户对汽车维修技术的专业性和创新性提出更高要求；另一方面，客户越来越关注汽车维修过程中的环保和节能问题。因此，汽车维修企业应关注行业技术动态和环保要求，不断提升技术水平和服务质量，满足客户的多元化需求。

（四）目标客户分析的实践应用

通过对目标客户的分析，汽车维修企业可以将市场细分为不同的客户群体，并针对不同客户群体制定差异化的市场定位和服务策略。这有助于企业更好地满足客户需求、提升市场竞争力。目标客户分析有助于企业发现服务过程中的不足和客户需求的变化。根据分析结果，企业可以优化服务流程、提升服务质量、创新服务模式，以满足客户的期望和需求。

针对目标客户的特点和需求趋势，汽车维修企业应调整营销策略，如加强互联网营销、推出优惠活动、加强品牌宣传等，以吸引更多潜在客户并提升客户满意度。

三、汽车维修行业的竞争格局分析

随着汽车产业的快速发展，汽车维修行业作为汽车产业链的重要一环，也呈现出蓬勃发展的态势。然而，与此同时，汽车维修行业也面临着日益激烈的市场竞争。

（一）汽车维修行业的竞争格局概述

汽车维修行业的竞争格局主要受到市场规模、技术水平、品牌影响力、服务质量等多方面因素的影响。目前，汽车维修行业呈现出多元化、专业化的竞争格局。一方面，大型汽车维修企业凭借强大的资金实力和技术支持，不断扩大市场份额，形成了一定的品牌影响力和市场地位；另一方面，众多中小型汽车维修企业则通过提供专业化、差异化的服务，在细分市场中占据一席之地。

（二）汽车维修行业的竞争特点

汽车维修行业的技术水平直接影响到企业的竞争力和市场占有率。随着汽车技术的不断更新换代，汽车维修企业需要不断引进新技术、新设备，提升维修效率和质量。因此，技术水平的高低成为汽车维修企业竞争的重要方面。服务质量是汽车维修企业赢得客户信任和支持的关键。优质的服务能够提升客户满意度和忠诚度，进而为企业带来稳定的客源和口碑效应。因此，汽车维修企业需要在服务流程、服务态度、售后服务等方面不断优化和创新，提升服务质量。

品牌影响力是汽车维修企业在市场中形成独特竞争优势的重要因素。具有知名度和美誉度的品牌能够吸引更多客户，提升企业的市场地位。因此，汽车维修企业需要注重品牌形象的塑造和传播，通过品牌建设提升竞争力。

价格竞争是汽车维修行业中的一种常见竞争方式。为了吸引客户，一些企业可能会采取低价策略。然而，过度的价格竞争可能导致服务质量下降，损害行业形象。因此，汽车维修企业需要在保证服务质量的前提下，合理定价，避免恶性竞争。

（三）汽车维修行业的竞争趋势

随着汽车市场的不断细分和消费者需求的多样化，汽车维修企业逐渐走向专业化发展。企业根据自身的技术实力和市场定位，专注于某一特定领域或车型的维修服务，形成专业化的竞争优势。品牌化经营是汽车维修行业未来的重要发展趋势。通过品牌建设，企业可以提升知名度、美誉度和客户忠诚度，从而在市场中占据有利地位。同时，品牌化经营也有助于企业规范服务流程、提升服务质量，形成独特的品牌形象。

随着互联网和物联网技术的快速发展，汽车维修行业也迎来了数字化转型的机遇。通过引入数字化技术，企业可以实现线上线下的融合，提供便捷的预约、支付、评价等服务，提升客户体验。同时，数字化转型也有助于企业实现精准营销、提高运营效率，降低成本。

（四）汽车维修行业竞争格局对企业的影响

激烈的竞争格局使得汽车维修企业必须不断提升自身的竞争力，包括技术水平、服务质量、品牌影响力等方面。企业需要不断创新，以满足客户的需求和期望，从而在市场中脱颖而出。

竞争的加剧促使汽车维修行业逐渐走向规范化发展。企业需要遵守行业规范，保证服务质量和安全性能，维护行业的形象和声誉。同时，政府和社会各界也加强对汽车维修行业的监管和关注，推动行业的健康发展。

在激烈的竞争环境下，汽车维修行业将加速整合与升级。一些实力较弱的企业可能会被淘汰或兼并重组，而具有竞争优势的企业则将通过扩大规模、提升技术水平和服务质量等方式，进一步提升市场竞争力。

四、汽车维修企业的竞争优势与劣势

汽车维修企业作为汽车产业链的重要环节，其经营发展受到多种因素的影响。在激烈的市场竞争中，企业要想立足并获得持续发展，就必须深入了解自身的竞争优势与劣势，以便制定合适的发展战略。

（一）汽车维修企业的竞争优势

汽车维修企业通常拥有专业的技术团队和先进的维修设备，能够为客户提供高质量的维修服务。这些技术团队经过专业培训和实践经验的积累，具备了丰富的汽车维修知识和技能，能够迅速准确地诊断和解决各种汽车故障。同时，先进的维修设备也提高了维修效率和质量，为客户提供了更好的服务体验。

一些知名的汽车维修企业经过多年的经营和发展，已经形成了良好的品牌形象和市场口碑。这些企业在客户心中具有较高的知名度和美誉度，能够吸引更多的客户前来维修。同时，品牌形象的优势也有助于企业在市场竞争中占据有利地位，提高市场占有率。汽车维修企业在长期的经营过程中，通常会积累大量的客户资源。这些客户与企业之间建立了稳定的合作关系，对企业产生了较高的信任度和忠诚度。这种客户关系优势有助于企业稳定客源，提高客户留存率，同时也为企业拓展新业务提供了有力的支持。

一些汽车维修企业位于交通便利、车流量大的地段，便于客户前来维修。这种地理位置优势有助于企业吸引更多的潜在客户，提高客流量。同时，企业也可以根据地理位置的特点，调整服务内容和策略，更好地满足客户需求。

（二）汽车维修企业的劣势

随着汽车技术的快速发展和更新换代，汽车维修企业对专业技术人才的需求越来越大。然而，目前市场上专业的汽车维修技术人才相对短缺，难以满足企业的需求。这导致一些企业难以招聘到合适的技术人才，影响了企业的维修质量和效率。由于汽车维修企业的服务质量受到多种因素的影响，如技术人员的水平、设备的先进程度、服务流程的规范性等，因此服务质量的不稳定性成为企业的一个劣势。有时，企业可能会因为服务质量不佳而失去客户的信任和支持，影响企业的声誉和市场地位。

汽车维修行业的市场竞争非常激烈，许多企业为了争夺市场份额，往往采取低价策略来吸引客户。然而，过度的价格竞争可能导致企业利润空间压缩，甚至出现亏损的情况。同时，低价竞争也可能导致服务质量下降，损害企业的形象和声誉。

（三）如何发挥竞争优势，克服劣势

汽车维修企业应加大对专业技术人才的培养力度，通过校企合作、定向培养等方式，吸引更多的人才加入企业。同时，企业还应建立完善的培训体系，不断提升技术人员的专业技能和综合素质，确保维修服务的质量和效率。企业应注重提升服务质量，通过优化服务流程、提高服务效率、改善服务态度等方式，提升客户满意度和忠诚度。此外，企业还应关注客户需求的变化，提供个性化的服务方案，满足客户的多元化需求。

汽车维修企业在定价时应充分考虑市场需求、竞争状况、成本等因素，制定合理的定价策略。避免过度的价格竞争，确保企业的利润空间和服务质量。同时，企业还可以通过提供增值服务、会员优惠等方式，吸引和留住客户。

企业应密切关注政府法规政策的动态变化，及时调整经营策略和业务模式，以适应市场环境和政策要求。同时，企业还应加强与政府部门的沟通和合作，争取政策支持和发展机遇。

第二章 汽车维修企业管理理论基础

第一节 企业管理理论概述

一、企业管理理论的基本概念

汽车维修企业管理理论是指导汽车维修企业有效运营和持续发展的重要理论体系。它涵盖了企业管理的各个方面，包括组织结构、人力资源管理、财务管理、市场营销、服务质量管理等。

（一）汽车维修企业管理理论的核心要素

组织结构是汽车维修企业管理理论的基础，它决定了企业内部各部门之间的职责划分、协调与配合方式。合理的组织结构能够确保企业各部门之间的信息畅通、资源共享，提高工作效率。在汽车维修企业中，常见的组织结构包括直线职能制、事业部制等，企业应根据自身规模和业务特点选择合适的组织结构。

人力资源管理是汽车维修企业管理理论的重要组成部分，它涉及员工的招聘、培训、绩效评估和激励等方面。在汽车维修企业中，人力资源管理的重要性不言而喻。优秀的员工是企业发展的核心力量，因此，企业应注重员工的选拔和培养，建立完善的培训体系，激发员工的工作积极性和创造力。

财务管理是汽车维修企业管理理论的关键环节，它涉及企业的资金筹集、运用、分配等方面。财务管理的主要目标是实现企业的盈利和可持续发展。在汽车维修企业中，财务管理应关注成本控制、收入管理、资金流动等方面，确保企业的财务状况稳健。

市场营销是汽车维修企业管理理论中的重要组成部分，它涉及市场调研、产品定位、促销策略等方面。在激烈的市场竞争中，市场营销是企业获取市场份额、提升品牌影响力的关键手段。汽车维修企业应关注市场动态，了解客户需求，制定合适的市场营销策略，提高市场竞争力。

服务质量管理是汽车维修企业管理理论的核心内容之一，它关注于提升服务质量和客户满意度。在汽车维修行业中，服务质量直接关系到企业的声誉和客户忠诚度。因此，企业应建立完善的服务质量管理体系，包括服务流程规范、服务标准制定、服务质量监控等方面，以确保为客户提供优质的服务体验。

（二）汽车维修企业管理理论的应用与实践

汽车维修企业管理理论不是空洞的理论堆砌，而是需要与实践相结合，指导企业的实际运营。企业在应用管理理论时，应根据自身实际情况进行调整和优化，确保理论能够落地生根，产生实际效果。汽车维修行业在不断发展和变化，企业管理理论也需要不断创新和改进。企业应关注行业发展趋势，学习借鉴先进的管理理念和经验，不断优化自身的管理体系，以适应市场的变化和客户的需求。

优秀的管理人才队伍是汽车维修企业管理理论得以有效实施的关键。企业应注重培养具备现代管理理念和技能的管理人才，为他们提供学习和发展的机会，激发他们的创新精神和责任感。

（三）汽车维修企业管理理论的未来发展趋势

随着信息技术的快速发展，数字化管理将成为汽车维修企业管理理论的重要发展方向。通过引入大数据、云计算等先进技术，企业可以实现数据的实时采集、分析和应用，提高管理决策的准确性和效率。在环保意识日益增强的背景下，汽车维修企业管理理论将更加注重绿色环保理念的应用。企业应关注环保法规的要求，采用环保材料和工艺，推动绿色维修技术的发展，为保护环境做出贡献。

客户服务是汽车维修企业的核心竞争力之一。未来，汽车维修企业管理理论将更加注重客户服务的升级和个性化。企业应深入了解客户需求，提供定制化、差异化的服务方案，提升客户满意度和忠诚度。

二、企业管理理论的发展脉络

汽车维修企业管理理论随着汽车产业的不断进步和市场的日益竞争，经历了从简单到复杂、从粗放到精细的演变过程。这一过程不仅反映了汽车维修企业管理的深化和拓展，也体现了企业适应市场变化、追求效益最大化的内在需求。

（一）初期阶段：基础管理与经验积累

在汽车维修行业发展的初期，企业管理主要停留在基础层面，如简单的生产管理、财务管理和人事管理。这一时期的企业管理者往往依赖个人经验和直觉进行决策，缺乏科学的管理理论和方法的指导。随着行业的逐步发展和市场的竞争加剧，这种粗放型的管理方式逐渐暴露出效率低下、资源浪费等问题。

（二）发展阶段：引入现代管理理论与方法

随着现代管理理论的兴起和普及，汽车维修企业开始尝试引入先进的管理方法和工具，如泰勒的科学管理、法约尔的组织管理理论等。这些理论的引入，使得汽车维修企业在生产组织、流程优化、成本控制等方面取得了显著的进步。同时，随着信息技术的快速发展，汽车维修企业也开始利用计算机和互联网进行信息管理，提高了管理效率和决策准确性。

（三）成熟阶段：管理体系化与标准化

随着市场竞争的加剧和客户需求的多样化，汽车维修企业开始注重管理体系化和标准化建设。企业通过建立完善的管理制度和流程，实现各部门之间的协同配合和信息共享，提高了整体运营效率。同时，企业还开始关注服务质量和客户满意度，通过制定服务标准和提供个性化服务，赢得了客户的信任和忠诚。

（四）创新阶段：精益管理与数字化转型

进入 21 世纪后，汽车维修企业管理理论迎来了新的发展阶段。精益管理作为一种以客户需求为导向、以价值流管理为核心的管理方法，开始被广泛应用于汽车维修企业。通过消除浪费、优化流程、持续改进等方式，精益管理帮助企业实现了成本降低、效率提升和质量改善。此外，随着大数据、云计算、人工智能等技术的快速发展，汽车维修企业也开始进行数字化转型。通过运用这些先进技术，企业实现了数据的实时采集、分析和应用，提高了决策的准确性和效率。数字化转型还使得企业能够更好地了解客户需求和市场变化，从而制定更加精准的市场策略和产品方案。

（五）未来趋势：绿色管理与可持续发展

随着全球环境问题的日益严重，绿色管理和可持续发展已成为汽车维修企业管理理论的重要发展方向。企业需要关注环保法规的要求，采用环保材料和工艺，推动绿色维修技术的发展。同时，企业还需要关注社会责任和可持续发展，通过积极参与公益活动、推动行业合作等方式，为社会和环境做出贡献。

三、企业管理理论的主要流派

汽车维修企业管理理论随着汽车维修行业的不断发展和市场竞争的加剧，逐渐形成了多种流派和理论体系。这些流派各具特色，为企业提供了不同的管理思路和方法。

（一）科学管理流派

科学管理流派是汽车维修企业管理理论中的重要分支，其核心思想是通过科学的方法和技术手段来提高工作效率和管理水平。科学管理流派强调对工作流程进行细致的分析和优化，制定标准化的操作规范，并通过培训和教育使员工掌握这些规范。在汽车维修企业中，科学管理流派的应用可以帮助企业实现生产过程的规范化和高效化，提高维修质量和效率。

（二）人本管理流派

人本管理流派注重人的因素在企业管理中的作用，强调以人为本的管理理念。该流派认为，员工是企业最重要的资源，应该通过激励、培训和关怀等手段来激发员工的积极性和创造力。在汽车维修企业中，人本管理流派的应用可以体现在关注员工的需求和成长，提供良好的工作环境和福利待遇，以及建立有效的激励机制等方面。这些措施有助于提升员工的工作满意度和忠诚度，从而提高企业的整体绩效。

（三）精益管理流派

精益管理流派起源于制造业，后来逐渐应用于汽车维修行业。它强调通过消除浪费、持续改进和优化流程来实现企业的效益最大化。精益管理流派注重价值流的分析和优化，通过识别并消除非增值活动，提高价值流的流动效率。在汽车维修企业中，精益管理可以帮助企业识别并改进维修过程中的瓶颈和浪费环节，提高维修效率和客户满意度。

（四）质量管理流派

质量管理流派以质量管理为核心，强调通过质量管理体系的构建和运行来提高产品和服务的质量。在汽车维修企业中，质量管理流派的应用可以体现在建立完善的质量管理体系，制定严格的质量标准和检验流程，以及通过持续改进来提高维修质量。这些措施有助于提升企业的品牌形象和竞争力，赢得客户的信任和忠诚。

（五）创新管理流派

创新管理流派强调创新在企业管理中的重要性，认为只有不断创新才能适应市场的变化和满足客户的需求。在汽车维修企业中，创新管理可以体现在技术创新、服务创新和管理创新等多个方面。例如，企业可以引入先进的维修技术和设备，开发新的服务项目，或者采用新的管理模式和方法来提高管理效率。这些创新措施有助于企业在激烈的市场竞争中保持领先地位。

（六）绿色管理流派

绿色管理流派随着环保意识的日益增强而逐渐兴起，它强调企业在追求经济效益的同时，也要关注环境保护和社会责任。在汽车维修企业中，绿色管理可以体现在采用环保材料和工艺，推动绿色维修技术的发展，以及积极参与环保公益活动等方面。这些措施有助于提升企业的社会形象和声誉，同时也为企业的可持续发展奠定了基础。

四、企业管理理论在现代企业中的应用

随着现代企业管理理论的发展和完善，汽车维修企业也逐渐将这些先进的管理理念和方法应用到实际运营中，以提升企业的竞争力和效益。

（一）现代企业管理理论在汽车维修企业中的应用概述

现代企业管理理论涵盖了多个方面，包括战略管理、组织管理、人力资源管理、市场营销管理等。在汽车维修企业中，这些理论的应用可以帮助企业更好地适应市场变化，优化资源配置，提高运营效率和服务质量。通过制定明确的战略目标和规划，企业可以有针对性地开展业务活动，实现可持续发展。同时，通过优化组织结构和流程，提升员工的专业技能和素质，企业可以构建高效、协作的团队，提升整体执行力。

（二）具体应用案例分析

汽车维修企业可以通过制定明确的战略目标，如扩大市场份额、提升品牌形象、提高客户满意度等，来指导企业的长期发展。在制定战略时，企业需要充分考虑市场环境、竞争对手、客户需求等因素，以确保战略的有效性和可行性。同时，企业还需要制订具体的战略实施计划，包括资源配置、时间安排、风险评估等，以确保战略顺利落地。

通过优化组织结构和流程，汽车维修企业可以提高运营效率和管理水平。例如，企业可以建立扁平化的组织结构，减少决策层级，提高决策效率。同时，企业还可以优化业务流程，简化烦琐的环节，提高工作效率。此外，企业还可以引入先进的信息化管理系统，实现信息的实时共享和协同工作，提升整体运营效率。

汽车维修企业可以通过提升员工的专业技能和素质，来增强企业的核心竞争力。企业可以定期开展培训和教育活动，提升员工的技术水平和服务意识。同时，企业还可以建立激励机制，如晋升机制、奖励机制等，激发员工的工作积极性和创造力。通过优化人力资源管理，企业可以构建高效、协作的团队，为企业的长期发展提供有力保障。

在市场营销方面，汽车维修企业可以运用现代营销理论和方法，如市场细分、目标市场定位、营销策略制定等，来提升企业的市场占有率和品牌知名度。企业可以通过分析客户需求和市场趋势，制定有针对性的营销方案，如推出优惠活动、加强客户关系管理等，以吸引更多客户并提升客户满意度。

（三）应用效果与影响分析

通过应用现代企业管理理论，汽车维修企业在多个方面取得了显著的效果。首先，企业的运营效率得到了提升，通过优化流程和管理，减少了资源浪费和时间成本。其次，企业的服务质量得到了改善，员工的专业技能和素质提升使得客户体验更加满意。此外，企业的市场竞争力也得到了增强，通过制定明确的战略目标和实施有效的市场营销策略，企业在市场中占据了更有利的地位。

然而，在应用现代企业管理理论的过程中，汽车维修企业也面临着一些挑战。例如，企业需要不断适应市场变化和技术更新，保持管理理论的先进性和适用性。同时，企业还需要注重员工的培训和教育，提升员工的综合素质和适应能力。

第二节　汽车维修企业管理理论的演进

一、汽车维修企业管理理论的起源

汽车维修企业管理理论并非一蹴而就的产物，而是随着汽车维修行业的逐步发展和社会的不断进步，逐步形成的一套理论体系。这一理论体系的形成，不仅深受汽车维修行业本身的特性影响，也受到了企业管理理论整体发展的推动。

（一）汽车维修行业的初期发展与管理的萌芽

早期的汽车维修行业，以传统的作坊式维修为主，管理较为简单，多数依赖于经验和个人技能。但随着汽车数量的增加和技术的不断进步，汽车维修行业开始逐渐走向规模化、专业化。在这一过程中，一些有远见的企业家开始意识到，仅仅依靠经验和技能已经无法满足日益复杂的维修需求，需要有一种更为系统、科学的管理方式来指导企业的运营。

这种对管理的初步需求，促成了汽车维修企业管理理论的萌芽。企业家开始尝试将一些基本的管理原则和方法应用到汽车维修企业中，如分工合作、标准化操作等，以提高工作效率和质量。这些尝试虽然还比较初级，但为后续的理论发展奠定了基础。

（二）工业管理与汽车维修企业管理理论的初步结合

随着工业革命的到来，工业生产方式发生了巨大的变革，也催生了一系列先进的工业管理理论。这些理论，如泰勒的科学管理、法约尔的一般管理理论等，强调了对工作流程的标准化、对员工的培训和激励、对组织结构的优化等，为企业的高效运营提供了有力的支持。

汽车维修行业也逐渐认识到了这些工业管理理论的价值，开始尝试将其引入到自身的管理实践中。例如，一些汽车维修企业开始借鉴泰勒的科学管理思想，对维修流程进行细分和优化，制定标准化的操作规范；同时，也开始关注员工的培训和激励，以提高员工的工作效率和质量。

（三）现代管理理论的兴起与汽车维修企业管理理论的成熟

进入 20 世纪，随着企业规模的扩大和市场竞争的加剧，企业管理理论得到了进一步的发展和完善。战略管理、人力资源管理、市场营销管理等现代管理理论的出现，为企业提供了更为全面、深入的管理视角和方法。

汽车维修行业在这一时期也迎来了快速发展。随着汽车技术的不断进步和消费者需求的多样化，汽车维修企业面临着更为复杂的市场环境和竞争压力。为了应对这些挑战，汽车维修企业开始更加深入地研究和应用现代管理理论。

一方面，汽车维修企业开始注重战略管理，制定明确的发展目标和规划，以指导企业的长期发展。另一方面，企业也开始关注人力资源管理、市场营销管理等方面，通过提升员工的专业技能和素质、加强客户关系管理等方式，提升企业的核心竞争力。

在这一过程中，汽车维修企业管理理论逐渐走向成熟和系统化。它不仅吸收了现代管理理论的精髓，也结合了汽车维修行业的特性和实际需求，形成了一套独具特色的理论体系。

（四）汽车维修企业管理理论的进一步发展与创新

随着科技的进步和社会的进步，汽车维修企业管理理论也在不断发展与创新。一方面，随着信息技术的发展，汽车维修企业开始引入信息化管理系统，实现数据的实时共享和协同工作，提高了管理效率；另一方面，随着环保意识的增强和社会责任的凸显，汽车维修企业也开始注重绿色管理和可持续发展，推动行业的绿色转型。

这些新的发展趋势和理念为汽车维修企业管理理论注入了新的活力。未来的汽车维修企业管理理论将更加注重创新驱动和可持续发展，为企业的发展提供更加全面、深入的支持。

二、汽车维修企业管理理论的发展阶段

汽车维修企业管理理论的发展是一个长期且复杂的过程，它随着汽车维修行业的兴起、发展、成熟以及社会经济的变革而不断演进。这一理论的发展可以划分为几个关键阶段，每个阶段都有其独有的特征和里程碑。

（一）初期萌芽阶段

在汽车维修行业初期，维修活动以小作坊式的经营为主，管理相对简单，主要依赖于师傅的经验和技艺。然而，随着汽车数量的增长和技术的不断进步，维修工作日益复杂，简单的经验管理已经难以满足市场需求。这时，一些前瞻性的从业者开始思考如何更加高效地组织和管理维修工作，以提高工作效率和质量。

这一阶段的汽车维修企业管理理论还处于萌芽状态，主要是一些基本的管理原则和方法的探索与尝试。例如，一些企业开始尝试对维修流程进行简单的分工和标准化操作，以提高工作效率；同时，也开始关注员工的培训和技能提升，以确保维修质量。

（二）工业管理理论引入阶段

随着工业革命的推进，工业生产方式发生了巨大变革，一系列先进的工业管理理论应运而生。这些理论强调对生产过程的优化、对员工的科学管理和对组织结构的合理设计。汽车维修行业也开始逐渐认识到这些理论的价值，并尝试将其引入自身的管理实践中。

在这一阶段，汽车维修企业管理理论开始与工业管理理论相结合，形成了一套相对完整的管理体系。企业开始注重维修流程的标准化和精细化，通过制定详细的操作规范和质量标准，确保维修工作的准确性和一致性。同时，企业也开始关注员工的激励和约束机制，通过合理的薪酬制度和晋升机制，激发员工的工作积极性和创造力。

（三）现代管理理论融合阶段

进入 20 世纪后，随着企业规模的扩大和市场竞争的加剧，现代管理理论得到了快速发展。这些理论不仅关注企业内部的管理问题，还涉及企业的战略规划、市场营销、人力资源管理等多个方面。汽车维修企业也开始逐渐吸收和融合这些现代管理理论，以适应日益复杂的市场环境和客户需求。

在这一阶段，汽车维修企业管理理论得到了进一步的丰富和完善。企业开始注重战略规划和市场定位，通过深入分析市场需求和竞争态势，制定合适的发展战略和营销策略。同时，企业也开始关注人力资源管理的重要性，通过招聘、培训、考核等方式，提升员工的专业素质和综合能力。此外，企业还开始引入信息

化管理手段，通过信息化系统实现数据的实时共享和协同工作，提高管理效率和决策水平。

（四）创新发展与国际化阶段

随着科技的飞速发展和全球化的深入推进，汽车维修企业管理理论进入了创新发展与国际化阶段。在这一阶段，企业面临着更加激烈的市场竞争和多样化的客户需求，需要不断创新和完善管理理论以适应新的市场环境。

一方面，汽车维修企业开始注重管理模式的创新。一些企业尝试引入精益管理、六西格玛管理等先进的管理模式，通过优化流程、减少浪费、提高质量等方式，实现企业的持续改进和绩效提升。另一方面，企业也开始关注国际市场的开拓和跨国经营的管理问题。通过与国际先进企业的交流与合作，学习借鉴其成功的管理经验和方法，推动自身管理水平的提升。

此外，在这一阶段，汽车维修企业管理理论还开始注重与环保和社会责任的结合。随着环保意识的增强和社会责任的凸显，企业开始关注绿色维修和可持续发展问题。通过采用环保材料、推广节能技术、加强废物回收等方式，实现企业的绿色转型和可持续发展。

（五）智能化与数字化管理阶段

进入 21 世纪后，随着信息技术的迅猛发展和智能化浪潮的兴起，汽车维修企业管理理论迎来了智能化与数字化管理阶段。在这一阶段，信息技术和智能化技术被广泛应用于汽车维修企业的管理中，推动了管理模式的深刻变革。

一方面，汽车维修企业开始引入大数据、云计算、人工智能等先进技术，对维修数据进行深度挖掘和分析，实现精准预测和决策支持。通过实时监测和分析车辆运行状态、维修历史等信息，企业能够提前发现潜在问题并制定有效的维修方案，提高维修效率和质量。

另一方面，企业也开始构建数字化管理平台，实现维修流程的在线化和智能化管理。通过线上预约、故障诊断、配件采购等功能的整合和优化，企业能够为客户提供更加便捷、高效的维修服务体验。同时，数字化管理平台还能够实现企业内部各部门之间的信息共享和协同工作，提高管理效率和响应速度。

三、汽车维修企业管理理论的最新进展

随着科技的飞速进步和全球经济的深度融合，汽车维修行业正面临着前所未有的变革。在这一背景下，汽车维修企业管理理论也在不断演进，以适应新的市场需求和行业发展趋势。

（一）数字化与智能化管理的广泛应用

近年来，数字化和智能化技术在汽车维修企业管理中得到了广泛应用。通过引入大数据、云计算、物联网等先进技术，企业能够实现维修数据的实时采集、分析和处理，从而提高管理效率和决策水平。

例如，通过构建数字化管理平台，企业可以实现维修流程的在线化和智能化管理。客户可以通过手机 App 或网站进行在线预约、故障诊断和维修进度查询，大大提高了服务的便捷性和透明度。同时，企业还可以通过平台对维修数据进行深度挖掘和分析，以发现潜在问题并制定针对性的改进措施。

此外，智能化技术也在汽车维修企业得到了广泛应用。例如，通过引入智能诊断设备，企业可以实现对车辆故障的快速、准确诊断，提高维修效率和质量。同时，智能化设备还可以实现对维修人员的远程指导和培训，提升员工的专业技能和综合素质。

（二）绿色维修与可持续发展理念的深入实践

随着环保意识的日益增强，绿色维修和可持续发展理念在汽车维修企业管理中得到了越来越多的关注。企业开始注重环保材料的使用、节能技术的推广以及废物回收和处理等方面的工作，以实现企业的绿色转型和可持续发展。

例如，一些企业开始采用环保型清洗剂、润滑油等维修材料，以减少对环境的污染。同时，企业还积极推广节能技术，如采用 LED 照明、节能空调等设备，降低能耗和碳排放。此外，企业还建立了完善的废物回收和处理体系，对废旧配件、废油等进行回收和处理，实现资源的循环利用。

通过绿色维修和可持续发展理念的实践，汽车维修企业不仅能够降低运营成本、提高经济效益，还能够树立良好的企业形象、增强社会责任感，为行业的可持续发展做出贡献。

（三）精益管理与六西格玛管理的深度融合

精益管理和六西格玛管理是现代企业管理中两种重要的管理方法。近年来，这两种管理方法在汽车维修企业管理中得到了深度融合和应用。

精益管理强调通过优化流程、减少浪费、提高价值流动等方式，实现企业的持续改进和绩效提升。在汽车维修企业中，精益管理可以应用于维修流程的优化、库存管理的改善以及员工工作效率的提升等方面。通过消除环节和浪费，提高工作的效率和准确性，从而提升企业的竞争力。

六西格玛管理则注重通过数据和统计方法，降低产品或服务的缺陷率，提高客户满意度。在汽车维修企业中，六西格玛管理可以应用于维修质量的控制、故障诊断的准确率提升以及客户满意度调查等方面。通过收集和分析数据，找出问题的根源并制定改进措施，从而提高维修质量和服务水平。

通过将精益管理和六西格玛管理深度融合，汽车维修企业可以更加全面地优化管理流程、提高质量水平并降低成本。这种深度融合不仅有助于企业实现短期内的绩效提升，还能够为企业构建长期竞争优势奠定坚实基础。

（四）人力资源管理与企业文化建设的创新发展

在汽车维修企业管理中，人力资源管理与企业文化建设同样占据重要地位。随着市场竞争的加剧和人才需求的多样化，企业需要不断创新人力资源管理模式和文化建设方式，以吸引和留住优秀人才、激发员工的工作积极性和创造力。

在人力资源管理方面，企业开始注重员工的职业规划、培训与发展以及激励机制的完善。通过制定个性化的职业规划方案、提供多样化的培训机会以及建立公平合理的薪酬和晋升制度，企业能够更好地满足员工的发展需求、提升员工的归属感和忠诚度。

在企业文化建设方面，企业开始注重构建积极向上、富有特色的企业文化氛围。通过举办各类文化活动、建立员工沟通平台以及推广企业价值观等方式，企业能够增强员工的凝聚力和向心力、提升企业的品牌形象和市场竞争力。

四、汽车维修企业管理理论的发展趋势

随着科技的飞速发展、市场竞争的加剧以及消费者需求的多样化，汽车维修企业管理理论也在不断演进。未来的汽车维修企业管理将更加注重数字化、智能化、绿色化以及人本化，以适应不断变化的市场环境和客户需求。

（一）数字化与智能化管理的全面深化

数字化与智能化是未来汽车维修企业管理的重要发展方向。随着大数据、云计算、物联网等技术的广泛应用，汽车维修企业将能够实现更加精准、高效的管理。

首先，数字化管理平台将成为企业运营的核心。通过构建集预约、故障诊断、维修进度跟踪、客户反馈等功能于一体的数字化平台，企业能够为客户提供更加便捷、个性化的服务体验。同时，平台还能够实时收集和分析数据，为企业决策提供有力支持。

其次，智能化技术将渗透到企业管理的各个环节。智能诊断设备、机器人等智能化设备将广泛应用于维修作业中，提高维修效率和质量。此外，通过引入人工智能、机器学习等技术，企业还能够实现对客户需求、市场趋势等的精准预测和智能决策。

（二）绿色维修与可持续发展成为重要考量

随着环保意识的增强和可持续发展理念的深入人心，绿色维修和可持续发展将成为汽车维修企业管理的重要考量。

一方面，企业将更加注重环保材料的使用和节能技术的推广。采用环保型清洗剂、润滑油等维修材料，减少对环境的污染；推广节能设备和技术，降低能耗和碳排放。

另一方面，企业还将加强废物回收和处理工作。建立完善的废物回收体系，对废旧配件、废油等进行回收和处理，实现资源的循环利用。同时，企业还将加强环保意识的培养和宣传，推动绿色维修理念的普及和实践。

（三）精益管理与六西格玛管理的持续优化

精益管理和六西格玛管理作为现代企业管理的重要工具，将在汽车维修企业管理中发挥越来越重要的作用。

首先，精益管理将更加注重流程和价值的优化。通过消除浪费、提高效率、降低成本等方式，实现企业的持续改进和绩效提升。同时，精益管理还将关注员工的工作效率和工作质量，通过培训和激励机制，提升员工的综合素质和专业技能。

其次，六西格玛管理将更加注重质量和客户满意度的提升。通过引入数据分析和统计方法，降低产品或服务的缺陷率，提高客户满意度。同时，六西格玛管理还将关注企业内部的流程改进和效率提升，通过优化流程、减少浪费等方式，降低成本并提高效益。

（四）人力资源管理与企业文化建设的创新发展

随着人才竞争的加剧和企业文化的重要性日益凸显，人力资源管理与企业文化建设将成为汽车维修企业管理理论的重要发展方向。

在人力资源管理方面，企业将更加注重人才的引进、培养和激励。通过建立完善的人才选拔机制、提供多样化的培训和发展机会、建立公平合理的薪酬和晋升机制等方式，吸引和留住优秀人才。同时，企业还将注重员工的心理健康和福利保障，营造积极向上的工作氛围。

在企业文化建设方面，企业将更加注重企业文化的塑造和传播。通过明确企业的使命和愿景等方式，形成独特的企业文化氛围。同时，企业还将加强内部沟通和团队建设活动，增强员工的向心力。此外，企业还将注重社会责任的履行和公益活动的参与，树立良好的企业形象和品牌形象。

（五）跨界融合与协同创新的探索与实践

未来的汽车维修企业管理将更加注重跨界融合与协同创新。随着科技的不断进步和市场的不断变化，汽车维修企业需要与其他行业进行深度合作，共同探索新的商业模式和服务方式。

一方面，汽车维修企业可以与汽车制造商、零部件供应商等产业链上下游企业建立紧密的合作关系，共同研发新技术、新产品和新服务，提高整个产业链的竞争力。

另一方面，汽车维修企业还可以与互联网公司、科技公司等进行跨界合作，引入先进的技术和管理理念，推动企业的数字化转型和智能化升级。通过跨界融合与协同创新，汽车维修企业可以打破传统的管理模式和思维定式，开拓新的市场空间和发展机遇。

第三节　汽车维修企业管理的主要理论框架

一、汽车维修企业的战略管理框架

随着汽车产业的迅猛发展，汽车维修企业面临着日益激烈的市场竞争和不断变化的市场需求。为了在竞争中立于不败之地，汽车维修企业必须构建一套科学、有效的战略管理框架，以指导企业的长远发展。

（一）战略分析

战略分析是战略管理框架的起点，旨在全面、深入地了解企业内外部环境，为制定有效的战略提供依据。

首先，企业需要对外部环境进行分析。这包括宏观环境分析，如政治、经济、社会、技术等方面的变化对企业的影响，行业环境分析，如市场规模、竞争格局、行业趋势等，竞争对手分析，了解竞争对手的优劣势和战略动向。

其次，企业还需要对内部环境进行分析。这包括对企业资源、能力、文化等方面的评估，了解企业的优势和劣势，以及存在的机遇和挑战。

通过战略分析，企业能够明确自身的市场定位和发展方向，为制定合适的战略奠定基础。

（二）战略制定

在战略分析的基础上，企业需要制定符合自身实际和发展需求的战略。战略制定过程需要综合考虑企业的使命、愿景以及市场环境等因素。

首先，企业需要确定其总体战略。这包括市场渗透、市场开发、产品开发和多元化等战略选择。例如，企业可以选择通过提高服务质量、拓展服务范围等方式来巩固现有市场地位；或者通过开发新技术、新产品来拓展新的市场领域。其次，企业需要制定具体的竞争战略。这包括成本领先、差异化和集中化等战略选择。企业可以根据自身资源和能力状况，选择适合自己的竞争战略，以提高市场份额和盈利能力。此外，企业还需要制定职能战略，以确保各部门之间的协同作战和整体目标的实现。职能战略应涵盖市场营销、生产运营、人力资源管理、财务管理等方面。

（三）战略实施

战略制定完成后，关键在于如何有效地实施战略。战略实施需要企业全体员工的共同努力和协作。

首先，企业需要制订详细的实施计划，明确各项战略任务的具体目标、时间表和责任人。这有助于确保战略实施的有序进行。其次，企业需要建立有效的组织结构和管理体系，以支持战略的实施。这可能涉及组织结构的调整、管理流程的优化以及激励机制的完善等方面。此外，企业还需要加强内部沟通和协调，确保各部门之间的信息畅通和协同作战。通过定期召开战略会议、建立信息共享平台等方式，促进各部门之间的交流和合作。同时，企业还需要关注战略实施过程中的风险和问题，及时采取应对措施，确保战略实施的顺利进行。

（四）战略评价

战略评价是战略管理框架的最后一个环节，旨在对战略实施的效果进行评估，为战略的调整和优化提供依据。

企业需要建立科学的评估指标体系，对战略实施的效果进行量化评估。这包括财务指标如收入、利润等，以及非财务指标如客户满意度、员工满意度等。其次，企业需要对评估结果进行深入分析，找出战略实施过程中存在的问题和不足。这有助于企业及时调整战略方向或优化战略措施，以确保战略目标的实现。此外，企业还需要定期对战略管理框架进行审视和更新，以适应不断变化的市场环境和企业需求。通过持续的改进和优化，不断提升企业的战略管理能力。

二、汽车维修企业的人力资源管理框架

随着汽车维修行业的快速发展，企业间的竞争已逐渐从传统的技术和服务层面，转向更为深层次的人力资源管理竞争。人力资源作为汽车维修企业的核心资源，其管理框架的构建与完善对于企业的长远发展至关重要。

（一）招聘与选拔

招聘与选拔是汽车维修企业人力资源管理的起点，直接关系到企业能否吸引和留住优秀人才。

企业应明确岗位需求和人员标准，制定详细的招聘计划和流程。通过发布招聘信息、筛选简历、组织面试等环节，确保选拔到符合企业要求的人才。其次，企业应注重招聘渠道的选择和拓展，利用线上线下多种渠道吸引更多潜在人才。

同时，建立有效的候选人评估机制，通过面试、笔试、实操考核等方式，全面评估候选人的能力和潜力。

企业应关注招聘过程中的公平性和合规性，避免歧视和违规行为的发生，确保招聘工作的公正性和有效性。

（二）培训与发展

培训与发展是提升员工能力和素质的重要途径，也是汽车维修企业人力资源管理的重要组成部分。首先，企业应建立完善的培训体系，包括新员工入职培训、岗位技能培训、管理能力提升培训等多个层次。通过制订培训计划、组织培训课程、评估培训效果等方式，确保培训工作的系统性和有效性。其次，企业应注重员工的职业发展规划，根据员工的个人特点和职业目标，制定个性化的职业发展规划和晋升路径。通过提供晋升机会、设置职业发展通道等方式，激发员工的积极性和创造力。

此外，企业还应鼓励员工自主学习和成长，提供学习资源和平台支持，帮助员工不断提升自己的知识和技能水平。

（三）绩效考核与激励

绩效考核与激励是激发员工工作积极性和创造力的关键手段，也是汽车维修企业人力资源管理的重要环节。

首先，企业应建立科学、公正的绩效考核体系，明确考核标准和流程。通过定期考核、反馈和辅导等方式，全面了解员工的工作表现和能力水平，为激励和奖惩提供依据。其次，企业应设计合理的薪酬和福利制度，根据员工的绩效和贡献给予相应的物质和精神激励。通过设立奖金、提供晋升机会、实施员工持股计划等方式，激发员工的工作热情和创造力。此外，企业还应关注员工的非物质需求，提供良好的工作环境和氛围，加强企业文化建设，增强员工的归属感和凝聚力。

（四）员工关系管理

员工关系管理是维护企业内部和谐稳定的重要保障，也是汽车维修企业人力资源管理不可忽视的一环。

首先，企业应建立有效的沟通机制，确保员工与管理层之间的信息畅通。通过定期召开员工大会、设立员工意见箱、开展员工满意度调查等方式，及时了解员工的想法和需求，为解决问题和改进管理提供依据。其次，企业应关注员工的心理健康和福利保障，提供必要的心理援助和福利支持。通过设立心理咨询热线、组织健康检查、提供带薪休假等方式，关爱员工的身心健康，增强员工的幸福感和满意度。此外，企业还应积极处理员工间的矛盾和纠纷，采取公正、公平的方式解决问题，维护企业的稳定和员工的权益。

三、汽车维修企业的财务管理框架

随着汽车维修行业的快速发展，财务管理作为企业管理的重要组成部分，对于企业的稳定运营和持续发展具有至关重要的作用。一个完善的财务管理框架能够帮助汽车维修企业更好地掌握财务状况，优化资源配置，提高经济效益。

（一）财务规划

财务规划是汽车维修企业财务管理框架的基础，它涉及企业未来的发展方向和目标设定。

首先，企业需要制定长期和短期的财务目标，明确经营计划和发展战略。这些目标应该与企业的整体战略保持一致，并考虑到市场环境、竞争态势以及内部资源等因素。其次，企业需要编制预算，包括收入预算、成本预算和资金预算等。预算的编制应基于历史数据、市场预测和业务计划，确保预算的合理性和可行性。同时，预算的执行和控制也是财务规划的重要环节，企业需要定期对预算执行情况进行分析和调整，确保实际经营与预算目标的一致性。

（二）资金管理

资金管理是汽车维修企业财务管理的核心，它涉及企业资金的筹集、使用和调度等方面。

首先，企业需要合理筹集资金，包括自有资金和外部融资。在筹集资金时，企业应充分考虑资金成本、资金结构和资金风险等因素，选择最适合企业的融资方式。其次，企业需要合理使用资金，确保资金的有效利用。在资金使用过程中，企业应关注资金的流动性和安全性，避免资金闲置和浪费。同时，企业还应加强对应收账款和存货的管理，提高资金周转效率。此外，企业还需要建立完善的资金调度机制，根据经营需要和市场变化及时调整资金配置，确保企业资金的平衡和稳定。

（三）成本控制

成本控制是汽车维修企业财务管理框架的重要组成部分，它直接影响到企业的盈利能力和市场竞争力。

首先，企业需要建立完善的成本核算体系，准确核算各项成本，包括直接材料成本、直接人工成本和间接费用等。通过成本核算，企业可以清晰地了解各项成本的构成和变动情况，为成本控制提供依据。其次，企业需要制定成本控制策略，通过改进生产流程、优化材料采购、降低库存成本等方式，实现成本的有效降低。同时，企业还应关注成本管理的前沿技术和方法，不断引入先进的成本管理理念和实践经验，提高成本管理的水平。

此外，企业还应加强成本分析和考核，定期对成本进行横向和纵向比较，找出成本差异的原因和潜力，为成本控制提供决策支持。

（四）财务分析

财务分析是汽车维修企业财务管理框架的重要手段，它通过对财务数据的分析和解读，帮助企业了解经营状况、评估经营成果并预测未来发展趋势。

首先，企业需要进行财务报表分析，包括资产负债、利润表和现金流量表等。通过对这些报表的分析，企业可以了解企业的资产结构、盈利能力、偿债能力以及现金流量状况等方面的信息。其次，企业需要进行财务比率分析，通过计算和分析各项财务比率，如流动比率、速动比率、资产负债率等，评估企业的财务状况和经营效率。此外，企业还应进行财务预测和趋势分析，通过对历史数据和市场信息的综合分析，预测企业未来的财务状况和经营成果，为企业决策提供依据。

（五）风险管理

风险管理是汽车维修企业财务管理框架的重要组成部分，它涉及企业面临的各种风险和挑战的应对和防范。

首先，企业需要识别和分析财务风险，包括市场风险、信用风险、流动性风险等。通过对这些风险的评估和分析，企业可以制定风险应对策略和措施。其次，企业需要建立风险预警机制，及时监测和预警潜在风险，确保企业能够迅速应对和处理风险事件。最后，企业还应加强内部控制和风险管理文化建设，提高全员的风险意识和风险管理能力。

此外，企业还应关注外部环境的变化和政策的调整对企业财务风险的影响，及时调整风险管理策略，确保企业的稳健运营。

四、汽车维修企业的市场营销管理框架

随着汽车保有量的不断增加，汽车维修行业面临着日益激烈的市场竞争。在这样的背景下，市场营销管理成为汽车维修企业获取竞争优势、提升品牌影响力和实现可持续发展的关键。

（一）市场定位

市场定位是汽车维修企业市场营销管理的起点，它决定了企业在市场中的发展方向和目标客户群体。

首先，企业需要深入了解行业发展趋势、市场规模和竞争格局，明确自身的市场地位和发展潜力。通过对市场需求的调研和分析，确定目标客户群体的特征

和需求，为制定针对性的市场营销策略提供依据。其次，企业应根据自身实力和资源条件，选择适合的市场定位策略。例如，可以选择专注于某一特定类型的汽车维修服务，如高端车维修、新能源汽车维修等，以形成差异化竞争优势。

（二）产品策略

产品策略是汽车维修企业市场营销管理的核心，它涉及企业提供的服务内容、质量和技术水平等方面。

首先，企业应提供全面、专业的汽车维修服务，包括常规保养、故障排查、维修更换等，以满足客户的多样化需求。同时，企业还应关注新兴技术和市场的发展，如智能诊断技术、绿色环保维修等，不断提升服务水平和竞争力。其次，企业应注重服务质量的提升，通过建立健全的质量管理体系、加强员工培训和技术更新等方式，确保服务质量和客户满意度。

此外，企业还应关注产品的差异化创新，通过开发独特的服务项目、提供个性化的定制服务等方式，形成独特的产品优势，吸引更多客户。

（三）价格策略

价格策略是汽车维修企业市场营销管理的重要组成部分，它直接影响到企业的盈利能力和市场竞争力。

首先，企业应根据市场定位、产品策略以及目标客户群体的支付能力等因素，制定合理的价格水平。价格过高可能导致客户流失，而价格过低则可能影响企业的盈利空间。因此，企业需要在保证服务质量的前提下，寻求价格与价值的平衡。其次，企业可以采用灵活的价格策略，如根据季节、节假日等因素调整价格，或者推出优惠活动、会员制度等，以吸引和留住客户。同时，企业还应关注竞争对手的价格策略，及时调整自身策略以保持竞争优势。

（四）促销策略

促销策略是汽车维修企业市场营销管理的重要手段，它有助于提升品牌知名度、吸引潜在客户并促进销售增长。

首先，企业可以利用各种宣传渠道进行品牌推广，如线上线下广告、社交媒体营销、口碑营销等。通过提高品牌曝光度，增强客户对企业的认知和信任。其次，企业可以组织各种促销活动，如限时优惠、满减活动、赠品等，以激发客户的购买欲望。同时，企业还可以与合作伙伴开展联合营销，通过资源共享和互利共赢的方式扩大市场份额。

此外，企业还应注重客户体验和服务质量的提升，通过提供优质的服务和体验，增强客户的忠诚度和口碑传播效应。

（五）客户关系管理

客户关系管理是汽车维修企业市场营销管理的关键环节，它涉及客户信息的收集、分析以及客户关系的维护和发展等方面。

首先，企业应建立完善的客户信息管理系统，收集客户的基本信息、维修记录、需求偏好等，以便为客户提供更加精准的服务。其次，企业应对客户进行分类管理，根据客户的价值贡献和潜在价值等因素，制定不同的客户关系维护策略。对于高价值客户，企业应提供更加优质的服务和关怀，以巩固合作关系；对于潜在客户，企业则应通过有效的宣传和推广活动，吸引其转化为实际客户。

此外，企业还应建立有效的客户反馈机制，及时收集和处理客户的意见和建议，不断改进服务质量和提升客户满意度。通过加强与客户的沟通和互动，增强客户对企业的认同感和忠诚度。

第四节　汽车维修企业管理理论的应用与实践

一、汽车维修企业管理理论在实际工作中的应用案例

随着汽车维修行业的快速发展，越来越多的汽车维修企业开始重视管理理论的应用，以提高企业运营效率和经济效益。

（一）案例背景

某汽车维修企业成立于 20 世纪 90 年代，经过多年的发展，已成为当地知名的汽车维修服务提供商。然而，随着市场竞争的加剧和客户需求的多样化，该企业逐渐暴露出管理不善、效率低下等问题。为了解决这些问题，该企业决定引入先进的管理理论，对企业管理进行全面优化。

（二）管理理论的应用

该企业首先引入流程优化理论，对汽车维修服务流程进行全面梳理。通过识别和分析流程中的瓶颈和浪费环节，企业重新设计了服务流程，使其更加高效、顺畅。同时，企业还制定了标准化的操作规范，确保每个员工都能按照统一的标准进行工作，提高了服务质量和效率。经过流程优化和标准化管理，该企业的服务效率得到了显著提升。客户等待时间明显缩短，员工工作效率也得到了提高。同时，由于操作规范的统一，服务质量也得到了有效保障，客户满意度大幅提升。

为了降低企业成本，提高盈利能力，该企业引入了精益化成本管理理论。通过精确核算和分析各项成本，企业找到了成本控制的关键点，并制定了相应的成本控制措施。例如，企业优化了采购流程，降低了采购成本；通过改进生产工艺，减少了浪费和损耗；同时，企业还加强了对员工成本意识的培训，使员工在日常工作中更加注重成本控制。通过精益化成本管理，该企业的成本得到了有效控制。采购成本、生产成本等关键指标均实现了显著降低，企业的盈利能力得到了提升。同时，员工成本意识的增强也使得成本控制成为企业文化的一部分，为企业的长期发展奠定了坚实基础。

为了提升客户满意度和忠诚度，该企业引入了客户关系管理理论。企业建立了完善的客户信息管理系统，对客户信息进行了全面收集和整理。同时，企业还制定了客户关系维护策略，通过定期回访、提供个性化服务等方式，加强与客户的沟通和互动。通过客户关系管理，该企业与客户的关系得到了进一步巩固。客户满意度和忠诚度得到了显著提升，回头客比例明显增加。同时，客户信息的收集和整理也为企业提供了更多市场机会和潜在客户，为企业的业务拓展提供了有力支持。

二、汽车维修企业管理理论应用的效果评估

随着汽车维修行业的竞争日益激烈，企业管理理论的应用成了提升竞争力的关键。然而，仅仅引入管理理论并不足以确保企业的成功，关键在于如何有效地应用这些理论，并对其应用效果进行科学的评估。

（一）评估目的与意义

对汽车维修企业管理理论应用的效果进行评估，旨在了解管理理论在实际工作中的运用情况，分析其对企业管理、运营效率、客户满意度等方面的影响，从而为企业制定更为科学、合理的管理策略提供决策依据。同时，通过效果评估，可以发现管理理论应用过程中存在的问题和不足，为企业改进和完善管理体系提供方向。

（二）评估方法与步骤

为了全面评估汽车维修企业管理理论应用的效果，需要确定一系列具体的评估指标。这些指标应涵盖企业管理、运营效率、客户满意度等多个方面，如流程优化程度、成本控制效果、员工满意度、客户回头率等。通过问卷调查、访谈、观察等方式，收集企业管理理论应用前后的相关数据与信息。这些数据和信息应能够反映评估指标的变化情况，为效果评估提供客观依据。

对收集到的数据进行分析和比较，计算各评估指标在应用管理理论前后的变

化幅度，以量化方式展示管理理论应用的效果。同时，结合访谈和观察结果，对管理理论应用过程中的问题和不足进行深入分析。

根据数据分析结果，撰写详细的评估报告。报告应包括评估目的、方法、步骤、结果及建议等内容，为企业制定改进策略提供有力支持。

（三）评估结果与分析

通过引入先进的管理理论，汽车维修企业的管理体系得到了全面优化。流程更加规范、高效，各部门之间的协作更加紧密，决策效率得到了显著提升。同时，企业的成本控制能力也得到了加强，浪费现象得到了有效遏制。这些变化使得企业的整体运营效率得到了提升，为企业的可持续发展奠定了坚实基础。

管理理论的应用使得汽车维修企业的运营效率得到了显著提升。通过优化服务流程、提高员工技能水平、加强设备维护等措施，企业的维修速度和质量都得到了显著提高。这不仅缩短了客户的等待时间，提升了客户满意度，还为企业赢得了更多的市场份额。此外，企业还通过精益化成本管理，降低了运营成本，提高了盈利能力。客户满意度是衡量企业管理理论应用效果的重要指标之一。通过引入客户关系管理理论，汽车维修企业加强了与客户的沟通和互动，提供了更加个性化、专业的服务。这使得客户的满意度得到了显著提升，回头客比例明显增加。同时，企业还通过持续改进服务质量和提升服务体验，赢得了更多客户的信任和支持。

（四）存在的问题与不足

尽管汽车维修企业管理理论的应用取得了一定的效果，但在实际应用过程中仍存在一些问题和不足。首先，部分员工对管理理论的理解和掌握程度不够深入，导致在实际工作中难以有效运用。其次，企业在实施管理理论时，往往忽视了与实际情况的结合，导致理论与应用之间存在一定的脱节现象。此外，企业在评估管理理论应用效果时，缺乏科学、系统的评估方法和标准，使得评估结果存在一定的主观性和不确定性。

三、汽车维修企业管理理论应用的挑战与对策

随着汽车维修行业的不断发展，管理理论的应用对于提升企业运营效率和经济效益起到了关键作用。然而，在实际应用过程中，汽车维修企业也面临着诸多挑战。

（一）挑战分析

汽车维修企业的员工素质参差不齐，部分员工对管理理论的理解和应用能力

有限。同时，由于传统观念的影响，一些员工对新的管理理论持怀疑态度，难以接受和适应。这导致管理理论在实际应用中难以得到有效执行和推广。管理理论往往来源于实践经验的总结和提炼，但在实际应用中，却容易出现理论与实践脱节的情况。一些汽车维修企业在引入管理理论时，未能充分考虑企业的实际情况和需求，导致理论难以落地生根，无法发挥其应有的作用。

汽车维修企业的组织结构往往较为复杂，部门之间沟通不畅、协作不力的情况时有发生。同时，企业文化也可能成为管理理论应用的障碍。一些企业过于注重短期效益，忽视长期发展和创新，导致管理理论的应用受到限制。

（二）对策探讨

针对员工素质与理念问题，汽车维修企业应加大员工培训和教育力度。通过举办管理理论培训班、分享会等活动，提高员工对管理理论的认识和理解。同时，企业还可以引入外部专家进行授课或指导，帮助员工掌握先进的管理方法和技能。为了避免理论与实践脱节的问题，汽车维修企业在引入管理理论时，应充分考虑企业的实际情况和需求。企业可以组织内部团队对管理理论进行深入研究和分析，结合企业自身的特点和问题，制定切实可行的应用方案。同时，企业还应注重在实践中不断总结经验教训，对管理理论进行持续改进和优化。

针对组织结构与文化障碍，汽车维修企业应积极优化组织结构，加强部门之间的沟通与协作。企业可以通过建立跨部门协作机制、推动信息共享等方式，打破部门壁垒，提高工作效率。同时，企业还应注重培育积极向上的企业文化氛围，鼓励员工勇于创新、敢于尝试新的管理理论和方法。为了推动管理理论的有效应用，汽车维修企业应建立相应的激励机制和考核体系。企业可以通过设立管理创新奖、优秀员工奖等方式，对在管理理论应用方面取得显著成果的员工进行表彰和奖励。同时，企业还应将管理理论的应用情况纳入员工的考核体系中，作为晋升和薪酬调整的重要依据。

汽车维修企业在管理理论应用方面还可以积极寻求外部资源与合作伙伴的支持。企业可以与高校、研究机构等建立合作关系，共同开展管理理论的研究和应用工作。此外，企业还可以与其他汽车维修企业建立战略联盟或合作关系，共享管理资源和经验，共同推动行业的发展。

四、汽车维修企业管理理论创新的途径与方法

随着汽车维修行业的快速发展，传统的管理理论已难以满足企业日益增长的需求。为了提升企业的竞争力，实现可持续发展，汽车维修企业必须进行管理理论创新。

（一）管理理论创新的必要性

汽车维修企业管理理论创新是企业应对市场变化、提升竞争力的必然要求。随着科技的不断进步和消费者需求的多样化，汽车维修行业面临着日益激烈的市场竞争。传统的管理理论已难以适应新的市场环境，企业需要寻求新的管理方法来提升运营效率、降低成本、提高服务质量。同时，管理理论创新也是企业实现可持续发展的重要途径。通过创新管理理论，企业可以优化资源配置、提升员工素质、增强创新能力，从而为企业的长期发展奠定坚实基础。

（二）管理理论创新的途径

汽车维修企业可以借鉴先进的管理理念，如精益管理、六西格玛管理等，以提升企业的管理水平。这些理念强调流程优化、质量控制、持续改进等方面，有助于企业在保证质量的同时降低成本、提高效率。

汽车维修企业可以借鉴其他行业的管理经验，如制造业、服务业等，以拓宽管理创新的思路。这些行业在长期的发展过程中积累了丰富的管理经验，可以为汽车维修企业提供有益的启示和借鉴。

企业在借鉴理念和其他行业经验的同时，还应结合自身的实际情况进行创新。企业应深入分析自身的特点、问题和发展需求，制定符合自身实际的管理创新方案，确保创新成果的实用性和有效性。

（三）管理理论创新的方法

汽车维修企业应组建专门的管理创新团队，负责研究新的管理理念、方法和技术，并推动其在企业内的应用。创新团队应具备跨学科的知识背景和创新思维，能够针对企业实际问题提出有效的解决方案。

企业应积极开展管理创新实践，通过试点项目、实验室等方式，验证新的管理理念的可行性和有效性。在实践过程中，企业应注重数据的收集和分析，以便对创新成果进行客观评估。管理理论创新需要员工的广泛参与和支持。因此，企业应加强对员工的培训和教育，提高员工对管理创新的认识和理解。通过举办培训班、分享会等活动，帮助员工掌握新的管理知识和技能，为企业的管理创新提供有力的人才保障。

企业应营造积极向上、鼓励创新的文化氛围，为管理理论创新提供良好的环境。企业可以通过制定创新激励政策、设立创新奖励机制等方式，激发员工的创新热情和积极性。同时，企业还应注重与员工的沟通和互动，鼓励员工提出创新性的想法和建议。

（四）管理理论创新的挑战与对策

虽然管理理论创新为汽车维修企业带来了诸多机遇，但在实际过程中也面临着一些挑战。首先，创新过程中可能会遇到技术难题和实施障碍，需要企业投入大量的人力和物力进行克服。其次，员工的接受度和参与度也是创新成功与否的关键因素之一。因此，企业需要采取一系列对策来应对这些挑战。例如，加强技术研发和引进外部专家支持以解决技术难题；通过培训和激励机制提高员工的创新意识和能力；同时，建立完善的创新管理体系，确保创新活动的有序进行。

第三章 汽车维修企业战略规划

第一节 战略规划的概念与意义

一、战略规划的基本概念

（一）概述

战略规划是企业管理中的核心环节，它关乎企业的长远发展和持续竞争力。在当前全球经济一体化的背景下，战略规划显得尤为重要。

（二）战略规划的定义

战略规划是企业根据市场环境、内部资源和能力，结合长期发展目标，制定的一系列行动计划和策略。它是对企业未来发展的全面思考和系统安排，旨在确保企业在复杂多变的竞争环境中保持竞争优势，实现可持续发展。

（三）战略规划的组成要素

企业使命是企业存在的根本目的和价值追求，它定义了企业的经营范围和核心业务。愿景则是企业未来发展的宏伟蓝图，它描绘了企业期望达到的理想状态。使命和愿景是战略规划的起点，为企业的战略制定提供了方向和目标。外部环境分析主要关注企业所处的宏观环境、行业环境和竞争对手。宏观环境包括政治、经济、社会、技术等因素，它们对企业的发展产生深远影响。行业环境分析则关注行业的竞争格局、发展趋势和市场需求，以便企业找到自身在市场中的定位。竞争对手分析则是为了了解对手的优势和劣势，从而制定针对性的竞争策略。

内部资源与能力分析是对企业自身条件的全面审视，包括人力资源、财务资源、技术资源、组织结构、企业文化等方面。通过内部分析，企业可以明确自身的优势和劣势，为制定战略提供依据。战略目标是企业在未来一段时间内期望实现的经营成果和业绩指标。它应该具有可衡量性、可达成性和挑战性。战略定位则是企业在市场中的发展方向和竞争优势的确定，它决定了企业在市场中的竞争地位和市场份额。

战略选择是根据上述分析，确定企业应采取的具体战略类型和措施。这包括市场渗透战略、产品开发战略、市场开发战略、多元化战略等。实施方案则是将战略转化为具体的行动计划，包括资源配置、组织结构调整、激励机制设计等方面。

（四）战略规划的重要性

战略规划明确了企业的发展目标和方向，使企业能够在激烈的市场竞争中保持清醒，避免盲目跟风或偏离主业。通过战略规划，企业可以合理分配资源，确保关键领域和核心业务的投入，提高资源利用效率。

战略规划有助于企业识别并抓住市场机遇，规避潜在风险，从而提升企业的市场竞争力和抗风险能力。战略规划关注企业的长远发展，通过制定可持续的经营策略和行动计划，确保企业在实现经济效益的同时，兼顾社会和环境责任。

（五）战略规划的实施与评估

战略规划的实施需要企业全体员工的共同努力和协作。企业应建立有效的沟通机制，确保战略规划的传达和执行。同时，企业还应建立战略评估体系，定期对战略规划的执行情况进行检查和评估，以便及时调整和优化战略。

二、战略规划对企业发展的重要性

在当今全球经济高度一体化和市场竞争日益激烈的时代背景下，战略规划对企业的发展具有至关重要的意义。它不仅关乎企业的短期经营成果，更决定了企业的长远命运和可持续发展能力。

（一）明确发展方向与目标

战略规划的首要任务是明确企业的发展方向和目标。通过深入的市场分析和内部资源评估，企业可以清晰地了解自身的市场定位、竞争优势和潜在风险，从而制定出符合自身实际情况的发展战略。这有助于企业在纷繁复杂的市场环境中保持清醒，避免盲目跟风和随波逐流。同时，明确的目标还可以激发员工的积极性和创造力，推动企业不断向前发展。

（二）优化资源配置与提升效率

战略规划有助于企业优化资源配置，提升运营效率。在战略规划的指导下，企业可以根据市场需求和自身能力，合理调配人力、物力、财力等资源，确保关键领域和核心业务的投入。这不仅可以降低企业的运营成本，还可以提高资源的利用效率，增强企业的市场竞争力。此外，战略规划还可以促进企业内部的流程优化和组织变革，进一步提升企业的运营效率和管理水平。

（三）应对市场变化与风险挑战

市场环境和竞争态势的不断变化是企业发展过程中必须面对的挑战。通过战略规划，企业可以预先识别和评估潜在的市场风险和机遇，从而制定出应对策略和措施。这有助于企业在市场变化中保持敏锐的洞察力和快速的反应能力，及时抓住机遇、规避风险，确保企业的稳健发展。

（四）促进创新与提升企业核心竞争力

战略规划是推动企业创新的重要驱动力。在制定战略规划的过程中，企业需要不断探索新的业务模式、技术路径和市场机会，以应对日益激烈的市场竞争。这种创新导向的战略规划有助于激发企业的创新活力，推动企业不断推陈出新，提升产品和服务的质量和附加值。同时，创新还可以增强企业的核心竞争力，使企业在市场中脱颖而出，实现可持续发展。

（五）提升企业形象与品牌价值

一个清晰、有力的战略规划不仅可以指导企业的内部运营和管理，还可以提升企业的外部形象和品牌价值。通过实施战略规划，企业可以向外界展示其前瞻性的思考、稳健的经营风格和强大的执行力，从而增强客户、合作伙伴和投资者的信心。这种信心的提升有助于企业建立良好的品牌形象和口碑，吸引更多的优质资源和合作伙伴，进一步推动企业的发展。

（六）构建企业文化与增强凝聚力

战略规划的制定和实施过程也是企业文化建设的重要契机。通过共同讨论和制定战略规划，企业可以凝聚员工的共识和力量，形成共同的价值取向和奋斗目标。这种文化氛围有助于激发员工的归属感和责任感，使他们更加积极地投入到工作中去。同时，战略规划还可以为企业提供明确的发展蓝图和行动指南，使员工能够清晰地看到企业的未来发展方向和目标，从而更加坚定地跟随企业的发展步伐。

综上所述，战略规划对企业发展的重要性不容忽视。它不仅能够明确企业的发展方向和目标，优化资源配置和提升效率，还能够应对市场变化与风险挑战，促进创新与提升企业核心竞争力，提升企业形象与品牌价值，以及构建企业文化与增强凝聚力。因此，企业应高度重视战略规划的制定和实施工作，确保战略规划与企业的发展目标紧密相连，为企业创造更大的价值。

在实际操作中，企业应根据自身的实际情况和市场环境，制定符合自身特点和发展需求的战略规划。同时，企业还应建立科学的战略评估和调整机制，定期对战略规划的执行情况进行检查和评估，及时发现问题并进行调整和优化。只有这样，企业才能在激烈的市场竞争中立于不败之地，实现持续、健康、稳定的发展。

三、战略规划与日常经营的关系

战略规划与日常经营是企业运营中的两个核心要素，它们之间既相互依存又相互影响。战略规划为企业提供了长远的发展蓝图和目标导向，而日常经营则是实现这些目标的具体行动和过程。

（一）战略规划对日常经营的指导作用

战略规划是企业根据市场环境、内部资源和能力，结合长期发展目标，制定的一系列行动计划和策略。它为企业的日常经营提供了明确的方向和目标，使企业在复杂多变的市场环境中能够保持清晰的头脑和坚定的步伐。通过战略规划，企业可以明确自身的市场定位、竞争优势和潜在风险，从而制定出符合自身实际情况的经营策略。

在日常经营过程中，战略规划为企业提供了决策依据和行动指南。企业可以根据战略规划的要求，制定具体的经营计划、预算和考核标准，确保各项经营活动的有序进行。同时，战略规划还可以帮助企业识别并抓住市场机遇，规避潜在风险，提升企业的市场竞争力和抗风险能力。

（二）日常经营对战略规划的反馈与调整

虽然战略规划为日常经营提供了指导，但日常经营过程中的实际情况和反馈也是战略规划调整和优化的重要依据。企业在日常经营中会遇到各种问题和挑战，这些问题和挑战可能会暴露出战略规划中的不足或缺陷。因此，企业需要及时收集和分析日常经营中的数据和信息，对战略规划进行定期评估和调整。

通过日常经营的反馈，企业可以了解战略规划的执行情况，发现其中的问题和短板，并及时进行调整和优化。这种调整和优化可以涉及经营策略、组织结构、资源配置等多个方面，以确保战略规划与实际情况的紧密结合。同时，企业还可以通过日常经营中的创新实践和市场探索，为战略规划的进一步完善提供有益的启示和参考。

（三）战略规划与日常经营的协调与融合

战略规划与日常经营之间的协调与融合是实现企业可持续发展的关键。企业需要在制定战略规划时充分考虑日常经营的实际需求和可行性，确保两者之间的衔接和一致。同时，在日常经营过程中，企业需要按照战略规划的要求进行资源配置和行动安排，确保各项经营活动的有序进行和目标的顺利实现。

为了实现战略规划与日常经营的协调与融合，企业需要建立有效的沟通机制和信息共享平台。这有助于确保战略规划的制定和实施过程中的信息畅通和决策透明，提高管理效率和执行力。此外，企业还需要加强内部培训和文化建设，提高员工对战略规划的理解和认同度，形成全员参与、共同推进的良好氛围。

（四）战略规划与日常经营互动中的挑战与对策

尽管战略规划与日常经营之间存在紧密的关系，但在实际互动过程中也面临着一些挑战。首先，市场环境的变化和不确定性可能对战略规划的执行带来影响，企业需要具备灵活应变的能力。其次，企业内部资源和能力的限制可能制约战略规划的实施，企业需要优化资源配置和提升运营效率。此外，不同部门和员工之间的利益冲突和沟通障碍也可能影响战略规划与日常经营的协调与融合。

针对这些挑战，企业需要采取一系列对策。首先，建立灵活的战略调整机制，根据市场变化和企业实际情况及时对战略规划进行调整和优化。其次，加强内部资源的整合和共享，提高资源利用效率和管理水平。同时，加强部门间的沟通与协作，打破沟通障碍，形成合力推进战略规划实施的良好氛围。

四、战略规划在汽车维修企业中的应用

汽车维修企业作为汽车产业链的重要一环，其经营状况和竞争力直接影响着整个汽车行业的健康发展。在当前汽车保有量不断攀升、市场竞争加剧的背景下，汽车维修企业亟须通过战略规划来明确发展方向、优化资源配置、提升服务质量，从而实现可持续发展。

（一）汽车维修企业战略规划的必要性

汽车维修企业面临着日益复杂多变的市场环境和客户需求，只有通过制定和实施科学的战略规划，才能确保企业在竞争中保持领先地位。具体来说，战略规划对于汽车维修企业的必要性主要体现在以下几个方面：

战略规划能够帮助汽车维修企业明确未来的发展方向和目标，使企业在纷繁复杂的市场环境中保持清晰的头脑和坚定的步伐。通过深入的市场分析和内部资源评估，企业可以制定出符合自身实际情况的发展策略，避免盲目跟风和偏离主业。战略规划有助于汽车维修企业优化资源配置，提升运营效率。企业可以根据战略规划的要求，合理调配人力、物力、财力等资源，确保关键领域和核心业务的投入。同时，通过流程优化和组织变革，企业可以进一步提升运营效率和服务质量，增强市场竞争力。

市场环境和客户需求的变化是汽车维修企业必须面对的挑战。通过制定战略规划，企业可以预先识别和评估潜在的市场风险和机遇，从而制定出应对策略和措施。这有助于企业在市场变化中保持敏锐的洞察力和快速的反应能力，确保稳健发展。

（二）汽车维修企业战略规划的主要内容

汽车维修企业的战略规划应涵盖多个方面，以确保企业的全面发展和竞争力提升。汽车维修企业应深入分析市场环境和竞争格局，明确自身的市场定位和目标客户群体。在此基础上，制定出针对性的竞争策略，包括价格策略、产品策略、服务策略等，以在市场中获得竞争优势。

技术是汽车维修企业的核心竞争力之一。企业应加大技术创新投入，引进先进的维修设备和技术手段，提升维修质量和效率。同时，注重人才培养和团队建设，打造一支高素质、专业化的维修团队，为企业发展提供有力的人才保障。

客户服务是汽车维修企业的重要工作内容之一。企业应建立完善的客户服务体系，提供及时、专业、周到的服务，提升客户满意度和忠诚度。同时，加强品牌建设，树立良好的企业形象和口碑，增强品牌影响力和市场竞争力。

供应链管理是汽车维修企业实现高效运营的关键环节。企业应优化供应链管理流程，与供应商建立长期稳定的合作关系，确保零部件和维修材料的质量和供应稳定性。同时，加强成本控制，降低运营成本，提高企业盈利能力。

（三）汽车维修企业战略规划的实施与评估

战略规划的制定只是第一步，关键在于实施和评估。汽车维修企业在实施战略规划时，应明确责任分工和执行计划，确保各项措施得到有效落实。同时，建立战略评估机制，定期对战略规划的执行情况进行检查和评估，及时发现问题并进行调整和优化。

在评估过程中，企业可以运用各种指标和数据来量化战略规划的效果，如客户满意度、维修质量、运营效率等。通过对比实际数据与目标数据的差距，企业可以找出存在的问题和不足，并制定相应的改进措施。

（四）战略规划在汽车维修企业中的实际应用案例

以某知名汽车维修企业为例，该企业通过制定和实施科学的战略规划，实现了快速发展和竞争力提升。具体来说，该企业首先明确了市场定位和目标客户群体，针对中高端汽车市场制定了差异化的竞争策略。同时，加大技术创新投入，引进先进的维修设备和技术手段，提升了维修质量和效率。在客户服务方面，该企业建立了完善的客户服务体系，提供一站式服务解决方案，赢得了客户的广泛赞誉。此外，该企业还注重供应链管理和成本控制，与供应商建立了长期稳定的合作关系，降低了运营成本。通过这些措施的实施，该企业提升了市场竞争力，实现了可持续发展。

第二节 汽车维修企业战略环境的分析

一、汽车维修的宏观环境分析（PEST分析）

随着汽车保有量的不断增长和消费者对汽车性能要求的提高，汽车维修行业作为汽车产业链的重要环节，其发展受到了宏观环境的深刻影响。

（一）政治环境分析

政治环境是影响汽车维修行业发展的重要因素之一。政策法规的制定和实施直接影响着汽车维修企业的经营模式和市场竞争格局。

首先，政府对汽车行业的监管力度不断加强，对汽车维修行业也提出了更高的要求。例如，加强汽车维修行业的资质管理和技术标准制定，规范市场秩序，提升服务质量。这些政策的出台有助于提升汽车维修行业的整体形象和竞争力，促进行业的健康发展。其次，政府对于环保和节能的重视程度日益提高，对汽车维修行业也提出了更高的环保要求。例如，推广新能源汽车和节能环保技术，鼓励汽车维修企业采用环保材料和工艺，减少污染排放。这些政策的实施有助于推动汽车维修行业向绿色、低碳方向发展。此外，国际贸易政策的变化也对汽车维修行业产生了一定影响。随着全球化的深入发展，汽车维修行业面临着更广阔的市场和更激烈的竞争。企业需要关注国际贸易政策的变化，加强国际合作和交流，提升自身的国际化水平。

（二）经济环境分析

经济环境是汽车维修行业发展的基础。经济增长、消费者购买力以及市场竞争状况等因素都对汽车维修行业的发展产生了重要影响。

首先，随着国内经济的持续增长和消费者购买力的提升，汽车市场不断扩大，为汽车维修行业的发展提供了广阔的市场空间。同时，汽车消费结构的升级也带动了汽车维修服务需求的增加。消费者对汽车维修服务的质量、效率和专业性要求不断提高，为汽车维修行业的发展提供了更多的机遇。其次，市场竞争的加剧也对汽车维修行业提出了更高的要求。企业需要不断提升自身的技术水平和服务质量，降低成本，提高运营效率，以应对激烈的市场竞争。同时，企业还需要关注行业内的价格战和恶性竞争现象，避免过度竞争对行业健康发展造成的不利影响。此外，国际经济环境的变化也对汽车维修行业产生了一定影响。全球经济的波动和贸易保护主义的抬头可能导致汽车维修行业的原材料和零部件供应成本上升，进而影响企业的盈利能力和市场竞争力。

（三）社会环境分析

社会环境对汽车维修行业的发展同样具有重要影响。消费者需求、人口结构以及社会文化等因素都在不同程度上塑造了汽车维修行业的市场格局和发展趋势。

首先，随着消费者汽车保有量的增加和汽车使用年限的延长，汽车维修服务的需求日益旺盛。消费者对汽车维修服务的需求呈现出多样化、个性化的特点，对服务质量和效率提出了更高的要求。这促使汽车维修企业不断创新服务模式，提升服务水平，以满足消费者的需求。其次，人口结构的变化也对汽车维修行业产生了一定影响。随着人口老龄化的加剧和年青一代消费观念的转变，汽车维修服务的需求结构也在发生变化。企业需要关注人口结构的变化趋势，调整服务策略，以适应市场需求的变化。此外，社会文化的变迁也对汽车维修行业产生了一定影响。随着人们环保意识的增强和绿色消费理念的普及，消费者对汽车维修行业的环保要求也在不断提高。企业需要加强环保意识，推广绿色维修技术和服务，以满足消费者的环保需求。

（四）技术环境分析

技术环境是汽车维修行业发展的重要驱动力。科技创新、信息技术应用以及新能源技术的发展都对汽车维修行业产生了深刻影响。

首先，科技创新为汽车维修行业带来了更多的发展机遇。随着智能化、自动化技术的不断发展，汽车维修行业的维修效率和质量得到了显著提升。例如，智能诊断技术的应用使得故障诊断更加准确快捷，提高了维修效率；而机器人等自动化设备的引入则降低了人工成本，提高了生产效率。其次，信息技术的应用也推动了汽车维修行业的转型升级。通过互联网、大数据等技术手段，企业可以实现远程故障诊断、在线预约维修等服务模式的创新，提升客户体验和服务质量。同时，信息技术还可以帮助企业实现精细化管理，提高运营效率和管理水平。此外，新能源技术的发展也为汽车维修行业带来了新的挑战和机遇。新能源汽车的普及对汽车维修行业提出了更高的技术要求和服务需求。企业需要加强技术研发和人才培养，掌握新能源汽车的维修技术和方法，以适应市场需求的变化。

综上所述，汽车维修行业的宏观环境涉及政治、经济、社会和技术等多个方面。企业需要密切关注宏观环境的变化趋势，灵活调整经营策略和服务模式，以适应市场需求的变化和提升竞争力。同时，社会各界也应加强对汽车维修行业的支持和引导，促进行业的健康发展和转型升级。

二、汽车维修的行业环境分析（波特五力模型）

汽车维修行业作为汽车产业链的重要环节，其行业环境受到多种力量的影响。运用波特五力模型对汽车维修行业进行环境分析，可以帮助我们更好地了解行业的竞争格局和发展趋势。

（一）现有竞争者分析

汽车维修行业的现有竞争者主要包括各类汽车维修店、4S 店以及连锁维修企业等。这些企业在市场上展开激烈的竞争，争夺客户资源和市场份额。他们的竞争手段包括价格竞争、服务质量竞争、技术创新竞争等。

在价格竞争方面，一些维修企业为了吸引客户，会采取低价策略，但这往往会导致服务质量下降，影响企业的长期发展。因此，企业需要在保证服务质量的前提下，合理定价，以维持市场竞争力。在服务质量竞争方面，企业需要不断提升技术水平和服务水平，以满足客户日益增长的需求。同时，加强品牌形象建设，提升客户认知度和忠诚度，也是企业在竞争中取得优势的关键。

在技术创新竞争方面，企业需要关注新技术、新工艺和新材料的应用，以提高维修效率和质量。通过技术创新，企业可以降低成本，提升竞争力，赢得更多的市场份额。

（二）潜在进入者分析

汽车维修行业的潜在进入者主要包括新成立的维修企业、跨界进入者以及外资企业等。这些潜在进入者可能对现有市场格局产生一定影响。

新成立的维修企业通常具有较高的创业热情和创新能力，他们可能会通过差异化服务或技术创新来打破现有市场格局。然而，由于行业门槛相对较低，新进入者需要面临激烈的市场竞争和较高的客户获取成本。跨界进入者可能来自其他相关行业，如汽车配件销售、汽车保险等。他们可以利用自身在相关领域的资源优势，通过整合产业链或提供一站式服务来增强竞争力。然而，跨界进入者也需要克服行业壁垒和客户认知度等问题。

外资企业则可能通过引进先进的技术和管理经验，提升汽车维修行业的整体水平。他们的进入可能会加剧市场竞争，但也为行业带来新的发展机遇。

（三）替代品威胁分析

汽车维修行业的替代品威胁主要来自自助维修工具、线上维修平台以及共享汽车等新型服务模式的出现。自助维修工具使得一些简单的维修任务可以由车主自行完成，减少了对专业维修服务的需求。然而，对于复杂和专业的维修任务，车主仍然需要寻求专业维修企业的帮助。线上维修平台则通过互联网技术将车主与维修企业连接起来，提供更加便捷和高效的服务。线上平台可以打破地域限制，扩大服务范围，但同时也面临着服务质量监管和售后保障等问题。

共享汽车作为一种新型出行方式，减少了个人对汽车的需求和购买意愿，从而影响了汽车维修行业的市场需求。然而，共享汽车的发展也需要建立完善的维修服务体系来保障车辆的正常运行和用户体验。

（四）供应商议价能力分析

汽车维修行业的供应商主要包括汽车零部件制造商、维修设备供应商以及耗材供应商等。供应商的议价能力对汽车维修企业的成本和利润具有重要影响。

汽车零部件制造商通常具有较高的议价能力，因为他们掌握着核心技术和生产资源。维修企业在采购零部件时需要与制造商进行谈判，争取更优惠的价格和更好的供货条件。

维修设备供应商和耗材供应商的议价能力则相对较低，因为这些产品的市场竞争较为激烈，供应商需要通过提供高质量的产品和优质的服务来赢得市场份额。

为了降低供应商议价能力对企业的影响，汽车维修企业可以采取多元化采购策略，与多个供应商建立合作关系，降低采购风险。同时，加强内部管理，提高采购效率和质量，也是降低采购成本的有效途径。

（五）购买者议价能力分析

汽车维修行业的购买者主要是车主和汽车相关企业。购买者的议价能力对汽车维修企业的定价策略和利润空间具有重要影响。车主作为个体消费者，其议价能力相对较弱。他们在选择维修服务时通常更关注价格、服务质量和口碑等因素。因此，汽车维修企业需要通过提供优质的服务和合理的价格来赢得客户的信任和支持。

汽车相关企业作为批量采购者，其议价能力相对较强。他们可以与维修企业进行长期合作，通过谈判争取更优惠的价格和服务条件。汽车维修企业需要关注这些大客户的需求，提供定制化服务，以维护良好的合作关系。

三、汽车维修的内部环境分析（资源与能力分析）

汽车维修行业作为一个高度竞争的市场，其内部环境对于企业的生存和发展至关重要。资源与能力是企业内部环境的核心要素，它们决定了企业的竞争优势和市场地位。

（一）资源分析

资源是企业生产经营活动的基础，包括有形资源和无形资源两大类。对于汽车维修企业来说，有形资源主要包括设备、场地、资金等，而无形资源则包括技术、品牌、专利等。

设备是汽车维修企业的核心资源之一。先进的维修设备能够提高维修效率和质量，为企业赢得更多的客户和市场份额。因此，汽车维修企业需要不断引进和更新设备，保持技术领先地位。场地是汽车维修企业开展生产经营活动的必要条件。合适的场地不仅能够满足企业的生产需求，还能够提升企业的形象和品牌价值。汽车维修企业需要选择交通便利、环境优美的地段，为客户提供舒适的维修环境。

资金是汽车维修企业运营的重要支撑。充足的资金能够保证企业的正常运转和扩大规模。汽车维修企业需要合理规划资金使用，确保资金的流动性和安全性。技术是汽车维修企业的核心竞争力。高超的技术水平能够解决各种复杂的维修问题，提高客户满意度。因此，汽车维修企业需要加强技术研发和人才培养，不断提升技术水平。

品牌是汽车维修企业的无形资产之一。一个知名度高、口碑好的品牌能够吸引更多的客户，提升企业的市场竞争力。汽车维修企业需要注重品牌建设，通过提供优质服务和良好体验来塑造品牌形象。

专利是汽车维修企业的知识产权，能够保护企业的技术成果和创新成果。拥有专利的企业能够在市场上获得一定的垄断地位，提高盈利能力。汽车维修企业需要加强专利申请和保护工作，确保技术成果的安全性和合法性。

（二）能力分析

能力是企业运用资源实现目标的过程和结果，包括管理能力、技术能力、营销能力等。对于汽车维修企业来说，这些能力直接影响其市场表现和竞争力。

管理能力是汽车维修企业的核心竞争力之一。优秀的管理能力能够提升企业的运营效率和质量，降低成本，增强市场竞争力。汽车维修企业需要建立科学的管理体系，完善各项管理制度，提升员工的执行力和创新意识。在人力资源管理方面，汽车维修企业需要注重员工培训和激励机制的建立，提高员工的专业素质和工作积极性。同时，加强团队协作和沟通，形成良好的企业文化氛围。在财务管理方面，汽车维修企业需要建立规范的财务制度和流程，确保资金的安全和合理使用。通过财务分析和预算规划，为企业的战略决策提供有力支持。

技术能力是汽车维修企业的生命线。高超的技术能力能够解决各种复杂的维修问题，提高维修质量和效率。汽车维修企业需要加强技术研发和创新，不断引进新技术、新工艺和新材料，提升企业的技术水平。同时，汽车维修企业还需要关注行业发展趋势和市场需求变化，及时调整技术策略和方向，确保技术的先进性和适用性。

营销能力是汽车维修企业拓展市场和提升品牌影响力的关键。优秀的营销能力能够帮助企业吸引更多的客户和资源，提高市场份额和盈利能力。汽车维修企业需要制定有效的营销策略和推广方案，加强市场调研和客户分析，精准定位目标客户群体，提升营销效果。

此外，汽车维修企业还需要加强客户关系管理，建立良好的客户关系网络，提高客户满意度和忠诚度。通过提供优质服务和个性化解决方案，增强客户对企业的信任和依赖。

四、汽车维修的 SWOT 分析及其在企业战略制定中的应用

汽车维修行业作为汽车产业链的重要环节，面临着复杂多变的市场环境和竞争态势。为了制定有效的企业战略，企业需要进行深入的 SWOT 分析，以识别自身的优势、劣势、机会和威胁，并据此制定针对性的战略措施。

（一）汽车维修行业的 SWOT 分析

1. 优势（Strengths）

技术实力。汽车维修企业通常拥有专业的技术团队和先进的维修设备，能够解决各种复杂的维修问题，提供高质量的维修服务。

品牌形象。一些知名的汽车维修企业已经树立了良好的品牌形象，拥有较高的市场认知度和客户忠诚度。

服务网络。部分大型汽车维修企业建立了完善的服务网络，覆盖多个地区，能够为客户提供便捷的服务体验。

2. 劣势（Weaknesses）

营销能力。部分汽车维修企业在营销方面相对薄弱，缺乏有效的市场推广手段，导致知名度和客户规模有限。

成本控制。一些企业在成本控制方面存在不足，导致维修价格较高，影响客户的接受度和市场竞争力。

创新能力。部分汽车维修企业缺乏创新能力，难以跟上市场变化和客户需求的变化，导致产品和服务缺乏差异化竞争优势。

3. 机会（Opportunities）

市场需求增长。随着汽车保有量的不断增加，汽车维修市场需求呈现出持续增长的趋势，为企业提供了广阔的发展空间。

技术创新。随着科技的进步和新能源汽车的普及，汽车维修行业也面临着技术创新的机会，如智能化维修、绿色维修等。

政策支持。政府对汽车维修行业的政策支持力度不断加大，为企业提供了更多的发展机遇。

4. 威胁（Threats）

市场竞争。汽车维修行业市场竞争激烈，新进入者和替代品的威胁不断增加，企业需要不断提升自身的竞争力以应对市场挑战。

法规变化。随着法规的不断完善和变化，汽车维修企业需要不断适应新的法规要求，否则可能面临合规风险。

客户需求变化。客户需求日益多样化和个性化，企业需要不断了解客户需求的变化，调整产品和服务以满足市场需求。

（二）SWOT 分析在企业战略制定中的应用

1. 发挥优势，提升竞争力

汽车维修企业应充分利用自身的技术实力、品牌形象和服务网络等优势，提供高质量的维修服务，提升客户满意度和忠诚度。同时，加强技术研发和创新能力，不断推出符合市场需求的新产品和服务，增强差异化竞争优势。

2. 弥补劣势，改善经营状况

针对营销能力、成本控制和创新能力等劣势，汽车维修企业应加大营销力度，提升品牌知名度和市场份额；优化成本管理，降低维修成本，提高价格竞争力；加强创新投入，培养创新型人才，推动产品和服务的创新升级。

3. 抓住机遇，拓展市场份额

面对市场需求增长、技术创新和政策支持等机遇，汽车维修企业应积极抓住机遇，拓展市场份额。通过加大市场推广力度，扩大服务网络覆盖范围，提升品牌影响力；关注新技术和新能源汽车的发展趋势，研发新的维修技术和服务；充分利用政策红利，争取政府支持和资金扶持，推动企业快速发展。

4. 应对威胁，降低风险

为了应对市场竞争、法规变化和客户需求变化等威胁，汽车维修企业需要制定灵活的市场策略，密切关注市场动态和竞争对手的动向，及时调整经营策略；加强法规学习和合规管理，确保企业运营的合法性和规范性；深入了解客户需求的变化，提供个性化的解决方案，提高客户满意度和忠诚度。

第三节　汽车维修企业战略目标的制定

一、企业使命与愿景的明确

（一）概述

在竞争激烈的汽车维修市场中，明确企业的使命与愿景至关重要。使命是企业存在的根本目的和理由，是企业对社会的承诺；而愿景则是企业未来发展的宏伟蓝图，是企业全体员工共同追求的理想状态。对于汽车维修企业而言，明确使命与愿景不仅有助于企业明确发展方向，还能激发员工的积极性和创造力，推动企业的持续发展。

（二）汽车维修企业的使命

汽车维修企业的使命是致力于为客户提供专业、高效、可靠的汽车维修服务，保障车辆的安全运行，提升客户的出行体验。具体来说，汽车维修企业的使命可以细化为以下几个方面：

汽车维修企业应具备专业的技术团队和先进的维修设备，能够为客户提供高质量的维修服务。企业应不断引进新技术、新工艺和新材料，提升维修水平，确保维修质量。同时，企业还应加强员工培训，提高员工的专业素质和服务意识，确保每一位员工都能为客户提供满意的服务。

汽车维修企业的核心使命是保障车辆的安全运行。企业应严格按照相关法规和标准进行维修作业，确保维修质量和安全性能。同时，企业还应加强车辆检测和故障诊断能力，及时发现并解决潜在的安全隐患，确保客户的行车安全。汽车维修企业应关注客户需求，提供个性化的维修方案和服务。企业应加强与客户的沟通，了解客户的期望和需求，不断优化服务流程和服务质量。通过提供便捷、舒适、高效的维修服务，提升客户的出行体验，提高客户的满意度和忠诚度。

（三）汽车维修企业的愿景

汽车维修企业的愿景是成为行业内的领军企业，以卓越的技术、优质的服务和创新的理念引领行业发展。汽车维修企业应追求技术领先，不断引进和研发新技术、新工艺和新材料，提升企业的技术水平和核心竞争力。企业应加强与科研机构和高校的合作，推动产学研一体化发展，为企业的发展提供强有力的技术支撑。

汽车维修企业应致力于提供卓越的服务体验，以客户为中心，关注客户需求，提供个性化的维修方案和服务。企业应建立完善的客户服务体系，加强客户关系管理，提高客户满意度和忠诚度。同时，企业还应加强品牌形象建设，提升品牌知名度和美誉度。

汽车维修企业应坚持创新发展的理念，不断探索新的商业模式和服务模式，推动企业转型升级。企业应关注市场动态和行业趋势，及时调整经营策略和管理模式，以适应不断变化的市场环境。同时，企业还应加强内部管理和团队建设，激发员工的创新精神和创造力。

（四）使命与愿景的实现路径

为了实现上述使命与愿景，汽车维修企业需要制定明确的战略规划和实施路径。企业应加大技术研发和人才培养的投入力度，提升企业的技术水平和创新能力。通过引进先进技术、开展产学研合作、加强员工培训等方式，培养一支高素质的技术团队和管理团队，为企业的发展提供有力的人才保障。

企业应关注客户需求和服务体验，不断优化服务流程和服务质量。通过简化流程、提高效率、加强沟通等方式，提升客户的满意度和忠诚度。同时，企业还应加强售后服务和客户关系管理，为客户提供全方位、个性化的服务体验。企业应积极拓展市场份额和提升品牌影响力，通过加强市场推广、提升品牌形象、开展合作等方式，提高企业的知名度和美誉度。同时，企业还应关注市场动态和竞争对手的动向，灵活调整市场策略和经营策略，以应对市场变化和竞争挑战。

二、战略目标的制定原则与过程

（一）概述

汽车维修行业作为汽车产业链的重要环节，面临着日益激烈的市场竞争和不断变化的客户需求。为了保持竞争优势并实现可持续发展，汽车维修企业需要制定明确的战略目标。战略目标的制定需要遵循一定的原则，并通过科学的过程来确保目标的合理性和可行性。

（二）汽车维修战略目标的制定原则

市场导向是汽车维修战略目标制定的基础。企业应深入了解市场需求和竞争态势，以客户需求为导向，制定符合市场发展趋势的战略目标。同时，企业还应关注政策法规、行业标准和市场变化等因素，及时调整战略目标，以适应市场变化。战略目标应具有可行性和可操作性。企业应充分考虑自身的资源、能力和市场环境等因素，制定切实可行的战略目标。避免过于冒进或保守，确保目标既具有挑战性又可实现。

汽车维修市场变化迅速，战略目标应具备一定的灵活性。企业应随时关注市场变化和竞争态势，适时调整战略目标，以应对市场挑战和机遇。同时，企业还应建立灵活的战略调整机制，确保战略目标与市场需求保持高度一致。战略目标既要考虑长期发展，又要兼顾短期利益。企业应制定长期战略目标和短期行动计划，确保短期目标的实现为长期目标的实现奠定基础。同时，企业还应关注长期发展趋势，为未来发展做好规划和布局。

（三）汽车维修战略目标的制定过程

企业需要对市场环境进行深入的分析和评估，包括市场规模、竞争态势、客户需求、政策法规等方面。通过收集和分析相关数据和信息，了解市场的现状和未来发展趋势，为制定战略目标提供有力的支持。企业需要评估自身的资源、能力和优劣势，包括技术实力、人才储备、资金状况、品牌影响力等方面。通过客观分析自身的实际情况，明确企业在市场中的定位和发展方向，为制定符合自身特点的战略目标提供依据。

在充分分析市场和自身情况的基础上，企业需要明确战略目标的具体内容。战略目标应包括长期目标和短期目标，既要考虑企业的整体发展，又要兼顾各业务板块的协调发展。同时，目标应具有可衡量性、可达成性和挑战性，以确保目标的实际意义和激励作用。为了实现战略目标，企业需要制定详细的战略行动计划。行动计划应包括具体的措施、时间表和责任分工等方面，确保各项任务得到有效落实。同时，企业还应建立有效的监控和评估机制，对战略目标的实施过程进行跟踪和评估，及时调整和优化行动计划。

在实施战略目标的过程中，企业应密切关注市场变化和竞争态势，及时调整战略目标和行动计划。同时，企业还应加强内部沟通和协作，确保各部门之间的协同配合，共同推动战略目标的实现。

三、 短期目标与长期目标的设定

（一）概述

汽车维修企业作为汽车产业链的重要一环，其稳健发展对于提升整个行业的服务水平具有至关重要的作用。在设定企业目标时，汽车维修企业应充分考虑市场环境、客户需求、竞争态势以及自身资源与能力等因素，明确短期目标和长期目标，以指导企业的日常经营和长期发展。

（二）汽车维修短期目标的设定

短期目标是企业近期内需要实现的具体目标，通常时间跨度为一年或几年。汽车维修企业在设定短期目标时，应关注当前市场的热点和需求，以及企业自身的发展阶段和资源状况，确保目标的可行性和实效性。

在短期内，汽车维修企业应致力于提升服务质量，优化服务流程，提高客户满意度。这包括加强员工培训，提升技术水平，完善服务设施，以及建立有效的客户反馈机制，及时了解客户需求和意见，从而不断提升服务水平。短期目标还应包括拓展市场份额，增强品牌影响力。企业可以通过加大市场推广力度，提升品牌知名度，吸引更多潜在客户。同时，加强与合作伙伴的战略合作，共同开拓市场，实现互利共赢。

在成本控制方面，汽车维修企业应关注原材料的采购、库存管理和生产过程的优化，降低不必要的成本支出。同时，通过提高服务效率、增加附加值服务等方式，提高盈利能力，为企业的长远发展奠定坚实基础。

（三）汽车维修长期目标的设定

长期目标是企业未来发展的宏伟蓝图，通常时间跨度为五年以上。汽车维修企业在设定长期目标时，应充分考虑行业的发展趋势、市场潜力以及企业的核心竞争力，确保目标的远见性和可持续性。

在长期目标中，汽车维修企业应致力于成为行业内的领军企业。这要求企业在技术、服务、管理等方面不断创新，提升核心竞争力，逐步扩大市场份额，树立行业标杆。随着汽车产业的不断发展，汽车维修企业应积极探索多元化发展路径，拓展业务领域，实现跨界合作。例如，可以涉足新能源汽车维修、智能驾驶技术维修等领域，或者与汽车制造商、保险公司等建立紧密的合作关系，共同推动产业链的升级和发展。

在长期目标中，汽车维修企业还应注重构建完善的售后服务体系。这包括建立覆盖全国的维修网络，提供便捷、高效的维修服务；加强客户关系管理，提升客户满意度和忠诚度；开展定期回访和维修保养提醒等增值服务，提升客户体验。

（四）短期目标与长期目标的协调与衔接

短期目标和长期目标在汽车维修企业的发展中起着相辅相成的作用。短期目标的实现为长期目标的实现奠定了基础，而长期目标则为短期目标提供了方向和指导。因此，企业在设定目标时，应确保短期目标与长期目标之间的协调与衔接。

首先，短期目标应紧紧围绕长期目标展开，确保每一步的发展都是为了实现长期目标。例如，在短期内提升服务质量和客户满意度，是为了在长期内树立良好的品牌形象和口碑，进而成为行业领军企业。其次，企业在实现短期目标的过程中，应不断总结经验教训，调整和完善长期目标的设定。随着市场环境和竞争态势的变化，企业可能需要调整长期目标的方向和重点，以适应新的发展需求。最后，企业应建立有效的目标管理体系，对短期目标和长期目标的实现情况进行定期评估和反馈。通过制定具体的考核指标和奖惩机制，激励员工积极参与目标的实现过程，确保短期目标和长期目标能够顺利实现。

四、战略目标与业务计划的衔接

（一）概述

汽车维修行业作为汽车产业链的重要一环，其稳健发展对于保障汽车行业的健康运行和满足消费者的维修需求具有重要意义。在汽车维修企业的运营过程中，战略目标的制定与业务计划的实施是密不可分的。战略目标为企业提供了发展的方向和目标，而业务计划则是实现战略目标的具体路径和行动计划。因此，确保汽车维修战略目标与业务计划的紧密衔接，对于企业的成功发展至关重要。

（二）汽车维修战略目标的制定

汽车维修战略目标的制定是企业发展的起点，它应基于对市场环境的深入分析、对客户需求的精准把握以及对企业自身资源和能力的全面评估。战略目标的制定应具有前瞻性、可操作性和可衡量性，既要考虑企业的长期发展，又要兼顾短期利益。具体而言，汽车维修战略目标可以包括提升服务质量、拓展市场份额、提高盈利能力、增强品牌影响力等方面。

（三）业务计划的制订与实施

业务计划是实现战略目标的具体行动计划，它应详细规划企业在实现战略目标过程中所需采取的措施、时间表和责任人。业务计划的制订应紧密结合战略目标，确保每一项行动计划都与战略目标保持一致。同时，业务计划还应考虑市场环境的变化和客户需求的变化，及时调整和优化行动计划。

在实施业务计划的过程中，企业应建立健全的执行机制，确保各项计划得到有效落实。这包括明确各级人员的职责和权限，建立有效的沟通机制，加强监督和考核等方面。同时，企业还应注重计划的灵活性和适应性，根据市场变化及时调整计划，确保计划的顺利实施。

（四）汽车维修战略目标与业务计划的衔接

汽车维修战略目标与业务计划的衔接是实现企业战略发展的关键。为了确保两者之间的有效衔接，企业应采取以下措施：

企业应明确战略目标与业务计划之间的对应关系，确保业务计划紧密围绕战略目标展开。在制订业务计划时，应充分考虑战略目标的要求和指导，确保每一项行动计划都与战略目标保持一致。为了确保业务计划的实施与战略目标的达成相一致，企业应制订具体的业务计划指标。这些指标应能够反映业务计划的执行情况和进度，同时与战略目标具有明确的对应关系。通过监控这些指标的变化，企业可以及时调整和优化业务计划，确保其与战略目标的契合度。

为了确保战略目标与业务计划的顺利衔接，企业应加强内部沟通与协作。各级管理人员和员工应充分了解企业战略目标和业务计划的内容和要求，明确自己在实现目标过程中的职责和任务。同时，企业应建立有效的沟通机制，促进各部门之间的信息共享和协作配合，形成合力推动战略目标的实现。市场环境的变化和客户需求的变化都可能对战略目标和业务计划的实施产生影响。因此，企业应定期对战略目标和业务计划的实施情况进行评估和调整。通过收集和分析相关数据和信息，了解战略目标和业务计划的执行情况和进度，及时发现问题和不足，并制定相应的改进措施和调整方案。

第四节　汽车维修企业战略方案的选择与实施

一、战略方案的选择标准与过程

（一）概述

汽车维修行业作为汽车产业链的重要环节，其战略方案的选择对于企业的长期发展具有至关重要的影响。在日益激烈的市场竞争中，汽车维修企业需要根据市场环境、客户需求、自身资源与能力等因素，制定合适的战略方案，以应对各种挑战和机遇。

（二）汽车维修战略方案的选择标准

市场适应性是选择汽车维修战略方案的首要标准。企业需要分析市场的规模、增长潜力、竞争格局以及客户需求等因素，确保所选战略方案能够适应市场的变化和发展趋势。同时，企业还应关注政策环境、法律法规等外部因素，确保战略方案的合规性和可持续性。资源与能力匹配度是选择战略方案的另一个重要标准。企业需要评估自身的技术实力、人才储备、资金状况等资源与能力，确保所选战略方案与自身资源与能力相匹配。避免选择过于激进或保守的战略方案，以免给企业带来不必要的风险或损失。

风险与收益平衡是选择战略方案时必须考虑的因素。企业需要对所选战略方案进行风险评估，包括市场风险、技术风险、财务风险等，同时预测其可能带来的收益。在风险与收益之间寻求平衡，选择既能带来可观收益又能有效控制风险的战略方案。创新性与前瞻性是现代汽车维修企业选择战略方案的重要标准。随着科技的快速发展和市场竞争的加剧，企业需要不断寻求新的技术和业务模式，以适应市场的变化和客户需求的变化。因此，所选战略方案应具有创新性和前瞻性，能够引领行业发展的潮流。

（三）汽车维修战略方案的选择过程

在选择汽车维修战略方案之前，企业需要进行深入的战略分析与评估。这包括对市场环境、客户需求、竞争对手、自身资源与能力等方面的分析，以及对潜在战略方案的初步评估。通过战略分析与评估，企业可以了解自身在市场中的地位和优劣势，为战略方案的选择提供有力的依据。

在战略分析与评估的基础上，企业需要制定多个备选战略方案。这些方案应涵盖不同的战略方向、目标和措施，以满足企业在不同市场环境和客户需求下的发展需求。同时，备选战略方案应具有可操作性和可衡量性，以便企业能够对其执行效果进行评估和调整。

在制定备选战略方案后，企业需要对这些方案进行比较和选择。这可以通过建立评估指标体系，对备选方案的市场适应性、资源与能力匹配度、风险与收益平衡以及创新性与前瞻性等方面进行评估。通过比较各方案的优势和劣势，企业可以选择出最适合自身发展的战略方案。在选择出合适的战略方案后，企业需要制订详细的实施计划，明确各项措施的执行时间、责任人和预期目标。同时，企业还应建立有效的监控机制，对战略方案的执行情况进行定期评估和调整。在实施过程中，如遇到市场变化或不可预测因素，企业应及时调整战略方案，以确保其适应性和有效性。

二、战略实施的关键要素与步骤

（一）概述

汽车维修战略实施是企业将既定战略转化为具体行动，进而实现战略目标的过程。这一过程涉及多个关键要素和步骤，需要企业全面考虑和精心组织。

（二）汽车维修战略实施的关键要素

组织架构是战略实施的基础，企业需要建立与战略相匹配的组织结构，明确各部门的职责和权力，确保战略实施的高效运行。同时，人员配备也是战略实施的关键因素，企业需要选拔具备相关专业知识和技能的人才，构建高效的团队，共同推动战略的实施。资源是战略实施的重要支撑，包括资金、技术、设备、信息等。企业需要确保战略实施过程中所需资源的充足供应和合理配置，避免资源短缺或浪费现象的发生。同时，企业还应建立科学的资源管理制度，提高资源使用效率。

战略实施需要企业内部各部门之间的密切沟通与协作。企业需要建立有效的沟通渠道和协作机制，确保各部门之间的信息畅通、协作顺畅。通过加强内部沟通与协作，企业可以形成合力，共同推动战略的实施。监控与评估是战略实施过程中的重要环节。企业需要建立科学的监控与评估体系，对战略实施过程进行实时跟踪和定期评估。通过监控与评估，企业可以及时发现战略实施过程中存在的问题和不足，并采取相应措施进行调整和优化。

（三）汽车维修战略实施的步骤

在制订实施计划时，企业需要将战略目标分解为具体的任务和目标，明确各项任务的责任人、执行时间和所需资源。同时，企业还应考虑实施过程中可能出现的风险和挑战，制定相应的应对措施。为确保战略实施的顺利进行，企业需要加强内部沟通，使全体员工充分了解战略内容和实施计划。此外，企业还应针对战略实施过程中涉及的新知识、新技能开展培训活动，提高员工的业务能力和综合素质。

在战略实施过程中，企业需要整合内外部资源，确保资源的充足供应和高效利用。同时，企业还应根据战略实施的需要，对资源进行优化配置，以提高资源的使用效率。在战略实施过程中，企业需要建立有效的监控机制，对实施过程进行实时跟踪和定期评估。通过监控实施过程，企业可以及时发现存在的问题和不足，并采取相应的调整措施。此外，随着市场环境的变化和企业自身的发展，企业还应对战略进行适时的调整和优化，以确保战略的有效实施。

战略实施完成后，企业需要对实施效果进行评估，分析战略实施过程中取得的成果和不足。同时，企业还应总结经验教训，为今后的战略制定和实施提供借鉴和参考。

（四）战略实施过程中的风险管理与应对

在汽车维修战略实施过程中，企业不可避免地会面临各种风险和挑战。为有效应对这些风险，企业需要建立风险管理机制，包括风险识别、评估、监控和应对等环节。通过制定风险应对策略和措施，企业可以降低风险发生的概率和影响程度，确保战略实施的顺利进行。

三、战略实施的保障措施与风险控制

（一）概述

汽车维修战略实施是企业实现长期发展目标的关键环节，而保障措施和风险控制则是战略实施过程中不可或缺的重要组成部分。

（二）汽车维修战略实施的保障措施

为确保汽车维修战略的有效实施，企业需要建立与之相适应的组织架构和制度体系。组织架构应明确各部门的职责和权力，确保战略实施过程中的协调与配合。制度体系则包括战略实施的具体流程、标准、规范等，为战略实施提供明确的指导。人员是战略实施的核心，企业需要选拔具备相关专业知识和技能的优秀人才，构建高效的战略实施团队。同时，企业还应加强员工培训和教育，提升员工的综合素质和战略执行能力。

战略实施需要大量的资源和资金支持，企业应确保战略实施过程中所需资源的充足供应和资金的合理配置。此外，企业还应积极寻求外部合作与支持，拓展资源渠道，为战略实施提供有力保障。汽车维修行业的技术更新迅速，企业需要不断引进和应用新技术，提升维修质量和效率。同时，企业还应加强信息化建设，建立完善的信息管理系统，为战略实施提供及时、准确的信息支持。

（三）汽车维修战略实施的风险控制

市场风险是汽车维修战略实施过程中面临的主要风险之一。为应对市场风险，企业需要密切关注市场动态和竞争对手情况，及时调整战略方向和措施。同时，企业还应加强市场调研和预测，制定科学的市场策略，降低市场风险。汽车维修技术日新月异，技术风险不容忽视。为控制技术风险，企业应加强与科研机构、高校等的合作，引进先进技术和管理经验。同时，企业还应加强内部技术研发和创新，提升自主创新能力，降低技术依赖风险。

财务风险是战略实施过程中需要重点关注的风险之一。为控制财务风险，企业应建立完善的财务管理体系，加强财务预算和核算工作。同时，企业还应优化资金结构，降低融资成本，提高资金使用效率。此外，企业还应加强内部审计和风险控制工作，及时发现和解决财务问题。运营风险包括生产安全、质量控制、客户服务等方面的风险。为降低运营风险，企业应建立完善的安全生产制度和质量控制体系，确保维修过程的安全和质量。同时，企业还应加强客户服务管理，提升客户满意度和忠诚度。此外，企业还应加强内部沟通和协作，形成合力应对运营风险。

（四）风险控制机制与应急预案

除了上述具体的风险控制措施外，企业还应建立有效的风险控制机制和应急预案。风险控制机制包括风险识别、评估、监控和应对等环节，确保风险得到及时有效的管理。应急预案则针对可能出现的突发事件和危急情况，制定具体的应对措施和流程，以减轻风险对企业的影响。

四、战略实施效果的评估与调整

（一）概述

汽车维修战略的实施是企业在复杂多变的市场环境中取得竞争优势的重要手段。为确保战略目标的实现，企业在战略实施后必须对实施效果进行评估，并根据评估结果进行必要的调整。

（二）汽车维修战略实施效果的评估

评估指标体系是评估战略实施效果的基础。企业应结合汽车维修行业的特点和自身实际情况，构建科学、合理的评估指标体系。评估指标应涵盖财务绩效、客户满意度、市场占有率、技术创新等多个方面，以全面反映战略实施的效果。

数据收集与分析是评估战略实施效果的关键环节。企业需要收集、评估与指标相关的数据，包括财务数据、市场数据、客户反馈等。在收集数据的基础上，企业应采用合适的方法对数据进行处理和分析，以得出准确的评估结果。

评估结果的解读是评估战略实施效果的重要步骤。企业应根据评估结果，对战略实施的效果进行客观、全面的评价。评估结果既可以展示战略实施的成果，也可以揭示存在的问题和不足。企业应认真对待评估结果，为后续的调整工作提供有力依据。

（三）汽车维修战略实施的调整

根据评估结果，企业需要确定战略实施目标的调整方向。如果评估结果显示战略实施效果较好，企业可以维持或微调现有目标；如果评估结果显示战略实施效果不佳，企业则需要重新审视并调整战略目标。策略与措施的调整是实现战略目标的重要手段。企业应根据调整后的目标，制定相应的策略与措施。策略调整可能涉及市场定位、产品策略、营销策略等方面；措施调整则可能包括优化组织结构、加强人员培训、提升技术水平等。

资源与资金的重新配置是战略调整的重要环节。企业应根据新的战略目标和策略，对现有的资源和资金进行重新配置。这包括调整资金结构、优化资源配置、提高资源利用效率等，以确保战略调整的顺利实施。

（四）评估与调整过程中的注意事项

在评估战略实施效果和调整战略的过程中，企业应保持客观与公正的态度。评估结果应基于事实和数据，避免主观臆断和偏见。同时，在调整战略时，企业应充分考虑各利益相关者的利益和关切，确保调整决策的公正性和合理性。战略实施是一个持续改进与优化的过程。企业应在评估与调整的基础上，不断总结经验教训，优化战略内容和实施方式。通过持续改进和优化，企业可以不断提升战略实施的效果，实现可持续发展。

市场环境在不断变化，企业应灵活应对市场变化，适时调整战略。在评估与调整过程中，企业应密切关注市场动态和竞争对手情况，及时调整战略方向和措施，以适应市场变化的需求。

第四章　汽车维修企业人力资源管理

第一节　人力资源管理的概念与功能

一、人力资源管理的定义与内涵

（一）概述

汽车维修企业作为现代服务业的重要组成部分，其人力资源管理对于提升企业竞争力、推动企业发展具有至关重要的作用。

（二）汽车维修企业人力资源管理的定义

汽车维修企业人力资源管理，是指汽车维修企业在一定时期内，根据企业战略目标和经营需求，通过一系列的管理活动，对企业内部的人力资源进行有效的开发、利用和管理，以实现企业人力资源管理的最优化和人力资源价值的最大化。这一定义包含了人力资源管理的主体（汽车维修企业）、客体（企业内部的人力资源）、目标（实现人力资源管理的最优化和人力资源价值的最大化）以及管理手段（一系列的管理活动）。

（三）汽车维修企业人力资源管理的内涵

人力资源规划是汽车维修企业人力资源管理的起点和基础。它根据企业的发展战略和经营计划，对企业未来的人力资源需求进行预测和规划，制定相应的人力资源获取、利用、保持和开发策略。通过人力资源规划，企业可以确保在需要时获得合适的人才，为企业的持续发展提供有力的人才保障。

招聘与配置是汽车维修企业人力资源管理的关键环节。它根据企业的岗位需求和人力资源规划，通过有效的招聘渠道和科学的选拔方法，为企业选拔合适的人才。同时，根据员工的个人特点和能力，将其配置到合适的岗位上，实现人岗匹配，提高员工的工作效率和满意度。培训与开发是汽车维修企业人力资源管理的重要内容。它通过对员工进行有针对性的培训和教育，提升员工的专业技能和综合素质，使其更好地适应企业的发展需求。同时，通过职业发展规划和激励机制，激发员工的潜能和创造力，促进员工的个人成长和职业发展。

绩效管理是汽车维修企业人力资源管理的核心环节。它通过建立科学的绩效评价体系和激励机制，对员工的工作绩效进行客观、公正的评价，并根据评价结果给予相应的奖惩和激励。通过绩效管理，企业可以激发员工的工作积极性和创造力，提高企业的整体绩效水平。

薪酬福利管理是汽车维修企业人力资源管理的重要组成部分。它根据企业的经济效益和员工的绩效表现，制定合理的薪酬福利政策和制度，为员工提供具有竞争力的薪酬和福利待遇。通过薪酬福利管理，企业可以吸引和留住优秀的人才，提高员工的满意度和忠诚度。

劳动关系管理是汽车维修企业人力资源管理的关键任务之一。它通过建立和谐的劳动关系，维护企业和员工的合法权益，保障企业的稳定运营。同时，通过劳动纠纷预防和处理机制，及时化解劳动纠纷，维护企业的声誉和形象。

（四）汽车维修企业人力资源管理的特点

汽车维修企业作为技术密集型行业，对员工的专业技能要求较高。因此，在人力资源管理过程中，企业需要注重员工的技能培训和提升，确保员工具备扎实的专业基础和实际操作能力。汽车维修企业作为服务行业的一员，员工的服务意识和服务质量直接影响到企业的形象和声誉。因此，在人力资源管理过程中，企业需要加强员工的服务意识培训，提高员工的服务水平和客户满意度。

汽车维修工作需要多个部门和岗位的协作配合，才能完成高质量的维修任务。因此，在人力资源管理过程中，企业需要注重团队建设和团队协作能力的培养，打造高效、和谐的团队氛围。

二、人力资源管理在汽车维修企业中的功能

（一）概述

汽车维修企业作为汽车产业链的重要一环，其运营效率和服务质量直接关系到汽车行业的整体发展水平。而人力资源管理作为汽车维修企业管理的核心组成部分，其在企业运营中的作用和功能不可忽视。

（二）汽车维修企业人力资源管理的核心功能

汽车维修企业人力资源管理的首要功能是进行人力资源规划，确保企业的人力资源与战略发展目标相协同。通过对企业未来的人力资源需求进行预测和分析，制定合理的人力资源获取、利用、保留和开发策略，为企业的持续发展提供有力

的人才保障。这种协同作用有助于企业在面对市场变化和技术更新时，能够迅速调整人力资源配置，保持竞争优势。汽车维修企业人力资源管理的另一个重要功能是优化人员配置，通过合理的岗位分析和人员评估，将员工安排到最适合他们的岗位上。这不仅可以提高员工的工作满意度和效率，还可以确保企业的各项任务能够得到有效执行。同时，通过人力资源管理，企业可以建立灵活的用工机制，根据业务需求调整员工数量和工作安排，进一步提升运营效率。

汽车维修行业技术更新迅速，要求员工不断学习和提升技能。人力资源管理部门通过制定系统的培训计划和发展路径，为员工提供持续的学习机会和职业发展平台。这不仅可以提升员工的专业技能和综合素质，还可以增强员工的归属感和忠诚度，为企业创造更大的价值。

绩效管理是人力资源管理的重要组成部分，通过设定明确的绩效目标和评价标准，对员工的工作表现进行客观、公正的评估。这有助于激发员工的积极性和创造力，促使他们不断追求卓越。同时，绩效管理还可以为企业提供有效的反馈机制，帮助员工识别自身不足并制订改进计划，进一步提升个人和组织的绩效水平。薪酬福利管理是汽车维修企业人力资源管理中的关键环节。通过制定具有竞争力的薪酬福利政策，企业可以吸引和留住优秀人才，提高员工的满意度和忠诚度。同时，合理的薪酬福利制度还可以激发员工的工作热情和创造力，促进企业的稳定发展。

（三）汽车维修企业人力资源管理的辅助功能

人力资源管理在营造和谐企业文化方面发挥着重要作用。通过制定员工行为准则、举办文化活动等方式，人力资源管理部门可以引导员工形成共同的价值观和行为规范，增强企业的凝聚力和向心力。这种和谐的企业文化有助于提升员工的工作积极性和创造力，为企业的持续发展提供强大的精神动力。

人力资源管理部门作为企业内部沟通的桥梁，可以促进不同部门和员工之间的协作效率。通过定期组织跨部门会议、建立有效的沟通机制等方式，人力资源管理部门可以帮助员工打破沟通壁垒，增进相互理解和信任，从而提升企业的整体运营效率。

在汽车维修企业中，人力资源管理还承担着风险防控的重要任务。通过制定完善的人力资源管理制度和流程，加强员工行为管理和监督，人力资源管理部门可以有效预防和应对各种潜在风险，保障企业的稳健发展。

三、人力资源管理与其他管理模块的关系

（一）概述

汽车维修企业作为一个综合性、技术性的服务行业，其运营涉及多个管理模块，如生产管理、质量管理、财务管理等。在这些管理模块中，人力资源管理占据着核心地位，与其他管理模块之间存在着密切而复杂的关系。

（二）人力资源管理与生产管理的关系

生产管理是汽车维修企业的核心管理模块之一，它关注如何高效、有序地组织生产过程，以实现产量和质量的最大化。人力资源管理与生产管理之间的关系体现在以下几个方面：

首先，人力资源管理为生产管理提供合适的人员配置。根据生产需求，人力资源管理部门负责招聘、培训和调配员工，确保生产线上的人员具备所需的技能和素质，以支撑生产任务的顺利完成。其次，人力资源管理通过绩效管理和生产激励机制，激发员工的工作积极性和创造力。合理的绩效评估和奖惩制度能够激发员工对生产任务的投入和热情，从而提高生产效率和质量。最后，人力资源管理还与生产管理共同关注生产安全和环境保护。通过制定安全操作规程和环保标准，以及开展相关的培训和宣传活动，人力资源管理部门与生产管理部门共同确保生产过程的安全性和环保性。

（三）人力资源管理与财务管理的关系

财务管理是汽车维修企业的重要管理模块，它涉及资金的筹集、运用和分配等方面。人力资源管理与财务管理之间的关系主要体现在以下几个方面：

首先，人力资源管理影响企业的薪酬和福利成本。薪酬和福利是对员工激励的重要手段，也是企业成本的重要组成部分。人力资源管理部门需要根据企业的财务状况和市场情况，制定合理的薪酬和福利政策，以协调员工激励和企业成本之间的关系。其次，人力资源管理通过优化员工配置和提高员工工作效率，为企业创造更大的经济效益。通过招聘高素质员工、开展有效的培训和开发活动以及实施科学的绩效管理，人力资源管理部门有助于提升企业的整体绩效水平，进而增加企业的收入和利润。最后，财务管理部门为人力资源管理提供资金支持。在招聘、培训、激励等方面，人力资源管理需要投入一定的资金。财务管理部门通过预算管理和资金调配，为人力资源管理提供必要的资金支持，确保其顺利运作。

（四）人力资源管理与质量管理的关系

质量管理是汽车维修企业确保服务质量和客户满意度的关键管理模块。人力资源管理与质量管理之间的关系体现在以下几个方面：

首先，人力资源管理为质量管理提供人才保障。通过招聘具备专业技能和良好服务意识的员工，以及开展针对服务质量的培训和开发活动，人力资源管理部门有助于提升员工的服务水平和质量意识，从而保障服务质量的稳定性和提升。其次，人力资源管理与质量管理共同关注客户满意度。客户满意度是衡量服务质量的重要指标，也是企业竞争力的重要体现。人力资源管理部门通过制定客户导向的激励机制和服务标准，以及开展客户满意度调查和反馈分析，与质量管理部门共同推动服务质量的持续改进和提升。

（五）人力资源管理与其他管理模块的协同作用

除了与生产管理、财务管理和质量管理之间的直接关系外，人力资源管理还与其他管理模块如市场营销、技术研发等存在协同作用。例如，在市场营销方面，人力资源管理部门可以协助制定人员推广策略，提升品牌形象和市场竞争力；在技术研发方面，人力资源管理部门可以支持技术团队的组建和培养，推动企业技术创新和升级。

四、人力资源管理在现代企业中的发展趋势

（一）概述

随着现代汽车维修行业的快速发展，企业面临着激烈的市场竞争和技术变革的挑战。人力资源管理作为汽车维修企业核心竞争力的重要组成部分，其发展趋势对于企业的长远发展具有重要影响。

（二）人力资源管理战略化趋势

随着市场竞争的加剧，汽车维修企业越来越认识到人力资源管理的重要性，开始将人力资源管理纳入企业战略规划的核心位置。战略化的人力资源管理意味着企业不再仅仅将人力资源视为成本支出，而是将其视为推动企业战略实现的关键要素。因此，汽车维修企业需要制定与企业战略相匹配的人力资源规划，通过优化人员配置、提升员工素质、加强绩效管理等手段，确保人力资源与企业战略目标保持高度一致。

（三）人力资源管理信息化趋势

随着信息技术的快速发展，汽车维修企业的人力资源管理也呈现出信息化趋势。人力资源管理信息系统（HRMIS）的应用，使得企业可以更加便捷地收集、处理和分析人力资源数据，为决策提供有力支持。同时，信息化的人力资源管理还可以提高管理效率，降低管理成本，实现人力资源管理的精细化和智能化。因此，汽车维修企业需要加强信息化建设，推广使用人力资源管理信息系统，提高人力资源管理的科技含量和水平。

（四）人力资源管理人性化趋势

在现代企业中，员工是企业最重要的资源，人力资源管理的人性化趋势日益明显。汽车维修企业需要关注员工的需求和感受，注重员工的个人成长和职业发展，为员工提供更加宽松、灵活的工作环境和发展空间。同时，企业还需要加强员工关怀，提高员工的工作满意度和忠诚度，增强企业的凝聚力和向心力。因此，汽车维修企业需要制定人性化的管理政策和措施，关注员工的心理健康和福利待遇，打造和谐的企业文化。

（五）人力资源管理专业化趋势

随着汽车维修行业的不断发展，企业对人力资源管理的专业要求也越来越高。人力资源管理不再仅仅是简单的招聘、培训和绩效考核等工作，而是需要具备专业的知识和技能，能够为企业提供全面、高效的人力资源解决方案。因此，汽车维修企业需要加强人力资源管理队伍的建设，提高人力资源管理人员的专业素质和能力水平。通过引进专业人才、加强内部培训等方式，打造一支专业化、高效化的人力资源管理团队，为企业的发展提供有力的人才保障。

（六）人力资源管理国际化趋势

随着全球化的加速推进，汽车维修企业面临着更加广阔的市场和更加激烈的竞争。为了适应国际化的发展趋势，企业需要提高人力资源管理的国际化水平，提高员工的跨文化沟通和协作能力。通过引进国际化的人才、开展国际交流合作等方式，提升企业的国际竞争力。同时，企业还需要关注国际人力资源管理的前沿动态和最佳实践，借鉴先进的人力资源管理经验和方法，推动企业人力资源管理的创新和发展。

第二节　汽车维修企业人力资源规划

一、人力资源需求预测与供给分析

（一）概述

随着汽车保有量的不断增加和维修技术的日益更新，汽车维修企业对人才的需求也在不断变化。准确预测人力资源需求和分析供给情况，对于汽车维修企业优化人员配置、提升运营效率具有重要意义。

（二）人力资源需求预测

人力资源需求预测是指根据企业的发展战略、市场环境和业务规模等因素，对未来一段时间内企业所需的人力资源进行预测。对于汽车维修企业来说，人力资源需求预测主要受到以下几个因素的影响：

业务规模扩张。随着汽车维修市场的不断扩大和企业业务的增长，企业需要增加维修技术人员、管理人员等岗位，以满足市场需求。

技术更新换代。随着汽车技术的不断进步和维修设备的更新换代，企业需要培训或引进具备新技术、新设备操作能力的人才，以适应行业发展。

市场竞争情况。在激烈的市场竞争中，企业需要不断提升服务质量和技术水平，以吸引和留住客户。因此，对具备高素质、高技能的人才的需求也会相应增加。

基于以上因素，汽车维修企业可以采用以下方法进行人力资源需求预测：

（1）趋势分析法。通过分析企业历史数据，找出人力资源需求的变化趋势，并结合未来业务发展情况进行预测。

（2）因果分析法。通过分析影响人力资源需求的因素，如业务量、技术变化等，建立因果模型，预测未来的人力资源需求。

（3）专家评估法。邀请行业专家或企业内部管理人员，根据经验和对市场的了解，对人力资源需求进行评估和预测。

（三）人力资源供给分析

人力资源供给分析是指对企业内部和外部的人力资源供给情况进行评估，以确定企业所需人才的来源和可行性。对于汽车维修企业来说，人力资源供给主要受到以下几个因素的影响：

内部员工流动。企业内部员工的晋升、调动、离职等情况会影响现有岗位的供给情况。

外部招聘市场。外部招聘市场的供求状况、人才质量、招聘成本等因素会影响企业从外部获取人才的可行性。

培训与发展。企业通过内部培训、职业规划等方式，提升员工的能力和素质，从而增加内部供给。

在进行人力资源供给分析时，汽车维修企业可以采取以下措施：

（1）内部盘点。对企业现有员工的数量、结构、能力等进行全面盘点，了解内部人力资源的储备情况。

（2）外部市场调研。通过对外部招聘市场的调研，了解人才供求状况、薪酬水平等信息，为招聘策略的制定提供依据。

（3）培训规划。根据企业发展战略和人力资源需求预测结果，制订针对性的培训计划，提升员工的专业技能和综合素质。

（四）人力资源需求与供给的平衡策略

在明确了人力资源需求和供给情况后，汽车维修企业需要制定相应的平衡策略，以确保人力资源的合理配置和有效利用。以下是一些有效的平衡策略：

优化招聘策略。根据人力资源需求预测结果，制订科学的招聘计划，明确招聘岗位、人数、要求等，并通过多种渠道吸引优秀人才。

加强内部培养。通过内部培训、轮岗锻炼等方式，提升员工的技能和素质，培养具备多岗位胜任能力的人才，增加内部供给。

实施激励机制。建立完善的薪酬、福利和晋升体系，激发员工的工作积极性和创造力，提高员工满意度和忠诚度。

建立人才储备库。通过建立人才储备库，储备一定数量的优秀人才，以应对可能出现的突发情况或业务高峰。

二、人力资源规划的制定与实施

（一）概述

在汽车维修行业中，人力资源作为企业发展的重要支撑，其规划制定与实施至关重要。一个科学、合理的人力资源规划不仅能够为企业提供充足的人才保障，还能优化企业人才结构，提升整体运营效率。

（二）人力资源规划的制定

制定人力资源规划的首要任务是明确企业的战略目标。汽车维修企业应结合自身发展实际，确定短期和长期的发展目标，包括业务规模扩张、技术升级、市场份额提升等。这些目标将作为制定人力资源规划的重要依据。在明确战略目标的基础上，企业需要对现有人力资源进行全面分析。这包括员工数量、结构、能力、素质等方面的评估。通过现状分析，企业可以了解当前人力资源的优势和不足，为制定规划提供数据支持。

根据企业战略目标和现有人力资源状况，企业需要预测未来的人力资源需求。这包括岗位需求、人才类型、数量、质量等方面的预测。预测过程中，企业应充分考虑市场变化、技术发展趋势等因素，确保预测结果的准确性。在明确了人力资源需求后，企业需要制定具体的规划方案。规划方案应包括招聘、培训、晋升、薪酬、福利等方面的内容。企业应结合实际情况，制定切实可行的规划方案，确保方案的可行性和有效性。

（三）人力资源规划的实施

人力资源规划的实施需要得到企业领导的高度重视和支持。企业应成立专门的人力资源规划实施小组，负责规划的推进和实施。同时，企业领导应积极参与规划的制定和实施过程，为规划的顺利推进提供有力保障。

为确保人力资源规划的有效实施，企业需要建立完善的制度体系。这包括招聘制度、培训制度、晋升制度、薪酬制度等。通过制度建设，企业可以规范人力资源管理流程，确保各项措施得到有效执行。人力资源规划的实施需要强有力的执行力。企业应明确各部门的职责和任务，确保各项措施得到有效落实。同时，企业应加强监督和考核，对规划实施情况进行定期检查和评估，及时发现问题并采取措施加以解决。

人力资源规划的实施涉及多个部门和多个环节，需要各部门之间的密切协作和有效沟通。企业应建立良好的沟通机制，确保信息畅通，及时解决规划实施过程中出现的问题。同时，企业还应加强与员工的沟通，了解员工的需求和意见，为规划的顺利实施创造良好的环境。

（四）人力资源规划的调整与优化

随着市场环境和企业发展的变化，人力资源规划也需要不断调整和优化。企业应定期对人力资源规划进行评估和反思，及时发现规划中存在的问题和不足，并采取措施加以改进。同时，企业还应关注行业动态和技术发展趋势，及时调整人力资源规划策略，以适应市场变化和企业发展的需要。

三、人力资源规划与企业发展战略的协调

（一）概述

在汽车维修行业，人力资源规划与企业发展战略的协调至关重要。人力资源规划旨在确保企业拥有足够且合适的人才来支持其业务发展，而企业发展战略则指导着企业未来的发展方向和目标。二者之间的紧密协调能够确保企业在人才使用和发展方面与整体战略保持一致，从而提升企业的竞争力和可持续发展能力。

（二）企业发展战略对人力资源规划的影响

企业发展战略中明确了业务规模和扩张计划，这对人力资源规划提出了具体要求。随着业务规模的扩大，企业需要增加相应的技术人员、管理人员等岗位，以满足市场需求。因此，人力资源规划需要根据业务扩张计划来预测未来的人才需求，并制订相应的招聘、培训和晋升计划。企业发展战略通常包含技术升级和创新的要求，以应对市场竞争和行业变化。这要求人力资源规划关注新技术和新知识的引入，培养具备创新能力和技术素养的人才。通过内部培训、外部引进等方式，企业可以不断提升员工的技术水平，为企业战略目标的实现提供有力支持。

企业发展战略中的市场定位和竞争策略决定了企业在市场中的竞争地位和发展方向。人力资源规划需要紧密结合市场定位，分析竞争对手的人才状况，制定

相应的招聘和留人策略。通过吸引和留住优秀人才，企业可以在市场中获得竞争优势，实现战略目标。

（三）人力资源规划对企业发展战略的支持

人力资源规划通过预测未来的人才需求，制订招聘、培训和晋升计划，为企业发展提供充足的人才保障。这有助于企业在扩大业务规模、拓展市场等方面取得优势，确保企业战略目标的实现。通过人力资源规划，企业可以分析现有人才结构的优势和不足，并采取相应的措施进行调整和优化。这包括优化岗位配置、提升员工素质、引进优秀人才等，从而构建一支符合企业发展战略需要的人才队伍。

人力资源规划关注员工的职业发展和成长，通过制订个性化的培训计划和晋升路径，帮助员工实现自我价值。这有助于提高员工的满意度和忠诚度，减少人才流失，为企业稳定发展提供有力保障。

（四）实现人力资源规划与企业发展战略协调的策略

企业应建立人力资源规划与企业发展战略的协调机制，确保二者在目标和方向上的一致性。通过定期召开协调会议、建立信息共享平台等方式，加强人力资源部门与其他部门的沟通与合作，共同推进企业战略目标的实现。

为确保人力资源规划与企业发展战略的协调实施，企业应制订具体的行动计划。这包括明确各项任务的责任人、时间节点和具体目标，确保各项措施得到有效执行。同时，企业还应建立监督机制，对行动计划的执行情况进行跟踪和评估，及时发现问题并采取措施加以解决。企业应密切关注市场动态和技术变化，及时调整人力资源规划和企业发展战略。通过收集和分析行业信息、竞争对手状况等外部信息，企业可以及时了解市场变化和客户需求，为人力资源规划和企业发展战略的调整提供依据。

随着汽车维修市场的日益开放和国际化，企业需要具备跨文化管理和团队合作的能力。人力资源规划应关注员工的跨文化素养和团队协作能力，通过培训、交流等方式提升员工的综合素质。这有助于企业在国际市场中取得竞争优势，实现跨越式发展。

四、人力资源规划的动态调整与优化

（一）概述

随着汽车维修行业的快速发展和市场竞争的加剧，人力资源规划的动态调整与优化成了汽车维修企业持续发展的重要保障。动态调整与优化人力资源规划意味着企业需要根据市场环境、技术变革、业务调整等因素，不断对人力资源规划进行审查、修改和完善，以适应不断变化的市场需求和企业发展要求。

（二）人力资源规划动态调整与优化的必要性

汽车维修市场受到宏观经济、消费者需求、政策环境等多种因素的影响，市场变化频繁。人力资源规划的动态调整与优化能够帮助企业及时把握市场脉搏，根据市场需求调整人才结构，提升企业的市场适应能力。随着汽车技术的不断进步和维修设备的更新换代，汽车维修企业对人才的需求也在发生变化。动态调整与优化人力资源规划可以确保企业及时引进和培养具备新技术、新设备操作能力的人才，保持技术领先地位。

通过人力资源规划的动态调整与优化，企业可以优化人才结构，提升员工素质，提高运营效率，从而增强企业的竞争力。同时，合理的人力资源规划还有助于激发员工的积极性和创造力，为企业创造更多的价值。

（三）人力资源规划动态调整与优化的策略

企业应建立灵活的人力资源规划机制，以便根据市场变化和企业需求及时调整人力资源规划。这包括定期审查人力资源规划，识别潜在的风险和机遇，以及制定针对性的调整措施。同时，企业还应建立快速反应机制，以便在突发事件或市场波动时迅速调整人力资源规划。人才预测与评估是人力资源规划动态调整与优化的重要环节。企业应密切关注行业动态和技术发展趋势，结合企业发展战略，对未来人才需求进行预测。同时，企业还应定期对现有人才进行评估，了解员工的能力和潜力，为人才配置和发展提供科学依据。

企业应根据员工的个人特点和职业发展需求，制订个性化的培养计划。通过内部培训、外部学习、轮岗锻炼等方式，提升员工的专业技能和综合素质。同时，企业还应关注员工的职业发展路径，为员工提供晋升机会和职业发展空间，激发员工的积极性和创造力。企业应建立完善的薪酬、福利和晋升体系，以吸引和留住优秀人才。通过合理的薪酬结构、多样化的福利政策以及公平的晋升机制，激发员工的工作热情和创造力。此外，企业还应关注员工的心理健康和工作满意度，为员工创造良好的工作环境和氛围。

在人力资源规划的动态调整与优化过程中，企业应充分利用数据支持和信息化建设。通过收集和分析人力资源数据，企业可以更加准确地把握人才需求和供给情况，为规划调整提供科学依据。同时，信息化建设可以提高人力资源管理的效率和准确性，降低管理成本，提升企业整体运营水平。

（四）人力资源规划动态调整与优化的实施保障

企业应成立专门的人力资源规划调整与优化小组，负责规划的实施和调整工作。同时，企业领导应高度重视人力资源规划工作，为规划的顺利实施提供有力保障。此外，各部门之间应加强沟通协调，确保人力资源规划与企业发展战略保持一致。

企业应建立人力资源规划实施情况的考核与反馈机制，定期对规划的执行情况进行检查和评估。通过收集员工、客户和其他利益相关者的反馈意见，企业可以及时发现规划中存在的问题和不足，并采取措施加以改进。企业应营造积极向上的企业文化氛围，鼓励员工积极参与人力资源规划工作。通过举办各类文化活动、培训讲座等方式，提升员工对人力资源规划的认识和理解，增强员工的责任感和归属感。

第三节　汽车维修企业招聘与选拔

一、招聘需求分析与职位设计

（一）概述

随着汽车行业的快速发展和市场竞争的加剧，汽车维修企业面临着人才短缺和招聘难度加大的问题。为了解决这些问题，企业需要深入分析招聘需求，科学设计职位，以吸引和留住优秀人才。

（二）汽车维修企业招聘需求分析

汽车维修企业作为技术密集型行业，对技术人才的需求尤为突出。企业需要招聘具备扎实汽车理论知识、丰富维修经验和熟练操作技能的维修人员，以应对各种复杂的维修任务。此外，随着新能源汽车的普及和智能化技术的发展，企业还需要引进掌握新能源汽车维修技术和智能化诊断设备的专业人才。

随着企业规模的扩大和业务的拓展，汽车维修企业对管理人才的需求也日益增加。企业需要招聘具备较强组织协调能力、沟通能力和创新思维的管理人员，以推动企业管理水平的提升和业务流程的优化。同时，企业还需要注重培养内部人才，通过晋升和转岗等方式，激发员工的潜力和创造力。

汽车维修企业作为服务行业的一员，对服务人才的需求同样不可忽视。企业需要招聘具备良好沟通能力、服务意识和团队合作精神的服务人员，以提升客户满意度和企业形象。同时，企业还需要加强对服务人员的培训和考核，确保其具备专业的服务技能和服务态度。

（三）汽车维修企业职位设计建议

在职位设计时，企业应明确各职位的职责和要求，以便应聘者能够清楚地了解职位的工作内容和所需技能。同时，企业还应根据市场需求和企业发展战略，不断调整和优化职位设置，确保职位与企业发展保持同步。为了激发员工的积极性和创造力，企业应设立阶梯式晋升通道，为员工提供清晰的职业发展方向。通过设立不同层级的职位和相应的薪资、福利待遇，鼓励员工不断提升自己的能力和业绩，实现个人价值和企业发展的双赢。

汽车维修企业的各项工作相互关联、相互影响，因此职位设计时应注重各职位间的协同与配合。通过优化工作流程、建立跨部门协作机制等方式，提升各职位间的沟通效率和合作水平，确保企业整体运营的高效和顺畅。为了吸引和留住优秀人才，企业应引入市场化薪酬机制，根据职位的市场价值、员工的能力和业绩等因素，制定合理的薪资水平。同时，企业还应建立完善的绩效考核体系，将员工的薪酬与绩效挂钩，激发员工的工作热情和创造力。

（四）招聘需求分析与职位设计的实施保障

企业应建立专业的人力资源部门，配备具有丰富经验和专业知识的人力资源管理人员。通过加强人力资源部门的建设，提升其在招聘需求分析和职位设计等方面的能力，为企业的人力资源管理工作提供有力保障。企业应建立完善的信息收集与分析系统，及时收集和分析市场动态、行业趋势、竞争对手情况等信息，为招聘需求分析和职位设计提供科学依据。同时，企业还应加强与高校、职业培训机构等机构的合作，了解人才供应情况，为招聘工作提供有力支持。

企业文化是企业的灵魂和核心竞争力之一。通过加强企业文化建设，塑造积极向上的企业形象和价值观，提升员工对企业的认同感和归属感，有助于吸引和留住优秀人才。因此，企业在招聘需求分析和职位设计过程中，应充分考虑企业文化的因素，确保招聘到的员工与企业文化相契合。

二、招聘渠道的选择与运用

（一）概述

随着汽车维修行业的快速发展，企业对人才的需求也日益增长。为了吸引和留住优秀人才，汽车维修企业需要选择合适的招聘渠道，并有效地运用这些渠道进行招聘。

（二）汽车维修企业招聘渠道的选择

内部招聘是汽车维修企业常用的招聘渠道之一。通过内部晋升、转岗等方式，企业可以充分利用内部人才资源，激发员工的积极性和创造力。内部招聘具有成本低、风险小、员工适应性强等优点，有助于提升员工的忠诚度和归属感。校园招聘是汽车维修企业获取新鲜血液的重要途径。通过与高校合作，企业可以接触到大量优秀的应届毕业生，为企业的长期发展储备人才。校园招聘具有人才储备丰富、培养潜力大等优势，但也需要企业投入较多的时间和精力进行培训和引导。

网络招聘是近年来汽车维修企业越来越常用的招聘渠道。通过发布招聘信息、在线筛选简历、视频面试等方式，企业可以快速、便捷地获取大量求职者信息，提高招聘效率。网络招聘具有覆盖面广、信息量大、成本低等优点，但也需要注意信息的真实性和筛选的准确性。

招聘会是汽车维修企业集中展示企业形象、吸引人才的重要平台。通过参加各类招聘会，企业可以与求职者面对面交流，深入了解求职者的能力和需求，为招聘决策提供有力支持。招聘会具有互动性强、直观性好等优点，但也需要企业投入较多的人力物力进行组织和宣传。

（三）汽车维修企业招聘渠道的运用

在选择和运用招聘渠道时，汽车维修企业应首先明确招聘需求与目标。根据企业发展战略和人才规划，确定所需人才的类型、数量和质量要求，以便有针对性地选择合适的招聘渠道。不同的招聘渠道具有不同的特点和优势，汽车维修企业应综合运用多种招聘渠道，以扩大招聘范围和提高招聘效果。例如，可以结合内部招聘和外部招聘，通过内部晋升和外部引进相结合的方式，满足企业的人才需求。

为了提高招聘渠道的知名度和影响力，汽车维修企业应加强对招聘渠道的宣传与推广。可以通过企业官网、社交媒体、招聘网站等途径发布招聘信息，吸引更多求职者关注。同时，企业还可以与高校、行业协会等机构建立合作关系，共同举办招聘活动，提升企业的品牌形象和吸引力。招聘渠道需要定期维护和更新，以确保其有效性和时效性。汽车维修企业应建立完善的招聘渠道管理制度，定期对招聘渠道进行评估和调整。同时，企业还应关注市场动态和技术发展，及时更新招聘渠道的功能和形式，以适应不断变化的市场环境。

（四）招聘渠道选择与运用的注意事项

在选择和运用招聘渠道时，汽车维修企业应确保渠道的合法性与合规性。遵守国家法律法规和行业规定，避免使用非法或不合规的招聘渠道。同时，企业还应加强对招聘信息的审核和把关，确保信息的真实性和准确性。在选择和运用招聘渠道时，汽车维修企业应充分考虑成本与效益的关系。根据企业的实际情况和预算限制，选择性价比高的招聘渠道。同时，企业还应关注招聘渠道的投入产出比，确保招聘工作的经济效益和社会效益。

为了提高招聘效率和求职者满意度，汽车维修企业应持续优化招聘流程与体验。简化招聘流程、提高招聘效率、加强求职者与企业的沟通互动等措施，有助于提升企业的招聘形象和吸引力。

三、面试与选拔流程的设计与实施

（一）概述

随着汽车维修行业的竞争加剧，企业对人才的需求日益迫切。面试与选拔作为人才招聘的关键环节，对于确保企业招聘到合适的人才具有至关重要的作用。

（二）面试与选拔流程设计

在设计面试与选拔流程之前，汽车维修企业应首先明确所需人才的选拔标准和要求。这包括人才的学历、专业背景、工作经验、技能水平、性格特点等方面。通过明确选拔标准，企业可以更有针对性地开展面试与选拔工作，提高招聘效率和质量。面试流程应包括面试环节、面试官组成、面试时间地点等具体安排。在面试环节中，可以设置自我介绍、专业知识测试、技能操作考核、综合素质评估等环节，以便全面了解求职者的能力和素质。面试官应由具备丰富经验和专业知识的人员担任，确保面试的公正性和专业性。同时，面试时间和地点的安排应充分考虑求职者的方便，提高求职者的参与度和满意度。

评估体系是面试与选拔流程的核心，它直接决定了选拔结果的准确性和公正性。汽车维修企业应设计一套科学的评估体系，包括评估指标、评分标准、权重分配等方面。评估指标应涵盖求职者的专业技能、工作经验、沟通能力、团队合作精神等多个方面，评分标准应明确具体，权重分配应合理。

（三）面试与选拔流程实施

在面试与选拔流程的实施过程中，企业应严格按照制定的面试流程进行操作。面试官应遵守面试纪律，保持公正、客观的态度，对求职者进行全面、细致的评估。同时，企业应确保面试环节的顺序和时间安排得当，避免出现混乱或延误的情况。

评估体系是面试与选拔流程中的重要工具，企业应充分利用评估体系对求职者进行科学的评估。在评估过程中，面试官应根据评估指标和评分标准对求职者的表现进行打分，并根据权重分配计算出最终得分。同时，企业还可以利用评估体系对求职者的优势和不足进行深入分析，为后续的人才培养和管理工作提供依据。

面试与选拔流程不仅是企业选拔人才的过程，也是企业与求职者建立联系和沟通的机会。因此，在面试过程中，企业应加强与求职者的沟通与交流，了解他们的需求和期望，提高他们对企业的认同感和归属感。同时，企业还应及时向求职者反馈面试结果和选拔情况，让他们了解自己的表现和不足之处，以便更好地规划未来的职业发展。

（四）面试与选拔流程优化

面试与选拔流程是一个不断完善和优化的过程。企业应定期对面试与选拔流程进行总结与反思，分析其中的问题和不足，并提出改进措施。通过总结与反思，企业可以不断完善面试与选拔流程，提高招聘效率和质量。

面试官是面试与选拔流程中的关键因素之一。企业应加强对面试官的培训和选拔工作，提高他们的专业水平和综合素质。通过培训，面试官可以更好地掌握面试技巧和方法，提高评估的准确性和公正性；通过选拔，企业可以挑选出具备丰富经验和专业知识的人员担任面试官，确保面试与选拔工作的顺利进行。

随着科技的不断发展，越来越多的先进面试技术与工具被应用于企业招聘中。汽车维修企业应积极引入这些先进的面试技术与工具，如在线面试、视频面试、人工智能评估等，以提高面试与选拔的效率和准确性。这些先进的技术与工具可以帮助企业更全面地了解求职者的能力和素质，减少主观因素的影响，提高选拔结果的客观性和公正性。

四、招聘效果评估与改进

（一）概述

随着汽车维修行业的快速发展，企业对人才的需求日益增加。招聘作为获取人才的重要途径，其效果的好坏直接关系到企业的运营和未来发展。因此，对汽车维修企业招聘效果进行评估与改进，具有重要的现实意义。

（二）招聘效果评估方法

招聘周期是指从发布招聘信息到最终确定录用人员所需的时间。评估招聘周期的长短可以反映招聘流程的效率和效果。过长的招聘周期可能导致人才流失，影响企业的运营。因此，企业应关注招聘周期的合理性，并采取措施缩短周期，提高招聘效率。招聘成本包括广告费、招聘会费用、面试官薪酬、测评工具费用等。评估招聘成本可以帮助企业了解招聘投入与产出的关系，为优化招聘预算提供依据。企业应关注招聘成本的控制，同时确保招聘效果不受影响。

招聘质量是衡量招聘效果的关键指标，包括录用人员的技能水平、工作经验、适应能力等方面。通过对比录用人员与岗位要求的匹配度，可以评估招聘质量。企业应关注招聘质量的提升，确保招聘到的人才能够为企业创造价值。员工满意度是衡量招聘效果的重要参考指标。通过调查新员工对招聘流程、面试官、公司文化等方面的满意度，可以了解招聘工作的不足之处，为改进招聘工作提供依据。企业应关注员工满意度的提升，以提高招聘工作的吸引力和竞争力。

（三）招聘效果评估中发现的问题

部分汽车维修企业在招聘过程中存在流程烦琐、环节过多的问题，导致招聘周期过长，影响招聘效率。此外，烦琐的招聘流程还可能给求职者带来不便，降低企业的吸引力。一些汽车维修企业在招聘过程中投入了大量的人力、物力和财力，但招聘效果并不理想。过高的招聘成本可能给企业的运营带来压力，同时也不利于企业的长期发展。

由于招聘标准和流程的不规范，一些汽车维修企业在招聘过程中可能出现质量不稳定的情况。有时录用的员工技能水平、工作经验等方面与岗位要求存在较大差距，导致招聘效果不佳。部分汽车维修企业的新员工对招聘流程、面试官、公司文化等方面存在不满，导致员工满意度低。这不仅可能影响员工的工作积极性和稳定性，还可能影响企业的声誉和形象。

（四）招聘效果改进措施

企业应简化招聘流程，减少不必要的环节，提高招聘效率。同时，招聘流程应体现公平、公正、公开的原则，确保所有求职者都能得到平等的机会。企业应合理制定招聘预算，避免盲目投入。同时，应充分利用网络招聘、内部推荐等低成本招聘方式，降低招聘成本。此外，企业还可以通过对招聘效果进行定期评估和调整，确保招聘投入与产出的平衡。

企业应制定明确的招聘标准和要求，确保录用的员工符合岗位需求。同时，应加强对求职者的综合评估，包括技能水平、工作经验、性格特点等方面，以确保招聘质量。此外，企业还可以通过提供培训和晋升机会，帮助员工提升能力，实现个人与企业的共同发展。企业应关注员工的需求和期望，积极改进招聘流程和服务。在招聘过程中，应保持与求职者的良好沟通，及时解答疑问，提供必要的帮助。同时，企业应营造积极向上的工作氛围和文化，让员工感受到企业的关爱和支持。

第四节　汽车维修企业培训与发展

一、培训需求分析与计划制订

（一）概述

随着汽车技术的不断发展和市场竞争的加剧，汽车维修企业对员工的技术水平、服务质量和管理能力提出了更高的要求。培训作为提升员工能力和素质的重要途径，对于汽车维修企业的长远发展具有重要意义。

（二）汽车维修企业培训需求分析

随着汽车技术的日新月异，汽车维修企业需要不断更新员工的技术知识，以适应市场需求。技术培训应涵盖汽车故障诊断、维修操作、新技术应用等方面，使员工能够熟练掌握各种车型的维修技能，提高维修效率和质量。汽车维修企业作为服务行业的一员，服务质量的提升直接关系到客户满意度和企业形象。因此，企业需要对员工进行服务意识、沟通技巧、礼仪规范等方面的培训，以提升员工的服务水平，增强客户黏性。

随着企业规模的扩大和业务范围的拓展，汽车维修企业需要加强内部管理，提高运营效率。管理培训应关注团队协作、项目管理、流程优化等方面，帮助管理人员提升管理水平，推动企业发展。汽车维修企业作为高风险行业，安全生产至关重要。因此，企业需要加强员工的安全意识教育，进行安全操作规程、应急处理等方面的培训，确保员工在生产过程中严格遵守安全规定，防范事故的发生。

（三）汽车维修企业培训计划制定

在制订培训计划时，企业应首先明确培训目标，即希望通过培训达到什么效果。目标应具体、可衡量，以便对培训效果进行评估。根据需求分析的结果，企业应制定具体的培训内容。培训内容应涵盖技术培训、服务质量培训、管理培训和安全培训等方面，并根据员工的岗位特点和实际需求进行个性化设计。

培训方式可以根据实际情况选择线上或线下培训、内部或外部培训等方式。线上培训具有灵活性和便捷性，适合员工自主学习；线下培训则能够加强互动和实践操作，增强培训效果。同时，企业应合理安排培训时间，确保员工能够充分参与培训并消化吸收所学知识。优秀的师资是培训成功的关键。企业应选拔具有丰富经验和专业知识的内部员工或外部专家作为培训师，确保培训内容的专业性和实用性。同时，企业还可以建立培训师队伍，通过内部培训和外部引进相结合的方式，不断提升师资水平。

培训计划的制订并非一蹴而就，需要在实践中不断评估和改进。企业可以通过设置考核指标、收集员工反馈等方式，对培训效果进行客观评估。根据评估结果，企业可以对培训计划进行调整和优化，以适应市场变化和企业发展需求。

（四）培训计划的实施与保障

企业应成立专门的培训管理部门或小组，负责培训计划的制订、实施和评估工作。同时，企业领导应高度重视培训工作，为培训提供必要的支持和保障。企业应建立与培训相关的激励机制，如设立培训奖学金、晋升渠道等，以激发员工参与培训的积极性。同时，企业还可以将培训成果与员工绩效挂钩，让员工感受到培训带来的实际效益。

企业应积极营造学习氛围，鼓励员工自主学习和分享经验。可以通过举办知识竞赛、技术交流会等活动，增强员工的学习氛围和团队合作意识。

二、培训内容与方法的选择

（一）概述

随着汽车行业的快速发展，汽车维修企业的竞争也日益激烈。为了提高企业的核心竞争力和市场占有率，汽车维修企业必须加强员工培训，提升员工的专业技能和服务水平。培训内容的选择和方法的运用，对于培训效果的提升具有至关重要的作用。

（二）汽车维修企业培训内容的选择

基础技能培训是汽车维修企业培训的核心内容。包括汽车结构、工作原理、故障诊断、维修操作等方面的知识。员工只有掌握了这些基础技能，才能胜任日常维修工作，为客户提供高质量的服务。随着汽车技术的不断更新换代，汽车维修企业需要及时跟进新技术培训。培训内容应包括最新的汽车维修技术、设备使用方法、维修软件操作等。通过新技术培训，员工能够掌握最新的维修技能，提高企业的技术水平和竞争力。

汽车维修企业作为服务行业的一员，员工的服务意识和沟通技巧至关重要。培训内容应包括服务理念、服务流程、客户沟通技巧等方面。通过培训，员工能够提升服务水平和客户满意度，为企业赢得更多口碑和业务。安全生产是汽车维修企业的生命线。培训内容应包括安全生产法规、安全操作规程、应急处理等方面。通过培训，员工能够增强安全意识，严格遵守安全规定，防范事故的发生，确保企业的稳定运营。

（三）汽车维修企业培训方法的选择

理论讲授法是最常用的培训方法之一。通过讲师的讲解和演示，员工能够系统地掌握汽车维修的理论知识和基本操作技能。这种方法适用于基础技能培训和新技术的普及。

实践操作法是汽车维修企业培训中不可或缺的一部分。员工通过实际操作，能够更深入地理解和掌握维修技能。企业可以设立实践操作场地，提供必要的设备和工具，让员工进行实践操作训练。此外，企业还可以与高校或职业培训机构合作，共同开展实践操作培训项目，以增强培训效果。

案例分析法是一种有效的培训方法，通过分析和讨论实际维修案例，员工能够深入了解维修过程中的问题和解决方法。企业可以收集典型的维修案例，组织员工进行分组讨论和分享，以提高员工的问题解决能力和实践经验。随着信息技术的快速发展，在线培训法逐渐成为汽车维修企业培训的新选择。通过在线平台，员工可以随时随地进行学习，不受时间和地点的限制。企业可以选择专业的在线培训平台或自行开发内部培训系统，提供丰富的培训资源和互动功能，以满足员工的个性化学习需求。

（四）培训方法的选择原则

在选择培训方法时，企业应根据培训内容和员工的特点，选择最适合的培训方法。不同的培训内容适合不同的培训方法，而员工的学习能力和经验水平也会影响培训方法的选择。因此，企业应充分考虑这些因素，确保培训方法具有针对性。汽车维修企业的员工岗位多样，工作时间灵活，因此培训方法也应具有灵活性。企业可以根据员工的实际情况，灵活选择线上或线下培训、集中或分散培训等方式，以便员工能够合理安排时间参加培训。

培训的目的是提升员工的能力和素质，因此培训方法应具有实效性。企业应选择那些能够真正提高员工技能和服务水平的培训方法，避免形式主义和走过场。同时，企业还应定期对培训效果进行评估和反馈，以便及时调整和改进培训方法。

三、培训效果评估与反馈

（一）概述

在汽车维修企业中，培训是提高员工技能、提升服务质量、增强企业竞争力的重要手段。然而，仅仅进行培训并不意味着能够取得预期的效果，培训效果的评估和反馈同样重要。通过评估培训效果，企业可以了解培训的实际成效，发现存在的问题，进而进行改进和优化。同时，通过反馈机制，企业可以将培训效果与员工绩效、晋升等方面挂钩，激励员工积极参与培训，提升个人素质。

（二）培训效果评估的重要性

通过评估培训效果，企业可以了解员工在培训后的技能提升情况、服务质量改善程度以及工作态度变化等。这有助于企业判断培训是否达到了预期目标，为后续培训计划的制定提供依据。评估过程中，企业可能会发现培训内容与实际需求脱节、培训方法不够科学、培训师水平有限等问题。通过及时发现这些问题，企业可以调整培训内容和方法，提高培训质量。

通过评估培训效果，企业可以将培训成果与员工绩效、晋升等方面挂钩，让员工看到培训带来的实际利益，从而激发员工参与培训的积极性。

（三）培训效果评估的方法

通过向参与培训的员工发放问卷，收集他们对培训内容、方法、效果等方面的意见和建议。问卷设计应简洁明了，便于员工填写，同时要注意保护员工的隐私。针对汽车维修企业的特点，可以通过实际操作考核来评估员工的技能提升情况。比如，可以设置一些模拟维修场景，让员工进行实际操作，然后根据操作过程和结果进行评价。

观察员工在培训后的工作表现，包括工作效率、工作质量、服务态度等方面。通过与培训前的表现进行对比，可以评估培训对员工工作表现的影响。

（四）培训效果反馈的实施策略

企业应建立完善的培训效果反馈机制，确保评估结果能够及时、准确地反馈给相关部门和人员。同时，要明确反馈的责任人和时间节点，确保反馈工作的顺利进行。对于参与培训的员工，应将评估结果及时反馈给他们，让他们了解自己的优点和不足，明确改进方向。对于管理层，应提供详细的培训效果报告，以便他们了解整体培训情况，制订后续的培训计划。

根据评估结果，企业应制定针对性的改进措施，包括调整培训内容、优化培训方法、提高培训师水平等。同时，要关注员工的反馈意见，积极吸纳他们的建议，不断完善培训体系。为了激发员工参与培训的积极性，企业可以将培训效果与员工绩效、晋升等方面挂钩。对于表现优秀的员工给予奖励和晋升机会，对于表现不佳的员工进行适当的约束和辅导。这样既能激励员工努力提升自己，又能保证培训效果的持续提升。

（五）实施培训效果评估与反馈的注意事项

在评估过程中，要确保评估标准的公正性和客观性，避免主观臆断和偏见。同时，要保证评估过程的透明性，让员工对评估结果有充分的信任。员工是培训的主体，他们的参与和反馈对于评估结果的准确性和有效性至关重要。因此，在评估过程中要注重员工的参与，鼓励他们积极表达自己的意见和建议。

培训效果评估与反馈是一个持续的过程，企业应根据评估结果和反馈意见不断调整和优化培训体系。同时，要关注行业动态和技术发展趋势，及时更新培训内容和方法，确保培训始终与市场需求保持同步。

四、员工职业发展与晋升路径规划

（一）概述

随着汽车行业的快速发展，汽车维修企业对于员工的专业技能和服务水平要求越来越高。为了激发员工的工作积极性，提升企业的整体竞争力，构建科学合理的员工职业发展与晋升路径规划显得尤为重要。

（二）员工职业发展的重要性

明确的职业发展路径能够让员工清晰地看到自己的未来发展方向和可能达到的成就，从而提升他们对企业的认同感和归属感。这种认同感和归属感有助于提高员工的满意度和忠诚度，降低员工流失率。有了明确的职业发展目标，员工会更加积极地投入到工作中，努力提升自己的专业技能和综合素质。同时，他们也会更加关注企业的发展和变革，积极参与企业的创新活动，为企业的发展贡献自己的力量。

员工是企业最宝贵的财富，他们的素质和能力直接决定了企业的竞争力。通过构建科学合理的职业发展路径，企业可以吸引和留住更多优秀人才，提升企业的整体素质和竞争力。

（三）晋升路径规划的原则

晋升路径规划应确保公平公正，避免出现主观臆断和偏见。企业应建立完善的晋升机制，明确晋升标准和程序，确保每位员工都有平等的机会获得晋升。晋升应以员工的实际能力和业绩为依据，而不是单纯依赖于学历、资历等因素。企业应建立完善的考核评价体系，对员工的工作表现、技能水平、创新能力等方面进行全面评估，确保晋升的公正性和合理性。

不同的员工有不同的兴趣和能力特长，企业应提供多元化的晋升路径，满足员工个性化的发展需求。同时，企业还应鼓励员工跨部门、跨岗位交流，拓宽员工的职业发展视野。

（四）具体实施策略

企业应结合实际情况，制定明确的晋升标准和程序，包括晋升条件、晋升流程、晋升评审等方面。这些标准和程序应向员工公开，让员工了解自己的晋升路径和需要达到的要求。企业应建立完善的考核评价体系，对员工的工作表现、技能水平、创新能力等方面进行评估。考核结果应作为晋升的重要依据，确保晋升的公正性和合理性。

企业应提供多样化的培训和发展机会，帮助员工提升专业技能和综合素质。这些培训和发展机会可以包括内部培训、外部培训、岗位轮换、项目参与等，以满足员工个性化的发展需求。企业应鼓励员工参与企业管理和决策，让员工了解企业的发展战略和目标，增强员工的责任感和使命感。同时，通过参与管理和决策，员工也可以提升自己的领导力和管理能力，为未来的晋升打下基础。

（五）持续改进与优化

企业应定期对职业发展与晋升路径规划进行评估和反馈，了解员工对晋升路径的满意度和期望，以及晋升路径在实际操作中的问题和不足。通过评估与反馈，企业可以及时调整和优化晋升路径规划，确保其适应企业的发展和员工的需求。随着企业的发展和市场环境的变化，员工的职业发展需求也会发生变化。因此，企业应保持灵活性和适应性，及时调整晋升路径规划，以满足员工的新需求。同时，企业还应关注行业发展趋势和技术变革，及时更新晋升标准和要求，确保晋升路径的前瞻性和适应性。

为了激发员工参与职业发展与晋升的积极性，企业应建立激励与约束机制相结合的管理制度。对于表现优秀的员工，应给予适当的奖励和晋升机会；对于表现不佳的员工，应给予必要的辅导和帮助，同时设置一定的约束措施，以促进其改进和提升。

第五节　汽车维修企业绩效管理与激励机制

一、绩效管理体系的构建

（一）概述

随着汽车行业的快速发展，汽车维修企业面临着日益激烈的市场竞争。为了提高企业的运营效率和服务质量，构建一套科学合理的绩效管理体系显得尤为重要。绩效管理体系不仅能够帮助企业评估员工的工作表现，还能为企业的战略发展提供有力支持。

（二）绩效管理体系的重要性

通过绩效管理体系，企业可以对员工的工作表现进行客观、公正的评估，明确员工的职责和目标，从而激发员工的工作积极性和创造力。同时，绩效管理体系还可以为员工提供明确的晋升通道和薪酬增长机制，进一步激励员工提升工作效率。

绩效管理体系可以帮助企业识别高绩效员工和低绩效员工，从而优化人力资源配置。企业可以将更多的资源投入到高绩效员工身上，提高他们的工作能力和效率；对于低绩效员工，企业可以给予必要的培训和辅导，帮助他们提升工作表现。

通过绩效管理体系，企业可以不断改善员工的工作效率和服务质量，提升客户满意度和忠诚度。这将有助于企业在激烈的市场竞争中脱颖而出，提升整体竞争力。

（三）绩效管理体系构建原则

绩效管理体系应确保公平公正，避免主观臆断和偏见。企业应建立明确的评估标准和程序，确保每位员工都能得到公正的评价。绩效管理体系应紧紧围绕企业的战略目标展开，确保员工的工作目标与企业目标相一致。通过设定明确的绩效指标和目标，引导员工为实现企业目标而努力。

绩效管理体系应是一个持续改进的过程。企业应定期对绩效管理体系进行评估和调整，根据员工的反馈和市场变化不断优化管理体系。

（四）绩效管理体系的关键要素

绩效指标是绩效管理体系的核心。企业应根据自身的业务特点和战略目标，设定合理的绩效指标。这些指标应具有可衡量性、可达成性和挑战性，能够全面反映员工的工作表现。企业应确定合适的评估周期，如季度、半年或年度评估。同时，还需制定详细的评估流程，包括评估方法、评估时间、评估人员等，确保评估工作的顺利进行。

绩效沟通和反馈是绩效管理体系中的重要环节。企业应建立有效的沟通机制，与员工就绩效目标和评估结果进行充分的沟通和讨论。通过反馈，员工可以了解自己的优点和不足，明确改进方向。奖惩机制是激励员工积极参与绩效管理体系的关键。企业应建立合理的奖惩机制，对高绩效员工给予相应的奖励和晋升机会；对于低绩效员工，应给予必要的培训和辅导，同时设置一定的惩罚措施。

（五）绩效管理体系的实施策略

绩效管理体系的构建需要领导层的全力支持和推动。领导层应明确绩效管理体系的重要性，积极参与体系的建设和实施过程，为员工树立榜样。企业应组织员工参加绩效管理培训，让他们了解绩效管理体系的目的、方法和流程。同时，鼓励员工积极参与绩效管理体系的建设和实施过程，提出宝贵的意见和建议。为了提高绩效管理体系的效率和准确性，企业应充分利用信息化手段，如建立绩效管理信息系统，实现绩效数据的实时采集、分析和报告。

绩效管理体系是一个持续改进的过程。企业应定期对绩效管理体系进行评估和调整，根据员工的反馈和市场变化不断优化管理体系。同时，关注行业发展趋势和最佳实践，不断引入新的理念和方法，提升绩效管理体系的水平和效果。

二、绩效目标的设定与考核

（一）概述

在汽车维修企业中，绩效目标的设定与考核是确保企业战略目标实现的关键环节。通过设定明确、具体的绩效目标，企业可以引导员工朝着共同的目标努力，激发员工的工作热情和创造力。同时，通过绩效考核，企业可以评估员工的工作表现，识别优秀员工和需要改进的员工，为企业的奖惩和晋升机制提供依据。

（二）绩效目标的设定

绩效目标的设定应与企业的战略目标相一致，确保员工的工作努力方向与企业整体发展方向相符。企业应根据自身的发展规划和市场环境，制定明确、具体的战略目标，并将其转化为可衡量的绩效指标。

绩效目标的设定既要考虑实际可行性，又要具有一定的挑战性。目标过于容易实现，无法激发员工的积极性；目标过于难以实现，则可能导致员工失去信心。因此，企业应结合员工的实际能力和市场环境，制定既具挑战性又可实现的目标。绩效目标应尽量量化和具体化，以便于考核和评估。企业可以采用关键绩效指标（KPI）等方法，将目标分解为具体的、可衡量的指标，确保员工能够清晰地了解自己的工作目标和要求。

绩效目标的设定不是单方面的决策过程，而应是一个双向沟通和协商的过程。企业应与员工进行充分的沟通和交流，了解员工的意见和建议，确保绩效目标的设定既符合企业的战略需求，又能得到员工的认同和支持。

（三）绩效考核的实施

企业应根据实际情况确定合适的考核周期，如季度、半年或年度考核。同时，选择合适的考核方式，如360度反馈、目标管理法（MBO）等，确保考核结果的客观性和公正性。企业应制定明确的考核标准和流程，确保考核工作的规范化和标准化。考核标准应涵盖员工的工作表现、技能水平、创新能力等方面，确保评估的全面性和准确性。同时，制定详细的考核流程，包括考核时间、考核人员、考核方法等，确保考核工作的顺利进行。

绩效考核需要收集大量的数据和信息，包括员工的工作报告、客户反馈、业绩数据等。企业应建立完善的数据收集系统，确保数据的准确性和完整性。同时，对收集到的数据进行深入分析和挖掘，识别员工的工作亮点和不足，为后续的奖惩和改进提供依据。绩效考核结果应及时反馈给员工，并与员工进行充分的沟通和交流。通过反馈，员工可以了解自己的绩效表现，明确自己的优点和不足，以及需要改进的方向。同时，企业也可以了解员工对考核结果的看法和建议，为后续的绩效改进提供参考。

（四）绩效目标设定与考核的注意事项

绩效目标的设定与考核应坚持公平公正原则，避免主观臆断和偏见。企业应确保考核标准的客观性和一致性，避免对不同员工采用不同的考核标准或方法。绩效考核的目的不仅是评估员工的工作表现，更是为了激励员工积极工作、提升绩效。因此，企业应建立合理的奖惩机制，对优秀员工给予相应的奖励和晋升机会；对于表现不佳的员工，应给予必要的辅导和帮助，同时设置一定的约束机制，促进其改进和提升。

绩效目标的设定与考核是一个持续改进的过程。企业应定期对绩效考核体系进行评估和调整，根据员工的反馈和市场变化不断优化考核标准和流程。同时，关注行业发展趋势和最佳实践，不断引入新的考核方法和理念，提升绩效考核的准确性和有效性。

三、激励机制的设计与实施

（一）概述

汽车维修企业作为汽车产业链中的重要一环，其运营效率和员工积极性直接影响到企业的竞争力和市场份额。为了激发员工的工作热情，提高工作效率，汽车维修企业需要设计一套科学合理的激励机制。

（二）激励机制的重要性

激励机制能够直接作用于员工的心理需求，通过给予员工适当的奖励和认可，激发其工作积极性和创造力。员工在感受到自己的付出得到回报时，会更加投入地工作，提高工作效率。激励机制能够将企业的战略目标与员工的个人目标相结合，使员工明确自己的工作方向和目标。通过引导员工朝着企业目标努力，激励机制能够促进企业整体目标的实现。

合理的激励机制能够使员工感受到企业的关心和尊重，增强员工的归属感和忠诚度。员工在得到激励的同时，也会更加关注企业的发展和利益，形成强大的企业凝聚力。

（三）激励机制的设计原则

激励机制应确保公平公正，避免主观臆断和偏见。企业应建立明确的奖励标准和程序，确保每位员工都能得到公正的评价和奖励。不同员工有不同的需求和动机，激励机制应根据员工的个性特点进行差异化设计。企业应了解员工的需求和期望，制定符合员工特点的激励方案。

激励机制应是一个持续不断的过程，企业应定期评估和调整激励方案，确保其长期有效。同时，激励机制应与企业的战略规划和市场环境相适应，保持与时俱进。

（四）激励机制的关键要素

物质激励是激励机制中最直接、最有效的手段之一。企业可以通过设立绩效奖金、年终奖金、晋升机会等方式，给予员工物质上的奖励，满足其经济需求。精神激励是激励机制中不可或缺的一部分。企业可以通过表彰优秀员工、举办员工活动、提供培训和发展机会等方式，给予员工精神上的认可和激励，满足其心理需求。

情感激励是通过建立良好的人际关系和企业文化，增强员工对企业的归属感和忠诚度。企业应关注员工的情感需求，营造积极的工作氛围，加强员工之间的沟通与协作。

（五）激励机制的实施策略

领导层在激励机制的实施过程中发挥着关键作用。他们应积极参与激励机制的设计和推行，为员工树立榜样，确保激励措施得到有效执行。企业应制定详细的激励制度，明确奖励标准和程序，确保激励机制的公平性和透明度。同时，建立有效的考核机制，对员工的绩效进行客观评价，为激励提供依据。

激励机制是一个动态的过程，企业应定期对激励机制进行评估和调整。通过收集员工的反馈意见和市场变化信息，不断优化激励方案，确保其适应企业的发展需求和市场环境。企业应加强与员工的沟通与交流，了解员工的需求和期望，确保激励机制真正满足员工的心理需求。同时，加强员工培训和发展，提高员工的技能水平和综合素质，为企业的持续发展提供有力支持。

四、绩效管理与激励机制的持续优化

（一）概述

随着汽车维修行业的竞争日益激烈，企业绩效管理与激励机制的优化成为提升竞争力、实现可持续发展的重要手段。通过构建科学的绩效管理体系和激励机制，企业可以激发员工的工作热情，提高工作效率，进而实现企业的战略目标。

（二）绩效管理与激励机制的关系

绩效管理与激励机制是企业管理中相互关联、相互促进的两个重要环节。绩效管理通过对员工的工作表现进行客观评价，为激励机制提供依据；而激励机制则通过给予员工适当的奖励和认可，激发其工作积极性，提升绩效水平。二者相辅相成，共同推动企业的发展。

（三）汽车维修企业绩效管理与激励机制的现状问题

一些汽车维修企业的绩效管理体系存在指标设置不合理、评价标准不明确、考核过程不公正等问题，导致绩效评价结果不准确、不客观，难以真实反映员工的工作表现。部分企业在激励机制设计上过于单一，缺乏对不同岗位、不同员工的差异化考虑。这可能导致激励效果不佳，无法充分激发员工的工作热情和创造力。

一些企业在绩效管理和激励机制的实施过程中存在脱节现象，绩效评价结果与激励机制不匹配，导致员工对绩效评价结果产生疑问，影响激励效果。

（四）汽车维修企业绩效管理与激励机制的优化策略

企业应建立科学、合理的绩效管理体系，明确评价标准和指标，确保评价过程公正、客观。同时，加强对绩效评价结果的反馈和沟通，帮助员工了解自身优点和不足，明确改进方向。企业应针对不同岗位、不同员工的特点和需求，设计差异化的激励机制。例如，对于技术型人才，可以通过提供技术培训、晋升机会等方式进行激励；对于销售型人才，可以通过设立销售提成、奖金等方式进行激励。通过差异化的激励机制，可以更好地满足员工的需求，激发其工作积极性。

企业应确保绩效管理与激励机制的紧密衔接，使绩效评价结果成为激励机制的重要依据。通过设立与绩效挂钩的奖励制度，使员工明确工作目标与奖励之间的关系，增强工作动力。同时，建立绩效改进机制，针对绩效评价中发现的问题进行有针对性的改进，提升员工绩效水平。企业应注重营造良好的企业文化氛围，倡导积极向上的价值观和工作态度。通过举办各类活动、加强团队建设等方式，增强员工的归属感和凝聚力，为绩效管理和激励机制的实施创造有利条件。

企业应积极学习借鉴先进的绩效管理理念和方法，如关键绩效指标（KPI）、平衡计分卡（BSC）等，不断完善自身的绩效管理体系。同时，关注行业动态和最佳实践，及时调整和优化绩效管理策略，确保企业的绩效管理始终保持领先地位。

企业应重视员工培训和发展工作，通过提供系统的培训计划和职业发展路径，帮助员工提升技能水平和综合素质。这不仅可以提高员工的工作绩效，还可以提高员工对企业的忠诚度和满意度，为企业的长期发展奠定坚实基础。

第五章　汽车维修企业财务管理

第一节　财务管理的概念与原则

一、财务管理的定义与内涵

（一）概述

随着汽车维修行业的快速发展，企业财务管理在企业管理中的地位日益凸显。财务管理作为汽车维修企业经营管理的重要组成部分，直接关系到企业的经济效益和长期发展。

（二）汽车维修企业财务管理的定义

汽车维修企业财务管理是指在汽车维修企业运营过程中，以资金运动为管理对象，通过组织企业的财务活动、处理财务关系的一系列经济管理工作。这些管理工作涵盖了资金筹集、资金运用、资金耗费、资金回收和资金分配等多个方面，旨在实现企业财务目标，保障企业的正常运营和持续发展。

具体来说，汽车维修企业财务管理包括以下几个方面：

资金管理。包括资金的筹集、运用、回收和分配等，确保企业资金的流动性、安全性和效益性。

成本管理。通过成本核算、成本分析和成本控制等手段，降低企业成本，提高企业经济效益。

利润管理。通过对企业利润的预测、决策、计划、控制和分析，实现利润最大化。

风险管理。识别、评估和控制企业在财务管理过程中可能面临的各种风险，保障企业的稳健运营。

（三）汽车维修企业财务管理的内涵

汽车维修企业财务管理的目标是实现企业财务价值最大化。这包括实现利润最大化、股东财富最大化以及企业价值最大化等多个层面。在实际操作中，企业应结合自身的实际情况，确定合适的财务管理目标，为企业的决策提供有力支持。财务管理的职能主要包括财务决策、财务计划和财务控制。财务决策是企业财务管理的核心，涉及资金筹集、投资决策、利润分配等方面的决策。财务计划是根据企业战略目标，制定财务预算和财务计划，为企业的经营活动提供指导。财务控制则是对企业经营活动进行监控和评估，确保财务目标的实现。

汽车维修企业财务管理应遵循一定的原则，包括合规性原则、效益性原则、稳健性原则和透明性原则。合规性原则要求企业遵守国家法律法规和相关政策，确保财务管理的合法性。效益性原则强调财务管理应以提高企业经济效益为核心，优化资源配置，降低成本。稳健性原则要求企业在财务管理中保持谨慎态度，防范和化解风险。透明性原则则要求企业公开财务信息，接受内外部监督，确保财务管理的公正性和公平性。为实现财务管理目标，汽车维修企业应采用科学有效的财务管理方法。这些方法包括财务分析、财务预测、财务决策和财务控制等。财务分析方法通过对企业财务数据的分析和比较，揭示企业的财务状况和经营成果。财务预测方法则根据历史数据和市场信息，预测企业未来的财务状况和经营趋势。财务决策方法涉及资金筹集、投资决策等方面的决策分析，为企业决策提供科学依据。财务控制方法则通过制定预算、实施内部控制等手段，确保企业财务目标的实现。

（四）汽车维修企业财务管理的特点

汽车维修企业财务管理具有其独特的特点。首先，由于汽车维修行业具有高度的专业性和技术性，财务管理人员需要具备一定的汽车维修知识和技术背景，以便更好地理解企业的业务特点和运营需求。其次，汽车维修行业的市场竞争激烈，财务管理需要更加注重成本控制和风险管理，以提高企业的竞争力和市场份额。此外，随着汽车技术的不断更新和市场的变化，财务管理人员需要保持敏锐的洞察力，及时调整财务管理策略，以适应行业的发展需求。

二、财务管理的目标与原则

（一）概述

汽车维修企业财务管理作为企业管理体系的核心组成部分，其目标与原则对于确保企业财务健康、推动企业发展具有重要意义。在日益激烈的市场竞争中，汽车维修企业需明确财务管理的目标，遵循财务管理的原则，以优化资源配置、提高经济效益，进而实现企业的可持续发展。

（二）汽车维修企业财务管理的目标

汽车维修企业财务管理的目标，是企业在进行财务管理活动时所期望达到的结果或状态，它反映了企业财务管理的方向和重点。利润最大化是汽车维修企业财务管理的直接目标。通过合理的财务管理活动，如成本控制、收入增加等，企业力求实现利润的最大化。这不仅有助于提升企业的经济效益，还为企业的扩张和发展提供了资金支持。

股东财富最大化是汽车维修企业财务管理的长远目标。通过优化资本结构、提高投资回报等方式，企业旨在实现股东财富的最大化。这一目标体现了企业对股东权益的尊重和保护，有助于增强股东对企业的信心和支持。

企业价值最大化是汽车维修企业财务管理的综合目标。它要求企业在追求利润和股东财富的同时，充分考虑企业的社会责任和长期发展。通过提升企业的品牌形象、加强内部管理、推动技术创新等方式，企业可以实现价值的最大化，进而在市场中获得更广泛的认可和竞争优势。

（三）汽车维修企业财务管理的原则

汽车维修企业财务管理原则是企业在进行财务管理活动时必须遵循的基本准则和规范，它体现了财务管理的内在要求和规律。

合规性原则是汽车维修企业财务管理的基础原则。它要求企业的财务管理活动必须遵守国家的法律法规和财务制度，确保财务信息的真实、准确和完整。同时，企业还应遵守行业规范和市场规则，维护公平、公正的市场秩序。效益性原则是汽车维修企业财务管理的核心原则。它要求企业在财务管理活动中注重经济效益的提高，通过合理的资源配置和成本控制，实现企业的盈利目标。同时，企业还应关注社会效益和环境效益，实现经济、社会和环境的协调发展。

稳健性原则是汽车维修企业财务管理的重要原则。它要求企业在财务管理活动中保持谨慎的态度，充分考虑潜在的风险和不确定性因素。通过制定科学的风险管理策略、建立有效的内部控制机制等方式，企业可以防范和化解财务风险，确保企业的稳健运营。

透明性原则是汽车维修企业财务管理的必要原则。它要求企业在财务管理活动中保持公开、透明的态度，及时向内外部利益相关者披露财务信息。通过加强信息披露和沟通，企业可以增强内外部的信任和合作，为企业的长期发展创造良好的环境。

（四）实现财务管理目标与原则的策略

建立完善的财务管理体系，包括明确的财务管理流程、规范的财务操作制度以及有效的内部控制机制，确保财务管理的合规性和稳健性。加强财务管理团队建设，提升财务管理人员的专业素养和综合能力，使其能够准确把握市场动态和企业需求，制定科学的财务管理策略。引入先进的财务管理理念和技术手段，如大数据、云计算等现代信息技术，提高财务管理的效率和准确性，为企业的决策提供有力支持。强化风险意识，建立完善的风险管理体系，对潜在的风险进行识别和评估，制定相应的风险应对措施，确保企业的稳健运营。

三、财务管理在汽车维修企业中的重要性

（一）概述

随着汽车产业的快速发展，汽车维修行业作为汽车产业链的重要一环，其市场竞争也日趋激烈。在这样的背景下，财务管理在汽车维修企业中的重要性日益凸显。财务管理不仅关乎企业的经济效益和成本控制，更直接关系到企业的生存与发展。因此，深入理解和把握财务管理在汽车维修企业中的重要性，对于提升企业竞争力、促进企业发展具有重要意义。

（二）财务管理对汽车维修企业经济效益的影响

经济效益是企业经营活动的核心目标，而财务管理则是实现这一目标的重要手段。在汽车维修企业中，财务管理通过优化资源配置、提高资产使用效率、降低运营成本等方式，直接影响企业的经济效益。

首先，财务管理有助于企业优化资源配置。通过对企业资金、资产、人力等资源的合理配置，财务管理能够确保企业各项经营活动的顺利进行，提高资源利用效率，从而增加企业收入。其次，财务管理能够降低企业运营成本。通过精细化的成本管理，财务管理能够识别和消除浪费，降低企业运营成本，提高企业的盈利能力。此外，财务管理还能够通过财务分析和预测，为企业决策提供有力支持。通过对企业财务数据的深入分析，财务管理能够揭示企业的经营状况和发展趋势，为企业制定合理的发展战略提供重要依据。

（三）财务管理对汽车维修企业风险防控的作用

汽车维修企业在经营过程中面临着多种风险，如市场风险、技术风险、财务风险等。财务管理在风险防控方面发挥着至关重要的作用。

首先，财务管理能够识别和评估企业面临的各种风险。通过对企业财务数据的监测和分析，财务管理能够及时发现潜在的风险因素，并进行量化评估，为企业制定风险应对策略提供依据。其次，财务管理能够制定有效的风险防控措施。根据风险评估结果，财务管理可以制定相应的风险防控策略，如调整投资策略、优化融资结构、加强内部控制等，以降低企业面临的风险。此外，财务管理还能够通过风险预警机制，及时发现和应对风险事件。通过建立完善的风险预警系统，

财务管理能够实时监测企业的财务状况和经营风险，一旦发现异常情况，能够迅速采取应对措施，防止风险扩大。

（四）财务管理对汽车维修企业决策支持的重要性

决策是企业经营管理的核心环节，而财务管理则为企业决策提供了重要的信息支持。在汽车维修企业中，财务管理通过提供准确、全面的财务信息，为企业制定合理的发展战略和经营计划提供依据。

首先，财务管理能够提供企业经营状况的全面分析。通过对企业财务报表的分析，财务管理能够揭示企业的盈利能力、偿债能力、运营效率等方面的信息，为企业决策者提供全面了解企业经营状况的视角。其次，财务管理能够进行财务预测和规划。通过对市场趋势和企业经营状况的预测，财务管理能够为企业制定未来的经营计划和预算提供依据，帮助企业实现可持续发展。此外，财务管理还能够为企业的投资决策提供重要支持。通过对投资项目的财务分析和评估，财务管理能够为企业决策者提供科学的投资建议，降低投资风险，提高投资回报。

（五）财务管理在汽车维修企业文化建设中的推动作用

企业文化是企业发展的灵魂，而财务管理在企业文化建设中也发挥着重要的推动作用。

首先，财务管理能够塑造企业的诚信文化。通过严格遵守国家法律法规和财务制度，财务管理能够确保企业财务信息的真实、准确和完整，树立企业的诚信形象，增强企业的社会信誉。其次，财务管理能够培养企业的创新文化。财务管理人员需要具备创新意识和创新能力，不断探索新的财务管理理念和方法，推动企业财务管理的创新与发展。这种创新精神也会影响到企业的其他领域，推动整个企业的创新氛围。此外，财务管理还能够促进企业的团队协作和沟通。财务管理涉及企业的各个方面和各个环节，需要各部门之间的密切协作和沟通。通过加强财务管理，可以推动企业内部各部门之间的协调与合作，提升企业的整体运营效率。

四、财务管理与其他管理模块的关系

（一）概述

汽车维修企业作为一个复杂的组织体系，其内部包含了多个相互关联的管理模块。其中，财务管理作为企业管理的重要组成部分，与其他管理模块之间存在着密切的联系和互动。财务管理不仅涉及企业的资金流动、成本控制和经济效益等方面，还与其他管理模块在战略规划、资源配置、风险控制等方面相互影响、相互制约。因此，深入理解汽车维修企业财务管理与其他管理模块的关系，对于提升企业管理水平、优化资源配置、实现可持续发展具有重要意义。

（二）财务管理与战略管理的关系

战略管理是企业根据市场环境、竞争态势和自身资源能力，制定长期发展规划和战略目标的过程。财务管理在战略管理中发挥着至关重要的作用。首先，财务管理通过提供财务数据和指标，为战略制定提供重要的决策依据。通过对历史财务数据的分析，财务管理可以揭示企业的发展趋势和潜在风险，为战略制定提供有力的支持。其次，财务管理在战略实施过程中负责资源的配置和调度。根据战略目标和规划，财务管理需要制定合理的资金预算和投融资计划，确保企业有足够的资金支持战略的实施。同时，财务管理还需要通过成本控制、资金管理等方式，提高战略实施的经济效益。

（三）财务管理与人力资源管理的关系

人力资源管理是汽车维修企业管理的又一重要环节，涉及员工的招聘、培训、绩效评估和激励等方面。财务管理与人力资源管理之间存在着密切的联系。首先，财务管理需要为人力资源管理提供必要的资金支持。例如，企业在招聘和培训新员工时需要投入大量资金，这些资金的使用和配置需要财务管理进行合理的规划和控制。财务管理可以通过制定合理的薪酬和福利政策，激励员工积极工作，提高员工的工作效率和满意度。同时，财务管理还需要与人力资源部门合作，共同制定员工绩效考核体系，确保员工的工作成果与企业的财务目标相一致。

（四）财务管理与生产管理的关系

生产管理是汽车维修企业的核心管理模块之一，负责车辆维修、保养和配件采购等生产活动的组织和协调。财务管理与生产管理之间的关系主要体现在成本控制和资源配置方面。首先，财务管理需要对生产过程中的各项成本进行严格的核算和控制，确保生产成本在可控范围内。通过制定合理的成本预算和核算制度，财务管理可以帮助生产部门识别并消除浪费，提高生产效率。其次，财务管理需要根据生产需求和市场变化，合理配置企业的资源。例如，在市场需求旺盛时，财务管理需要为生产部门提供足够的资金支持，以确保生产活动的顺利进行；在市场需求下降时，财务管理则需要通过优化资源配置，降低生产成本，提高企业的竞争力。

（五）财务管理与市场营销管理的关系

市场营销管理是汽车维修企业实现市场扩张和品牌推广的重要手段。财务管理与市场营销管理之间的关系主要体现在资金支持和风险评估方面。首先，财务管理需要为市场营销活动提供必要的资金支持。市场营销活动包括广告宣传、促销活动、市场调研等，这些活动需要投入大量资金。财务管理需要根据市场营销计划，制订合理的资金预算和投融资计划，确保市场营销活动的顺利进行。其次，财务管理需要对市场营销活动进行风险评估和监控。市场营销活动往往伴随着一定的风险，如市场风险、信用风险等。财务管理需要通过财务分析和预测，及时发现潜在的风险因素，并制定风险应对措施，降低企业的风险水平。

（六）财务管理与信息技术管理的关系

随着信息技术的快速发展，汽车维修企业越来越依赖于信息技术来提高管理效率和服务质量。财务管理与信息技术管理之间的关系主要体现在财务信息化建设和数据管理方面。首先，财务管理需要借助信息技术手段实现财务数据的实时采集、处理和分析。通过建立财务信息系统，财务管理可以更加高效地处理财务数据，提高决策的准确性和时效性。其次，财务管理需要与信息技术部门合作，共同维护财务数据的安全性和完整性。财务数据是企业的重要资产，需要得到有效的保护。信息技术部门可以通过建立安全防护体系、制定数据安全规范等方式，确保财务数据的安全可靠。

第二节 汽车维修企业资金筹集与运用

一、资金来源与筹集方式

（一）概述

汽车维修企业作为汽车产业链的重要环节，其运营和发展离不开充足的资金支持。资金来源与筹集方式对于汽车维修企业的稳定运营和持续发展具有至关重要的作用。

（二）汽车维修企业的主要资金来源

自有资金是汽车维修企业最基本的资金来源，主要包括企业成立时的注册资本、经营过程中的利润积累以及股东增资等。自有资金具有成本低、使用灵活的特点，是企业运营和发展的基础。银行贷款是汽车维修企业筹集资金的重要途径。企业可以通过向商业银行申请贷款，获得所需的运营资金或用于扩大规模、更新设备。银行贷款的优点是金额较大、期限灵活，但通常需要企业提供担保或抵押，且利息支出会增加企业的财务成本。

汽车维修企业在与供应商合作过程中，可以通过赊销、预付货款等方式获得融资支持。这种融资方式有助于缓解企业的资金压力，提高资金周转率。但需要注意的是，过度依赖供应商融资可能会影响企业的信誉和合作关系。政府为了鼓励汽车维修行业的发展，会提供一定的补贴和政策支持。这些补贴和政策支持可以降低企业的运营成本，提高企业的竞争力。企业应积极关注政府政策，争取获得更多的支持。

（三）汽车维修企业的资金筹集方式

股权融资是指企业通过发行股票或引入战略投资者，筹集企业发展所需的资金。股权融资的优点是资金成本低、使用期限长，但可能导致企业股权结构发生变化，影响企业的决策权和控制权。债券融资是企业通过发行债券，向投资者筹集资金的一种方式。债券融资的优点是资金成本相对较低，且不会稀释企业的股权。但债券发行需要企业具备较高的信用评级和偿债能力，否则可能面临发行失败或高成本的风险。

租赁融资是汽车维修企业通过租赁设备或场地等方式，实现资金的间接筹集。这种融资方式可以减轻企业的资金压力，同时降低企业的固定资产投入。但租赁费用可能会增加企业的运营成本，且长期租赁可能影响企业的资产结构和未来发展。内部融资是指企业通过内部资金调配和节约，实现资金的筹集。例如，企业可以通过优化库存管理、提高应收账款周转率等方式，提高资金使用效率，从而缓解资金压力。内部融资的优点是成本低、风险小，但需要企业具备较高的管理水平和运营效率。

（四）资金来源与筹集方式对企业经营的影响

不同的资金来源和筹集方式会对企业的资本结构产生影响。企业应根据自身的经营状况和发展需求，合理安排股权和债权比例，优化资本结构，降低财务风险。不同的融资方式具有不同的融资成本。企业应综合考虑融资成本、资金期限和使用灵活性等因素，选择最适合自己的融资方式。

企业的融资行为也会对其信誉和形象产生影响。过度依赖高成本融资或频繁更换融资方式可能损害企业的信誉，影响企业的长期发展。

（五）优化汽车维修企业资金来源与筹集方式的建议

企业应建立完善的财务管理制度，加强资金预算和成本控制，提高资金使用效率。通过优化库存管理、应收账款管理等方式，降低运营成本，减轻资金压力。企业应积极拓展融资渠道，多元化筹集资金。同时，加强与金融机构的合作，争取更优惠的融资条件和更低的融资成本。

企业应注重提高企业的信用评级，树立良好的企业形象。通过规范经营、按期履行合约等方式，提高信用评级，增强融资能力。企业应密切关注政府政策动态，积极申请政府补贴和优惠政策。通过合理利用政策资源，降低企业经营成本，提高竞争力。

二、资金运用与投资决策

（一）概述

汽车维修企业在日常运营和发展过程中，资金运用与投资决策是至关重要的一环。资金运用关系到企业资源的配置效率和经济效益，而投资决策则直接影响着企业的未来发展方向和竞争力。因此，科学合理地运用资金、制定明智的投资决策，对于汽车维修企业的健康发展具有重要意义。

（二）汽车维修企业资金运用的原则与策略

1. 资金运用的原则

资金运用应遵循安全性、流动性和效益性三大原则。安全性原则要求企业在运用资金时，必须确保资金的安全，避免损失和风险；流动性原则强调资金运用的灵活性，确保企业在需要时能够迅速获取所需资金；效益性原则则要求企业追求资金运用的最大经济效益，实现资金的增值。

2. 资金运用的策略

（1）优化资金管理流程。企业应建立完善的资金管理制度，规范资金收支、审批和核算等流程，确保资金的合规使用。

（2）提高资金使用效率。通过合理安排资金结构、降低资金成本、加快资金周转等方式，提高资金的使用效率。

（3）强化风险管理。在资金运用过程中，企业应加强对风险的识别、评估和控制，确保资金运用的安全性。

（三）汽车维修企业投资决策的要素与过程

1. 投资决策的要素

（1）投资目标。明确企业的投资目标，如扩大规模、提高技术水平、拓展市场等。

（2）投资风险。评估投资项目的风险水平，包括市场风险、技术风险、财务风险等。

（3）投资回报。预测投资项目的预期收益和回报期，确保投资的经济效益。

2. 投资决策的过程

（1）项目筛选。根据企业的战略目标和市场环境，筛选出符合企业发展需求的投资项目。

（2）项目评估。对筛选出的投资项目进行深入分析，包括市场需求、竞争态势、技术可行性等方面的评估。

（3）决策制定。基于项目评估结果，结合企业的资金状况和风险承受能力，制定投资决策。

（4）实施与监控。实施投资项目，并定期对项目的进展和效益进行监控和评估，确保投资目标的实现。

（四）资金运用与投资决策在汽车维修企业中的实践应用

在投资决策过程中，资金管理发挥着至关重要的作用。企业应根据自身的资金状况，合理安排投资规模和资金来源。同时，通过对资金成本的核算和控制，确保投资项目的经济效益。此外，资金管理还能够帮助企业识别和控制投资风险，确保投资的安全性。投资决策的制定直接影响着企业的资金运用。合理的投资决策能够优化企业的资源配置，提高资金的使用效率。同时，通过投资项目的实施和效益实现，可以为企业带来稳定的收益和增长动力。然而，不当的投资决策也可能导致企业面临资金压力、财务风险等问题。

（五）优化汽车维修企业资金运用与投资决策的建议

企业应建立完善的财务分析与预测体系，通过对历史财务数据的分析和未来市场趋势的预测，为资金运用和投资决策提供科学依据。企业应加强内部控制建设，规范资金运用和投资决策的流程。同时，建立健全的风险管理机制，对潜在风险进行识别、评估和监控，确保资金运用的安全性和投资决策的稳健性。

决策者应具备较高的专业素养和敏锐的市场洞察力，能够准确把握市场变化和行业动态。通过定期培训和学习，不断提升决策者的专业能力和决策水平。资金运用与投资决策涉及企业的多个部门，应加强与其他部门的沟通与协作。通过跨部门合作和信息共享，实现资源的优化配置和决策的科学化。

三、资金成本与风险管理

（一）概述

随着汽车行业的快速发展，汽车维修企业面临着日益激烈的市场竞争。在这样的背景下，资金成本与风险管理成为汽车维修企业运营中不可忽视的重要环节。资金成本的高低直接影响着企业的盈利能力和竞争力，而风险管理的有效性则直接关系到企业的生存与发展。

（二）汽车维修企业资金成本分析

1.资金成本的构成

汽车维修企业的资金成本主要包括筹资成本和资金使用成本两部分。筹资成本是指企业在筹集资金过程中所产生的费用，如银行贷款利息、股权融资成本等；

资金使用成本则是指企业在使用资金过程中需要支付的费用，如存货占用资金的成本、应收账款管理成本等。

2.影响资金成本的因素

（1）市场环境。市场利率水平、资金供求状况等市场因素会直接影响企业的筹资成本和资金使用成本。

（2）企业信用状况。企业的信用评级和信誉度对筹资成本有着重要影响。信用评级较高的企业通常能够以较低的成本筹集资金。

（3）经营规模与盈利能力。企业的经营规模和盈利能力决定了其资金需求和还款能力，进而影响资金成本。

（三）汽车维修企业风险管理

1.风险识别与评估

汽车维修企业在运营过程中面临着多种风险，如市场风险、技术风险、财务风险等。企业应建立完善的风险识别与评估机制，定期对各类风险进行识别、分析和评估，确定风险等级和可能带来的影响。

2.风险应对策略

针对识别出的风险，企业应制定应对策略。例如，对于市场风险，企业可以通过加强市场调研、优化产品和服务结构等方式来降低风险；对于技术风险，企业可以加大研发投入、引进先进技术等方式来提升技术实力；对于财务风险，企业可以通过加强财务管理、优化资金结构等方式来降低财务风险。

3.风险监控与报告

企业应建立风险监控与报告机制，对各类风险进行实时监控和定期报告。通过风险监控，企业可以及时发现并应对潜在风险；通过定期报告，企业可以向上级管理层或股东展示风险管理的成果和存在的问题。

（四）优化资金成本与风险管理的措施

企业应建立健全的财务管理制度和内部控制机制，规范资金运作流程，确保资金使用的合规性和效益性。通过加强财务管理和内部控制，可以降低资金使用成本并减少风险事件。企业应积极拓宽融资渠道，如与银行建立长期合作关系、探索股权融资等方式，以降低筹资成本。同时，企业还应根据经营需要和市场环境优化资金结构，合理安排长短期债务比例和股权与债权比例。

企业应加强对员工的风险管理培训，提高员工的风险意识和风险管理能力。通过培训和教育，使员工能够更好地识别和应对各类风险，降低风险对企业的影响。企业应建立风险预警与应急机制，对可能出现的风险进行提前预警并制定相应的应急预案。当风险事件发生时，企业能够迅速启动应急预案，降低风险损失并尽快恢复正常运营。

四、资金筹集与运用的优化策略

（一）概述

随着汽车保有量的不断增加，汽车维修行业迎来了广阔的发展空间。然而，在激烈的市场竞争中，汽车维修企业面临着资金筹集与运用的双重挑战。如何优化资金筹集与运用策略，提高资金使用效率，降低财务风险，成为汽车维修企业亟待解决的问题。

（二）汽车维修企业资金筹集策略的优化

汽车维修企业应积极拓展筹资渠道，实现筹资渠道的多元化。除了传统的银行贷款和股权融资外，还可以考虑发行债券、引入战略投资者、开展融资租赁等方式。通过多元化筹资，企业可以降低筹资成本，提高筹资效率，增强资金流动性。

企业应积极与金融机构建立良好的合作关系，争取获得更多的融资支持。通过与金融机构的深入合作，企业可以了解最新的融资政策和市场动态，把握融资时机，降低融资风险。

企业信用评级是金融机构决定是否给予融资的重要依据。因此，汽车维修企业应注重提高自身的信用评级，通过规范经营、加强财务管理、提高盈利能力等方式，树立良好的企业形象，提高金融机构对企业的信任度。

（三）汽车维修企业资金运用策略的优化

汽车维修企业应根据自身的经营特点和市场需求，合理安排资金结构。在筹资过程中，应充分考虑长短期债务的比例、股权与债权的比例等因素，确保资金结构的合理性和稳定性。同时，企业还应根据经营需要和市场环境的变化，适时调整资金结构，保持资金运用的灵活性。企业应加强对资金使用的监管和考核，确保资金使用的合规性和效益性。通过优化资金使用流程、降低资金占用成本、加强应收账款管理等方式，提高资金使用效率。同时，企业还应注重资金的流动性管理，确保资金能够及时、足额地满足经营需要。

投资是企业资金运用的重要方式之一。汽车维修企业在制定投资策略时，应充分考虑市场环境、技术趋势、竞争态势等因素，选择具有发展潜力和盈利能力的投资项目。同时，企业还应加强投资项目的风险评估和监控，确保投资的安全性和效益性。

（四）综合优化策略与实施建议

企业应建立完善的资金管理制度，明确资金筹集与运用的流程和规范，确保资金筹集与运用的合规性和有效性。制度应包括筹资决策、资金使用、投资管理、风险控制等方面的内容，为企业的资金筹集与运用提供有力的制度保障。企业应加强内部控制建设，完善风险管理机制，确保资金筹集与运用的安全性和稳定性。通过建立健全的内部审计、财务审批、风险预警等制度，加强对资金筹集与运用的监督和管理，及时发现和应对潜在风险。

企业应加强对员工的资金管理培训和教育，提升员工的资金管理能力。通过培训和教育，使员工了解资金筹集与运用的基本知识和技巧，掌握资金管理的基本方法和工具，提高员工的资金管理水平和风险意识。企业应积极借助信息化手段，提高资金筹集与运用的管理效率。通过建立完善的信息管理系统，实现资金筹集与运用的信息化、智能化管理，提高管理效率和决策水平。同时，企业还应加强与外部信息平台的对接和合作，获取更多的市场信息和融资资源，为企业的资金筹集与运用提供有力支持。

第三节　汽车维修企业成本控制与预算管理

一、成本控制的重要性与原则

（一）概述

汽车维修企业作为汽车产业链的重要一环，其成本控制能力直接关系到企业的盈利能力和市场竞争力。在当前汽车市场竞争日益激烈的环境下，成本控制成为汽车维修企业生存与发展的关键因素。

（二）汽车维修企业成本控制的重要性

成本控制是汽车维修企业提高盈利能力的重要手段。通过精细化的成本管理，企业能够降低不必要的开支，提高资源利用效率，从而增加利润空间。此外，成本控制还有助于企业发现潜在的成本节约点，进一步优化成本结构，提升整体盈利水平。

在激烈的市场竞争中，汽车维修企业要想脱颖而出，必须具备强大的成本控制能力。通过降低成本，企业可以提供更具竞争力的价格，吸引更多客户。同时，成本控制还能提升企业的服务质量和效率，满足客户的多样化需求，进一步增强市场竞争力。

成本控制不仅关乎企业的短期盈利，更关系到企业的长远发展。通过合理的成本控制，企业可以积累更多的资金和资源，为技术创新、市场拓展等战略举措提供有力支持。此外，成本控制还有助于企业形成稳健的经营风格，为企业的可持续发展奠定坚实基础。

（三）汽车维修企业成本控制的原则

成本控制应遵循全面性原则，即要从企业的整体出发，综合考虑各项成本因素。企业应对生产、销售、管理等各个环节进行成本分析，找出成本控制的关键点，并制定相应的措施。同时，企业还应关注外部环境的变化，如原材料价格、市场需求等，以便及时调整成本控制策略。成本控制应以效益为导向，即在降低成本的同时，要确保企业的盈利能力和市场竞争力。企业应根据实际情况，权衡成本降低与效益提升之间的关系，制定合理的成本控制目标。同时，企业还应关注成本控制对企业长期发展的影响，避免短视行为。

成本控制需要明确各部门的责权利关系，确保成本控制工作的有效实施。企业应建立完善的成本控制责任体系，明确各部门的成本控制目标和责任，并将其纳入考核体系。同时，企业还应赋予各部门相应的权利，使其能够根据实际情况灵活调整成本控制措施。此外，企业还应加强部门间的沟通与协作，共同推动成本控制工作的顺利开展。成本控制是一个持续不断的过程，企业应坚持持续改进原则，不断优化成本控制体系。企业应定期对成本控制工作进行评估和总结，发现问题并及时改进。同时，企业还应关注行业发展趋势和先进的管理经验，不断引进新的成本控制方法和工具，提升成本控制水平。

（四）实施成本控制的具体措施

企业应建立完善的成本核算与分析体系，对各项成本进行精细化管理。通过定期的成本核算和分析，企业可以了解成本的构成和变化情况，找出成本控制的薄弱环节，为制定针对性的控制措施提供依据。

采购是汽车维修企业成本控制的重要环节。企业应加强与供应商的合作，建立稳定的供应链关系，降低采购成本。同时，企业还应加强对采购过程的监管，确保采购的物资质量可靠、价格合理。生产效率是影响成本的重要因素之一。企业应通过引进先进的生产设备和技术、优化生产流程、加强员工培训等方式，提高生产效率，降低单位产品成本。

库存管理是成本控制的关键环节之一。企业应建立合理的库存管理制度，确保库存物资的充足性和合理性。同时，企业还应加强对库存物资的监管和维护，降低库存成本。

二、成本分析与核算方法

（一）概述

随着汽车行业的快速发展，汽车维修企业面临着日益激烈的市场竞争。为了提升竞争力，实现可持续发展，汽车维修企业必须加强对成本的分析与核算，以优化成本控制，提高经济效益。

（二）汽车维修企业成本构成分析

汽车维修企业的成本主要由直接材料成本、直接人工成本、间接费用等构成。直接材料成本包括维修过程中使用的零部件、油料、润滑剂等；直接人工成本则是维修人员的薪酬及相关福利；间接费用则涵盖了企业管理费用、租金、水电费等其他支出。

在成本构成中，直接材料成本和直接人工成本通常占据较大比重，是成本分析与核算的重点。同时，企业也应关注间接费用的控制，通过精细化管理降低不必要的开支。

（三）汽车维修企业成本分析方法

比较分析法是汽车维修企业成本分析的基本方法。通过将实际成本与预算成本、历史成本等进行对比，找出成本差异及其原因，为成本控制提供依据。企业可以按月、季、年等时间维度进行成本比较，以便更全面地了解成本变化情况。

结构分析法主要用于分析成本构成的合理性。通过对各项成本占总成本的比重进行分析，找出成本结构中的不合理因素，为优化成本结构提供指导。企业可以根据实际情况，对直接材料成本、直接人工成本、间接费用等进行结构分析。

因果分析法旨在揭示成本变动的原因。通过对成本变动与相关因素进行关联分析，找出影响成本的主要因素，为制定成本控制措施提供依据。企业可以关注市场需求、原材料价格、人工成本等因素对成本的影响。

（四）汽车维修企业成本核算方法

作业成本法是一种基于作业活动的成本核算方法。它将企业的生产经营过程划分为若干个作业中心，以作业中心为核算对象，计算各作业中心的成本。通过作业成本法，企业可以清晰地了解各项作业活动的成本消耗情况，为优化作业流程、降低成本提供依据。

标准成本法是根据预先制定的成本标准来核算成本的方法。企业可以根据历史数据、行业标准等制定各项成本的标准值，然后将实际成本与标准成本进行对比，分析成本差异。标准成本法有助于企业建立成本控制的基准，为成本考核提供依据。变动成本法主要关注与产量直接相关的成本变动。它将成本划分为变动成本和固定成本两部分，其中变动成本随产量的增减而变动。通过变动成本法，企业可以更加准确地了解产量与成本之间的关系，为制订生产计划、控制成本提供依据。

（五）成本分析与核算方法的优化建议

利用现代信息技术手段，建立成本分析与核算的信息系统，实现成本数据的实时采集、处理和分析。通过信息化手段，提高成本分析与核算的准确性和效率，为企业的决策提供有力支持。加强成本分析与核算人员的培训和教育，提高其专业素养和技能水平。同时，加强成本控制意识的宣传和教育，使全体员工都认识到成本控制的重要性，形成全员参与成本控制的良好氛围。

企业在选择成本分析与核算方法时，应充分考虑自身的实际情况和业务特点。不同企业之间可能存在较大的差异，因此不能盲目套用其他企业的成功经验。企业应结合自身的实际情况，选择适合自己的成本分析与核算方法，并不断优化和完善。

三、预算管理体系的构建与实施

（一）概述

随着汽车维修行业的快速发展，市场竞争日益激烈，构建一套科学、合理的预算管理体系对于汽车维修企业的稳健发展具有重要意义。预算管理体系能够帮助企业合理规划资源、控制成本、优化运营，从而提高企业的经济效益和市场竞争力。

（二）汽车维修企业预算管理体系的构建

构建预算管理体系的首要任务是明确预算管理目标。汽车维修企业应结合自身的战略规划和市场需求，制定具体的预算管理目标，如降低成本、提高收入、优化资源配置等。这些目标应具有可衡量性、可达成性和挑战性，以便为企业的预算管理提供明确的方向。为确保预算管理的有效实施，汽车维修企业应建立一套完整的预算管理制度。制度应涵盖预算编制、审批、执行、监控和考核等各个环节，明确各部门的职责和权限，确保预算管理的规范性和科学性。同时，制度还应根据企业的实际情况进行动态调整，以适应市场变化和企业发展需求。

预算指标体系是预算管理体系的重要组成部分。汽车维修企业应根据自身的业务特点和预算管理目标，建立包括收入预算、成本预算、利润预算、现金流预算等在内的预算指标体系。指标应具有代表性、可比性和可操作性，以便为企业的预算管理提供有效的量化依据。

为提高预算管理的效率和准确性，汽车维修企业应搭建预算管理平台。平台应具备预算编制、审批、执行、监控和报告等功能，实现预算管理的信息化和智能化。通过平台，企业可以实时掌握预算执行情况，及时发现问题并采取措施进行调整，确保预算管理目标的实现。

（三）汽车维修企业预算管理体系的实施

预算管理体系的实施需要强有力的组织领导。汽车维修企业应成立预算管理委员会或预算管理工作小组，负责统筹协调预算管理工作，确保各项预算管理制度和措施得到有效执行。同时，企业领导应高度重视预算管理工作，为预算管理体系的实施提供有力支持。预算编制是预算管理体系实施的关键环节。汽车维修企业应按照预算管理制度的要求，深入开展预算编制工作。在编制过程中，各部门应充分沟通协作，确保预算数据的准确性和完整性。同时，企业还应结合市场变化和企业发展战略，对预算进行合理调整和优化。

预算执行与监控是确保预算管理目标实现的重要保障。汽车维修企业应建立健全预算执行与监控机制，定期对预算执行情况进行分析和评估。对于预算执行中出现的偏差和问题，企业应及时采取措施进行调整和改进，确保预算管理的有效性和可持续性。预算考核与激励机制是预算管理体系实施的重要推动力。汽车维修企业应建立完善的预算考核与激励机制，将预算执行情况与部门绩效、员工薪酬等挂钩，激发全员参与预算管理的积极性和主动性。同时，企业还应通过奖励优秀、惩罚落后等方式，推动预算管理工作的持续改进和提升。

四、成本控制与预算管理的持续改进

（一）概述

随着汽车行业的快速发展，汽车维修企业面临着日益激烈的市场竞争。为了在竞争中脱颖而出，汽车维修企业必须不断加强成本控制与预算管理，提高经济效益和运营效率。然而，成本控制与预算管理并非一蹴而就，需要企业不断进行持续改进，以适应市场变化和企业发展需求。

（二）成本控制的持续改进

成本控制是企业管理的核心之一，需要全员参与。汽车维修企业应加强对员工的成本意识教育，使员工充分认识到成本控制的重要性，树立全员参与成本控制的理念。企业可以通过内部培训、宣传等方式，提高员工对成本控制的认识和理解，形成人人关心成本、人人参与成本控制的良好氛围。汽车维修企业应不断优化成本管理流程，提高成本控制效率。企业可以通过梳理现有成本管理流程，找出其中的瓶颈和问题，进行有针对性的改进。同时，企业还可以引入先进的成本管理理念和工具，如作业成本法、标准成本法等，提高成本管理的准确性和科学性。

成本分析与考核是成本控制的重要手段。汽车维修企业应定期对成本进行分析，找出成本差异的原因，为成本控制提供依据。同时，企业还应建立完善的成本考核体系，将成本控制目标与实际执行情况进行对比，对成本控制效果进行评估和奖惩，激励员工积极参与成本控制工作。

（三）预算管理的持续改进

预算编制是预算管理的基础。汽车维修企业应提高预算编制的准确性和科学性，确保预算数据的真实性和可靠性。企业可以通过加强市场调研、优化预算指标体系、引入先进的预算编制工具等方式，提高预算编制的质量和效率。

预算执行与监控是预算管理的关键环节。汽车维修企业应建立健全预算执行与监控机制，确保预算目标的顺利实现。企业可以通过定期分析预算执行情况、建立预警机制、加强内部审计等方式，及时发现和解决预算执行中的问题，确保预算目标的达成。

市场环境和企业内部条件的变化都可能影响预算的执行。因此，汽车维修企业应建立完善的预算调整与反馈机制，提高预算管理的灵活性。当预算目标与实际执行情况出现较大偏差时，企业应及时进行调整，确保预算与实际情况相符。同时，企业还应建立预算反馈机制，收集员工的意见和建议，为下一轮预算编制提供参考。

（四）成本控制与预算管理的协同改进

成本控制与预算管理是企业管理的两个重要方面，二者之间存在着密切的关联。汽车维修企业应强化成本控制与预算管理的关联分析，找出二者之间的相互影响和制约因素，为协同改进提供依据。企业可以通过分析预算执行情况对成本的影响、成本变动对预算目标的影响等方式，找出成本控制与预算管理之间的关联点，为协同改进提供方向。

为了实现成本控制与预算管理的协同改进，汽车维修企业应建立二者之间的联动机制。企业可以在预算编制过程中充分考虑成本控制的要求，将成本控制目标纳入预算指标体系；在预算执行过程中，加强对成本控制情况的监控和分析，及时调整预算方案以适应成本控制的需要；在预算考核过程中，将成本控制效果作为重要的考核指标之一，激励员工积极参与成本控制工作。

第四节 汽车维修企业财务分析与决策

一、财务报表的编制与分析

（一）概述

 财务报表是企业财务状况和经营成果的重要反映，对于汽车维修企业而言，科学编制和深入分析财务报表对于企业的决策和管理至关重要。通过财务报表，企业可以了解自身的盈利能力、偿债能力、运营效率和成长潜力，从而制定更为合理的经营策略和发展规划。

（二）汽车维修企业财务报表的编制

 资产负债表反映了企业在特定日期的资产、负债和所有者权益状况。在编制资产负债表时，汽车维修企业需按照资产、负债和所有者权益的分类，准确列示各项数据。其中，资产包括流动资产和非流动资产，负债包括流动负债和非流动负债，所有者权益则包括实收资本、资本公积、盈余公积和未分配利润等。

 利润表反映了企业在一定时期内的经营成果。在编制利润表时，汽车维修企业需列示营业收入、营业成本、税金及附加、销售费用、管理费用、财务费用等各项数据，并计算净利润。通过对利润表的分析，企业可以了解自身的盈利能力以及各项费用对利润的影响。

 现金流量表反映了企业在一定时期内现金及现金等价物的流入和流出情况。在编制现金流量表时，汽车维修企业需按照经营活动、投资活动和筹资活动的分类，准确列示各项现金流数据。通过对现金流量表的分析，企业可以了解自身现金的流入流出状况，从而优化现金流管理。

（三）汽车维修企业财务报表的分析

 盈利能力分析主要关注企业的收入、成本和利润情况。通过对利润表的分析，可以计算企业的毛利率、净利率等指标，从而评估企业的盈利能力。此外，还可以结合行业平均水平和竞争对手情况，对企业的盈利能力进行横向比较。

 偿债能力分析主要关注企业的资产结构和负债水平。通过对资产负债表的分析，可以计算企业的流动比率、速动比率、资产负债率等指标，从而评估企业的短期和长期偿债能力。这些指标有助于企业了解自身的债务风险，制定合理的债务管理策略。

运营效率分析主要关注企业的资产管理水平和运营效率。通过对财务报表中各项资产和费用数据的分析，可以计算企业的存货周转率、应收账款周转率、总资产周转率等指标，从而评估企业的运营效率。这些指标有助于企业发现运营中的瓶颈和问题，优化资产管理和运营流程。成长潜力分析主要关注企业的增长趋势和发展前景。通过对多个时期财务报表的对比分析，可以计算企业的营业收入增长率、净利润增长率等指标，从而评估企业的成长潜力。同时，还可以结合市场环境、政策变化等因素，对企业的未来发展进行预测和规划。

（四）提高财务报表编制与分析质量的建议

企业应建立完善的内部控制体系，确保财务报表编制和分析的准确性和可靠性。通过加强内部审计、完善财务管理制度等方式，提高财务报表的质量。企业应加强对财务人员的培训和教育，提高其专业素养和业务能力。同时，鼓励财务人员积极参与行业交流和学习，不断更新知识和技能。

企业可以引入先进的财务管理软件和工具，提高财务报表编制和分析的效率和准确性。这些工具可以帮助企业快速处理大量数据，生成直观的报表和分析结果。

二、财务指标与绩效评价

（一）概述

随着汽车维修行业的快速发展，企业间的竞争日益激烈。为了提高企业的竞争力，实现可持续发展，汽车维修企业需要建立一套科学、合理的财务指标与绩效评价体系。通过对财务指标的深入分析，可以全面了解企业的盈利能力、偿债能力、运营效率等方面的情况；而通过绩效评价，可以客观衡量企业员工的工作表现，激励员工积极工作，提升企业的整体绩效。

（二）汽车维修企业的财务指标

财务指标是衡量企业财务状况和经营成果的重要依据。盈利能力是企业生存和发展的基础。汽车维修企业应关注的主要盈利能力指标包括营业收入、净利润、毛利率和净利率等。这些指标能够反映企业在一定时期内的收入规模和盈利能力，帮助企业了解自身的盈利状况，制定合理的经营策略。

偿债能力是企业能否按时偿还债务的重要体现。汽车维修企业应关注的主要偿债能力指标包括流动比率、速动比率和资产负债率等。这些指标能够反映企业的资产结构和负债水平，帮助企业评估自身的债务风险，制定合理的债务管理策略。

运营效率是企业资产管理水平和运营效率的重要体现。汽车维修企业应关注的主要运营效率指标包括存货周转率、应收账款周转率和总资产周转率等。这些指标能够反映企业资产的使用效率和运营效率，帮助企业优化资产管理，提高运营效率。

成长能力是企业未来发展的潜力体现。汽车维修企业应关注的主要成长能力指标包括营业收入增长率、净利润增长率和总资产增长率等。这些指标能够反映企业的成长速度和未来发展趋势，帮助企业制定合理的发展规划。

（三）汽车维修企业的绩效评价

绩效评价是对企业员工工作表现的客观衡量和评价。汽车维修企业应建立科学、公正的绩效评价体系，以激励员工积极工作，提升企业的整体绩效。

企业应根据自身的发展战略和实际情况，设定明确的绩效目标。这些目标应具有可衡量性、可达成性和挑战性，能够引导员工朝着正确的方向努力。企业应制定合理的绩效评价标准，确保评价结果的客观性和公正性。评价标准应综合考虑员工的工作质量、工作效率、工作态度等方面，避免单一指标评价带来的片面性。企业应选择适合自身的绩效评价方法。这些方法能够全面、客观地评价员工的工作表现，为企业的决策提供有力支持。

企业应重视绩效评价结果的运用，将评价结果与员工的薪酬、晋升、培训等方面挂钩。通过正向激励和负向约束，激发员工的工作积极性，提高企业的整体绩效。

（四）财务指标与绩效评价的结合应用

财务指标与绩效评价是汽车维修企业财务管理的两个重要方面，二者相互促进、相互补充。通过将财务指标与绩效评价相结合，企业可以全面了解员工的工作表现对企业财务状况和经营成果的影响，从而制定更为合理的经营策略和管理措施。同时，员工也可以通过了解企业的财务指标和绩效评价结果，更好地认识自身的工作表现和不足，积极改进和提高。

三、财务决策的过程与方法

（一）概述

汽车维修企业作为服务行业的重要一环，在面临市场变化和竞争压力时，需要做出科学、合理的财务决策。财务决策是企业财务管理的核心，涉及投资、筹资、运营等多个方面，对企业的生存与发展具有重要影响。

（二）汽车维修企业财务决策的过程

财务决策的首要任务是明确决策目标。汽车维修企业应根据自身的战略规划、市场环境以及经营现状，确定具体的决策目标。例如，企业可能面临扩大经营规模、提高服务质量、降低运营成本等不同的决策目标。在明确决策目标后，企业需要收集相关的市场信息、行业数据、竞争态势等信息，并对这些信息进行分析。通过信息分析，企业可以了解市场需求、客户偏好、竞争对手情况等，为制定决策提供依据。

根据决策目标和信息分析，企业应制定多个备选方案。备选方案应充分考虑企业的资源状况、风险承受能力以及市场变化等因素，确保方案的可行性和有效性。

对备选方案进行评估是财务决策的关键环节。企业可以运用财务分析、风险评估等方法，对备选方案的经济效益、社会效益以及潜在风险进行全面评估。在评估基础上，企业应选择最符合自身发展需求和市场趋势的方案。确定决策方案后，企业需要制订具体的实施计划，明确各项任务的负责人、时间节点以及预期成果。同时，企业还应建立监控机制，对实施过程进行定期检查和评估，确保决策的有效执行。

（三）汽车维修企业财务决策的方法

财务比率分析是评估企业财务状况和经营成果的重要方法。通过计算和分析各种财务比率，如流动比率、速动比率、资产负债率等，企业可以了解自身的偿债能力、运营效率以及盈利能力等方面的情况，为决策提供依据。敏感性分析是一种评估决策方案对关键因素变化的敏感程度的方法。在汽车维修企业中，可以对投资项目的收益率、筹资成本等关键因素进行敏感性分析，以确定各因素变动对决策方案的影响程度，从而为企业制定应对措施提供参考。

风险评估是财务决策中不可或缺的一环。企业可以通过定性和定量方法，对决策方案可能面临的市场风险、财务风险等进行分析和评估。决策树是一种将多个决策节点和概率事件组合在一起的图形化工具，有助于企业更直观地了解不同决策路径下的风险和收益情况，从而做出更明智的决策。

线性规划是一种数学方法，用于解决在资源有限条件下实现最大化利润或最小化成本等目标的问题。在汽车维修企业中，线性规划可用于制定生产计划、采购策略等。模拟分析则是一种通过构建模型来模拟实际情境的方法，有助于企业在决策过程中预测和应对各种不确定性因素。

（四）优化财务决策的建议

企业应注重财务管理团队的建设和培养，提高财务人员的专业素养和决策能力。通过定期培训、引进优秀人才等方式，打造一支高效、专业的财务管理团队，为企业的财务决策提供有力支持。企业应建立包括财务信息系统、市场分析系统、风险评估系统等在内的决策支持系统，为财务决策提供全面、准确的数据和信息支持。同时，企业还应加强与其他部门的沟通与协作，确保决策信息的及时传递和共享。

随着科技的发展，越来越多的先进决策方法和技术被应用于企业管理中。汽车维修企业应积极引入这些方法和技术，如大数据分析、人工智能等，提高财务决策的效率和准确性。

四、财务分析与决策在汽车维修企业中的应用

（一）概述

随着汽车行业的快速发展，汽车维修企业面临着日益激烈的市场竞争。为了保持竞争优势并实现可持续发展，汽车维修企业需要高度重视财务分析与决策的应用。财务分析是对企业财务状况和经营成果进行深入剖析的过程，而财务决策则是基于财务分析结果，对企业的投资、筹资、运营等方面做出科学、合理的决策。

（二）财务分析在汽车维修企业中的应用

盈利能力分析是评估企业赚取利润能力的关键步骤。通过计算和分析毛利率、净利率、总资产报酬率等指标，汽车维修企业可以了解自身的盈利水平和变化趋势。盈利能力分析有助于企业发现潜在的盈利机会，制定有效的成本控制措施，提高经营效率。偿债能力分析主要关注企业偿还债务的能力。通过计算流动比率、速动比率、资产负债率等指标，企业可以评估自身的短期和长期偿债能力。偿债能力分析有助于企业合理安排资金结构，降低财务风险，确保企业的稳健运营。

运营效率分析是对企业资产管理效率和运营效率进行评估的过程。通过计算存货周转率、应收账款周转率、总资产周转率等指标，汽车维修企业可以了解资产的使用效率和运营效率。运营效率分析有助于企业优化资产管理，提高资产使用效率，降低运营成本。发展趋势分析主要关注企业财务状况和经营成果的变化趋势。通过对比不同时期的财务数据，企业可以了解自身的成长速度和发展潜力。发展趋势分析有助于企业制定合理的发展战略，把握市场机遇，实现可持续发展。

（三）财务决策在汽车维修企业中的应用

投资决策是汽车维修企业面临的重要财务决策之一。在进行投资决策时，企业需要对投资项目进行财务分析，评估项目的盈利性、风险性和可行性。通过计算投资回报率、回收期等指标，企业可以做出科学、合理的投资决策，实现资产的保值增值。筹资决策涉及企业筹集资金的方式和规模。汽车维修企业需要根据自身的经营需求、资金状况和市场环境，选择合适的筹资方式，如银行贷款、发

行债券或引入战略投资者等。在筹资决策过程中，企业需要充分考虑筹资成本、筹资风险以及筹资对企业财务结构的影响。

运营决策是汽车维修企业日常经营中的重要环节。通过财务分析，企业可以了解自身的运营效率和成本控制情况，进而制定有效的运营策略。例如，企业可以根据财务分析结果调整定价策略、优化服务流程、提高员工效率等，以提升企业的市场竞争力。

（四）财务分析与决策在汽车维修企业中的综合应用

财务分析与决策在汽车维修企业中的应用是相互关联、相互促进的。财务分析为财务决策提供了重要的数据和信息支持，而财务决策则是财务分析结果的具体应用。在实际操作中，企业应注重财务分析与决策的结合，形成闭环管理。通过对财务数据的持续跟踪和分析，企业可以及时发现潜在问题，调整经营策略，优化资源配置，实现企业的可持续发展。

此外，企业还应加强财务分析与决策人员的培训和能力提升。通过引进先进的财务分析方法和决策工具，提高财务人员的专业素养和决策能力，为企业的财务分析与决策提供有力保障。

第五节　汽车维修企业风险管理与内部控制

一、风险识别与评估

（一）概述

随着汽车产业的快速发展，汽车维修企业作为汽车产业链中的重要一环，其运营和发展也面临着日益复杂多变的风险。为了保障企业的稳健运营和可持续发展，汽车维修企业必须对潜在风险进行有效的识别与评估。

（二）汽车维修企业风险识别

风险识别是风险管理的第一步，也是最为关键的一步。对于汽车维修企业而言，风险识别主要包括对内部和外部风险的识别。

1.内部风险识别

运营风险包括服务质量不稳定、维修技术落后、员工操作不当等可能导致的客户流失和声誉损失。

财务风险涉及资金流动不畅、成本控制不当、投资失误等可能引发的经济损失。

管理风险主要体现在管理制度不完善、决策失误、内部沟通不畅等方面，可能导致企业运营效率降低。

2. 外部风险识别

市场风险包括市场需求变化、竞争加剧、政策法规调整等可能对企业经营产生不利影响的因素。

供应链风险：涉及供应商不稳定、原材料价格波动、物流中断等可能影响企业正常运营的风险。

环境风险包括自然灾害、环境污染等不可预测事件可能给企业带来的损失。

（三）汽车维修企业风险评估

风险评估是在风险识别的基础上，对识别出的风险进行定性和定量的分析，以确定风险的严重程度和可能发生的概率。

定性评估主要通过对风险的性质、影响范围、持续时间等进行描述和分析，判断风险的重要性和紧急程度。例如，对于运营风险中的服务质量不稳定问题，可以通过客户反馈、投诉率等指标进行定性评估，了解其对企业声誉和客户满意度的潜在影响。

定量评估则运用数学模型和统计方法，对风险的发生概率和影响程度进行量化分析。这可以通过收集历史数据、建立预测模型等方式实现。例如，对于财务风险中的资金流动问题，可以通过分析企业的现金流量表、应收账款周转率等指标，计算出资金短缺的概率和可能导致的经济损失。

在风险评估过程中，汽车维修企业还需要注意以下几点：

综合评估。风险往往不是孤立的，多种风险之间可能存在相互影响和叠加效应。因此，在进行风险评估时，应综合考虑各种风险因素，避免片面看待问题。

动态调整。风险评估不是一次性的工作，而应随着企业内外部环境的变化不断调整和完善。企业应定期或不定期地进行风险评估，及时发现新的风险因素并采取应对措施。

科学决策。风险评估结果应作为企业决策的重要依据。企业应根据风险评估结果，制定合理的风险管理策略和措施，确保企业的稳健运营和可持续发展。

（四）加强汽车维修企业风险管理的建议

企业应建立健全风险管理制度，明确风险管理的职责和流程，确保风险管理工作得到有效执行。同时，还应加强风险管理的培训和宣传，提高全员的风险意识和防范能力。企业应建立风险监控和预警机制，及时发现和应对潜在风险。通过定期收集和分析内外部信息，识别风险苗头，制定应对措施，防止风险扩大和恶化。

企业应积极引进和应用先进的风险管理工具和技术手段，如大数据分析、人工智能等，提高风险管理的效率和准确性。同时，还应加强与行业内外专家的交流与合作，借鉴先进的风险管理经验和方法。

二、风险应对策略与措施

（一）概述

随着汽车产业的蓬勃发展，汽车维修企业作为产业链中的重要一环，面临着诸多风险。这些风险不仅来自市场竞争、技术变革等外部因素，还涉及企业内部运营、管理等方面。为了有效应对这些风险，汽车维修企业需要制定科学合理的风险应对策略与措施，确保企业的稳健运营和可持续发展。

（二）风险应对策略

1.风险规避

风险规避是指通过采取一定的措施，避免或减小风险发生的可能性。对于汽车维修企业而言，风险规避策略主要包括以下几个方面：

市场调研与预测。加强对市场趋势的把握，通过市场调研和预测，提前了解市场需求变化和潜在风险，从而制定应对措施。

技术创新与升级。持续投入研发，推动技术创新和升级，以适应汽车行业的快速发展，降低因技术落后而带来的风险。

合作伙伴选择。与优质供应商、经销商等建立长期稳定的合作关系，确保供应链的稳定性和可靠性，降低供应链风险。

2.风险转移

风险转移是指通过一定的方式将风险转移给其他主体承担。汽车维修企业可以采用以下风险转移策略：

保险投保。为企业的关键资产、人员等购买相应的保险，以便在风险发生时获得经济补偿，减轻企业的损失。

合同约束。在与客户、供应商等合作时，通过合同条款明确双方的权利和义务，降低因合作纠纷而带来的风险。

3.风险减轻

风险减轻是指通过采取一定的措施，降低风险发生后的损失程度。汽车维修企业可以采取以下风险减轻策略：

建立应急预案。针对可能出现的风险事件，制定详细的应急预案，明确应对措施和责任人，确保在风险发生时能够迅速响应，减轻损失。

加强员工培训。提高员工的风险意识和应对能力，通过定期培训和演练，使员工能够熟练掌握应急预案的操作流程，确保在风险发生时能够有效应对。

4.风险接受

风险接受是指企业在权衡利弊后，选择承担一定风险的做法。在某些情况下，汽车维修企业可能无法完全规避或转移风险，此时需要采取风险接受策略。在采取风险接受策略时，企业应充分评估风险的潜在损失和可能带来的收益，确保风险在可控范围内。

（三）风险应对措施

建立健全内部管理制度是汽车维修企业应对风险的基础。企业应完善财务管理、人力资源管理、质量管理等方面的制度，确保企业运营的规范化和标准化。同时，加强内部监督和审计，确保各项制度得到有效执行。提升服务质量与客户满意度是汽车维修企业降低市场风险的重要途径。企业应关注客户需求，提高维修技术水平和服务质量，确保客户满意度。同时，加强客户关系管理，定期与客户沟通，了解客户反馈和需求变化，及时调整服务策略。

供应链的稳定性和可靠性对汽车维修企业的运营至关重要。企业应加强与供应商、经销商等合作伙伴的沟通与协作，建立长期稳定的合作关系。同时，完善供应链管理制度，确保供应链信息的畅通和准确，降低因供应链中断而带来的风险。员工是企业应对风险的重要力量。汽车维修企业应注重员工素质与技能的提升，通过定期培训和考核，提高员工的专业技能和服务水平。同时，加强企业文化建设，提高员工的凝聚力和归属感，使员工能够积极参与风险应对工作。

信息化建设是提高汽车维修企业风险管理效率的重要手段。企业应加强信息化建设，建立完善的信息管理系统，实现信息共享和快速传递。通过大数据分析、人工智能等技术手段，对风险进行实时监控和预警，提高风险应对的及时性和准确性。

三、内部控制体系的构建与实施

（一）概述

随着汽车维修行业的快速发展，企业面临着日益激烈的市场竞争和复杂多变的风险环境。为了保障企业的稳健运营和可持续发展，构建并实施有效的内部控制体系显得尤为重要。内部控制体系是企业管理的重要组成部分，它能够帮助企业规范业务流程、提高运营效率、降低风险，从而确保企业目标的实现。

（二）汽车维修企业内部控制体系构建的重要性

构建内部控制体系对汽车维修企业具有重要意义。首先，内部控制体系能够规范企业的业务流程和操作规范，确保各项业务的合规性和准确性。其次，内部控制体系能够降低企业的风险水平，通过风险识别、评估和控制，有效防范和应对潜在风险。此外，内部控制体系还能提高企业的运营效率，优化资源配置，增强企业的竞争力和市场地位。

（三）汽车维修企业内部控制体系的构建

构建内部控制体系的首要任务是明确内部控制目标。汽车维修企业应结合自身的业务特点和实际情况，制定具体的内部控制目标，如确保资产安全、提高财务报告质量、规范业务流程等。对汽车维修企业的业务流程进行全面梳理，明确各个环节的职责、权限和操作流程。通过流程图、操作手册等形式，将业务流程规范化、标准化，为内部控制的实施提供基础。

对汽车维修企业面临的风险进行全面识别与评估，包括市场风险、财务风险、运营风险等。根据风险评估结果，制定风险应对措施，为内部控制体系的设计提供依据。根据内部控制目标和风险评估结果，设计具体的内部控制措施。这些措施应涵盖财务管理、业务操作、人员管理等各个方面，确保内部控制的全面性和有效性。

建立内部控制的监督与反馈机制，定期对内部控制体系进行检查和评估，及时发现和纠正存在的问题。同时，建立畅通的沟通渠道，鼓励员工积极参与内部控制体系的建设和改进。

（四）汽车维修企业内部控制体系的实施

企业高层应高度重视内部控制体系的建设和实施，明确各级领导在内部控制中的职责和作用。同时，加强内部控制的宣传和培训，提高全员对内部控制的认识和重视程度。根据内部控制体系的要求，完善企业的各项管理制度，确保制度的科学性、合理性和可操作性。同时，加大制度的执行力度，确保制度的有效落实。

建立内部控制的监督检查机制，定期对内部控制的执行情况进行检查和评估。对于发现的问题和不足，及时采取措施进行整改和完善，确保内部控制体系的有效运行。利用现代信息技术手段，加强内部控制的信息化建设。通过建立内部控制信息系统，实现内部控制的信息化、自动化和智能化，提高内部控制的效率和准确性。

内部控制体系是一个持续改进的过程。汽车维修企业应定期对内部控制体系进行审视和评估，根据业务发展和外部环境的变化，及时调整和优化内部控制措施，确保内部控制体系的适应性和有效性。

四、风险管理与内部控制的持续优化

（一）概述

随着汽车维修行业的快速发展，企业面临着日益复杂的内外部环境和风险挑战。为了保持企业的稳健运营和可持续发展，汽车维修企业必须重视风险管理与内部控制的优化工作。

（二）风险识别与评估的持续优化

风险识别与评估是风险管理的首要环节，也是内部控制体系构建的基础。汽车维修企业应持续优化风险识别与评估机制，以更准确地识别潜在风险并评估其影响程度。

首先，企业应建立定期风险识别与评估制度，确保对各类风险进行及时、全面的识别。通过收集和分析内外部信息，企业可以识别出市场风险、财务风险、运营风险等潜在风险点。其次，企业应完善风险评估方法，结合定量和定性分析，对识别出的风险进行准确评估。通过评估风险的发生概率和影响程度，企业可以确定风险的优先级，为后续的风险应对提供依据。最后，企业还应加强风险预警机制的建设，通过设定风险阈值和监控指标，实现对风险的实时监控和预警。这有助于企业及时发现潜在风险并采取有效措施进行应对。

（三）内部控制体系的持续优化

内部控制体系是企业风险管理的核心，也是保障企业稳健运营的关键。汽车维修企业应持续优化内部控制体系，确保其适应性和有效性。

首先，企业应完善内部控制流程，明确各环节的职责和权限，确保业务流程的规范化和标准化。通过优化流程设计，企业可以提高运营效率并降低风险。其次，企业应加强内部控制制度的建设，包括财务管理制度、业务操作规范、人员管理制度等。这些制度应与企业实际情况相结合，确保制度的实用性和可操作性。此外，企业还应加强内部控制的信息化建设，通过引入先进的信息技术手段，提高内部控制的效率和准确性。例如，建立内部控制信息系统，实现数据的实时采集、分析和报告，有助于企业及时发现和控制风险。

（四）风险应对措施的持续优化

风险应对措施是企业应对风险的重要手段，也是内部控制体系的重要组成部分。汽车维修企业应持续优化风险应对措施，提高应对风险的能力和效率。

首先，企业应制定针对不同类型风险的应对措施，包括风险规避、风险转移、风险减轻和风险接受等策略。通过灵活运用这些策略，企业可以有效应对各类风险挑战。

其次，企业应建立应急预案机制，针对可能发生的重大风险事件制定详细的应急预案。这包括明确应急响应流程、责任人员和资源配置等，确保在风险事件发生时能够迅速、有效地进行应对。

最后，企业还应加强风险应对的培训和演练，提高员工的风险意识和应对能力。通过定期培训和演练，员工可以熟悉应急预案的操作流程，提高应对风险的实际操作能力。

（五）内部控制执行与监督的持续优化

内部控制的执行与监督是确保内部控制体系有效运行的关键环节。汽车维修企业应持续优化内部控制的执行与监督机制，确保其得到有效落实。

首先，企业应建立内部控制的执行责任制度，明确各级管理人员在内部控制中的职责和权力。通过落实责任制度，可以确保内部控制措施得到有效执行。其次，企业应加强内部控制的监督检查力度，定期对内部控制的执行情况进行检查和评估。通过监督检查，企业可以及时发现内部控制存在的问题和不足，并采取有效措施进行改进。此外，企业还应建立内部控制的反馈机制，鼓励员工积极参与内部控制的改进和优化工作。通过收集员工的意见和建议，企业可以不断完善内部控制体系，提高其适应性和有效性。

第六章 汽车维修企业市场营销管理

第一节 市场营销管理的概念与原则

一、市场营销管理的定义与内涵

（一）概述

随着汽车行业的快速发展，汽车维修企业作为汽车产业链的重要环节，面临着日益激烈的市场竞争。市场营销管理作为汽车维修企业的重要战略工具，对于提升企业形象、拓展市场份额、增强竞争力具有重要意义。

（二）汽车维修企业市场营销管理的定义

市场营销管理是指企业为实现其经营目标，通过计划、组织、指挥、协调和控制等管理职能，对市场营销活动进行有效管理的过程。对于汽车维修企业而言，市场营销管理则是指企业根据市场需求和竞争态势，通过制定市场营销策略、优化营销组合、建立营销渠道、开展促销活动等手段，以实现企业利润最大化、客户满意度提升和市场份额增长为目标的管理过程。

（三）汽车维修企业市场营销管理的内涵

市场分析与研究是汽车维修企业市场营销管理的基础。企业需要对市场环境、竞争态势、消费者需求等进行深入调研和分析，以了解市场的整体趋势和潜在机会。通过市场细分和目标市场选择，企业可以明确自身的市场定位和发展方向，为制定有效的市场营销策略提供依据。

基于市场分析与研究的结果，汽车维修企业需要制定相应的市场营销策略。这包括产品策略、价格策略、促销策略和渠道策略等。产品策略关注于提供满足消费者需求的高质量维修服务；价格策略则考虑成本、竞争和消费者心理等因素，制定合理的价格水平；促销策略旨在通过广告、公关、销售促进等手段提高品牌知名度和吸引客户；渠道策略则关注于建立有效的营销渠道，确保服务的顺畅传递。

营销组合是指企业将各种营销手段有机组合，以形成整体营销效果的过程。汽车维修企业需要不断优化营销组合，以提高营销活动的效率和效果。这包括优化产品组合、提升服务质量、调整价格策略、创新促销方式等。通过不断尝试和改进，企业可以找到最适合自身和市场需求的营销组合，实现营销目标。客户关系管理是汽车维修企业市场营销管理的核心。企业需要建立完善的客户服务体系，包括售前咨询、售中服务和售后跟踪等，以满足客户的不同需求。同时，企业还需要通过客户数据库的建立和维护，对客户信息进行深入挖掘和分析，以了解客户的消费习惯和偏好，为个性化服务提供依据。此外，企业还应积极处理客户投诉和反馈，及时改进服务质量，提升客户满意度和忠诚度。

市场营销管理的有效实施离不开专业、高效的营销团队。汽车维修企业需要重视营销团队的建设和培训，提升团队成员的专业素质和营销能力。通过定期的技能培训、团队建设活动以及激励机制的建立，企业可以激发团队成员的积极性和创造力，推动市场营销活动的顺利开展。

营销绩效评估是市场营销管理的重要环节。汽车维修企业需要建立科学的营销绩效评估体系，对营销活动的效果进行客观、全面的评价。通过对比实际绩效与预期目标，企业可以发现营销活动中存在的问题和不足，进而制定改进措施和优化方案。同时，企业还应关注市场动态和竞争态势的变化，及时调整市场营销策略，以适应市场的变化和发展。

二、市场营销管理的基本原则

在汽车维修行业的激烈竞争中，市场营销管理成为企业获取竞争优势、实现持续发展的关键。有效的市场营销管理不仅要求企业具备敏锐的市场洞察力和灵活的策略调整能力，更需要遵循一系列基本原则，以确保营销活动的科学性、规范性和有效性。

（一）顾客导向原则

顾客导向原则是市场营销管理的核心原则。汽车维修企业应始终将顾客的需求和满意度放在首位，以顾客为中心开展市场营销活动。企业需要通过市场调研和分析，了解顾客的需求和偏好，以此为基础制定和调整营销策略。同时，企业还应关注顾客的反馈和意见，及时改进服务质量和提升顾客体验，以满足顾客的期望和需求。

（二）市场细分与目标市场定位原则

市场细分与目标市场定位原则有助于汽车维修企业更精准地把握市场机会和竞争优势。企业应根据市场需求和竞争态势，将市场划分为不同的细分市场，并评估各细分市场的潜力和吸引力。在此基础上，企业选择与目标市场相匹配的营销策略，以最大化市场份额和利润。同时，企业还应关注目标市场的变化和发展趋势，及时调整市场定位和营销策略，以保持竞争优势。

（三）整体营销组合原则

整体营销组合原则强调汽车维修企业应综合运用产品、价格、促销和渠道等营销手段，形成协同作用，以实现营销目标。企业需要根据市场需求和竞争态势，优化产品组合，提升服务质量；制定合理的价格策略，考虑成本、竞争和消费者心理等因素；创新促销方式，提高品牌知名度和吸引力；建立有效的营销渠道，确保服务的顺畅传递。通过综合运用各种营销手段，企业可以形成强大的市场竞争力，提升市场份额和盈利能力。

（四）长期利益与短期利益相结合原则

在市场营销管理中，汽车维修企业应关注长期利益与短期利益的平衡。虽然短期利益是企业生存和发展的基础，但长期利益才是企业持续发展的保障。因此，企业在制定营销策略时，应兼顾短期利益和长期利益，避免过度追求短期利益而忽视长期发展。例如，在促销活动中，企业可以通过优惠活动吸引客户，但也要确保服务质量不受影响，以维护企业的长期声誉和客户关系。

（五）创新性原则

在快速变化的市场环境中，创新性原则对于汽车维修企业的市场营销管理至关重要。企业应积极探索新的营销理念、方法和手段，以适应市场的变化和满足客户的需求。通过创新，企业可以打破传统的营销模式，创造差异化的竞争优势。例如，利用互联网和大数据技术开展精准营销、提供个性化的维修服务、开展跨界合作等，都是创新性原则在市场营销管理中的应用。

（六）可持续性原则

可持续性原则要求汽车维修企业在市场营销管理中注重环境保护和社会责任。企业应积极推动绿色维修技术的研发和应用，减少环境污染和资源浪费。同时，企业还应关注社会责任，积极参与公益事业和社区活动，提升企业形象和品牌价值。通过坚持可持续性原则，企业可以实现经济效益和社会效益的双赢。

（七）团队协作与沟通原则

市场营销管理是一项需要团队协作和沟通的工作。汽车维修企业应建立高效的营销团队，明确各成员的职责和角色，形成协同作战的合力。同时，企业还应加强内部沟通机制的建设，确保信息的畅通和共享。通过团队协作和沟通，企业可以及时发现和解决营销活动中存在的问题和不足，提高营销活动的效率和效果。

（八）灵活性与适应性原则

市场营销环境是不断变化的，因此汽车维修企业需要保持灵活性和适应性。企业需要密切关注市场动态和竞争态势的变化，及时调整营销策略和措施。同时，企业还应具备快速响应市场变化的能力，以便在竞争中保持领先地位。通过灵活性和适应性的提升，企业可以更好地应对市场挑战和机遇。

（九）风险控制与安全管理原则

在市场营销活动中，风险控制和安全管理是不可或缺的环节。汽车维修企业应建立完善的风险控制机制，对潜在的市场风险、竞争风险等进行评估和预测，并制定应对措施。同时，企业还应加强安全管理，确保营销活动符合法律法规和行业标准的要求，避免不必要的法律纠纷和损失。

三、市场营销管理在汽车维修企业中的重要性

随着汽车行业的蓬勃发展，汽车维修企业作为汽车产业链的重要环节，面临着日益激烈的市场竞争。在这样的背景下，市场营销管理在汽车维修企业中的重要性越发凸显。

（一）提升品牌形象与市场竞争力

市场营销管理有助于汽车维修企业塑造独特的品牌形象，提升市场竞争力。通过精心策划的市场营销活动，企业可以向目标客户传递清晰、一致的品牌信息，树立专业、可信赖的品牌形象。这种形象的形成，不仅有助于吸引潜在客户，还能提高现有客户的忠诚度，提升企业的市场份额。

此外，市场营销管理还帮助企业了解市场需求和竞争态势，制定针对性的营销策略。通过对竞争对手的分析，企业可以找出自身的优势和不足，从而调整产品或服务，以更好地满足市场需求。这种市场敏感度和应变能力，是企业在激烈的市场竞争中立于不败之地的关键。

（二）优化资源配置与提升运营效率

市场营销管理有助于汽车维修企业优化资源配置，提升运营效率。通过市场调研和分析，企业可以了解客户的真实需求和偏好，从而精准地定位目标市场。在此基础上，企业可以更有针对性地制定产品策略、价格策略、促销策略等，确保资源投入到最有价值的市场领域。

此外，市场营销管理还帮助企业建立高效的营销渠道和客户关系管理系统。通过整合线上线下的营销资源，企业可以实现营销活动的协同作战，提升营销效果。同时，通过客户关系管理系统的建立，企业可以更好地了解客户的需求和反馈，提供个性化的服务，提高客户满意度和忠诚度。

（三）促进创新与发展

市场营销管理在推动汽车维修企业的创新与发展方面发挥着重要作用。通过不断的市场调研和反馈收集，企业能够洞察市场的最新趋势和客户需求的变化，从而及时调整产品或服务策略，满足市场的不断变化。这种敏锐的市场洞察力使得企业能够抓住机遇，不断创新，提升竞争力。

同时，市场营销管理也鼓励企业跨界合作与资源整合。通过与相关行业或企业的合作，汽车维修企业可以获取更多的资源和信息，拓展业务领域，实现多元化发展。这种跨界合作不仅有助于提升企业的综合实力，还能够为消费者提供更丰富、更便捷的服务体验。

（四）增强企业风险应对能力

市场营销管理还有助于汽车维修企业增强风险应对能力。在市场竞争日益激烈的环境下，企业面临着各种风险和挑战。通过市场营销管理，企业可以建立风险预警机制，及时发现并应对潜在的市场风险。同时，企业还可以通过制定灵活的营销策略，调整市场定位和产品组合，以应对市场变化带来的不确定性。

此外，市场营销管理还强调企业与客户之间的长期关系建立与维护。通过提供优质的服务和建立良好的客户关系，企业可以赢得客户的信任和支持，增强客户黏性，降低客户流失率。这种稳定的客户关系不仅有助于提升企业的市场份额和盈利能力，还能够为企业带来持续的发展动力。

（五）促进企业文化建设与发展

市场营销管理在汽车维修企业文化建设与发展中也发挥着重要作用。市场营销活动往往是企业与员工、客户、合作伙伴等各方互动的重要平台。通过精心策划的市场营销活动，企业可以传递企业的经营理念和文化特色，增强员工对企业的认同感和归属感。同时，市场营销活动还能够加深企业与客户之间的情感联系，提升客户对企业的好感度和忠诚度。

此外，市场营销管理还强调企业的社会责任和可持续发展。通过积极参与公益活动、推广环保理念等方式，企业可以树立良好的社会形象，提升品牌价值。这种积极的社会形象不仅能够吸引更多潜在客户，还能够激发员工的自豪感和使命感，推动企业的长远发展。

四、市场营销管理与其他管理模块的关系

汽车维修企业的运营涉及多个管理模块，每个模块都承担着特定的职能，共同推动企业的稳步发展。其中，市场营销管理作为企业与外界交流的桥梁，与其他管理模块之间存在着密切的联系和互动。

（一）市场营销管理与生产管理

市场营销管理与生产管理是汽车维修企业中两个至关重要的管理模块。市场营销管理负责洞察市场需求，为企业提供产品开发和改进的方向，而生产管理则负责将这些市场需求转化为实际的产品和服务。二者之间的关系紧密且相辅相成。

市场营销管理通过市场调研和分析，了解客户的真实需求和期望，为生产部门提供宝贵的市场信息。生产部门则根据这些信息调整生产计划，优化生产流程，确保产品和服务能够满足市场需求。同时，市场营销管理还负责将生产出的产品和服务推向市场，通过有效的促销和宣传手段，提升品牌知名度和市场份额。

（二）市场营销管理与财务管理

市场营销管理与财务管理之间的关系主要体现在资金流的调控和盈利能力的提升上。市场营销活动需要投入大量的资金，包括广告费用、促销费用、市场调研费用等，而这些费用的支出和回报都需要经过财务部门的严格审核和监管。

财务管理通过制定预算和核算成本，为市场营销活动提供资金支持，并监控其投入产出的效益。同时，市场营销管理通过提升品牌价值和市场份额，为企业创造更多的盈利机会，为财务管理提供稳定的收入来源。二者之间的紧密配合，有助于实现资金的最优配置和企业的持续盈利。

（三）市场营销管理与人力资源管理

市场营销管理与人力资源管理之间的关系主要体现在人员配置和激励机制的建立上。市场营销活动需要一支专业的团队来执行，包括市场调研人员、销售人员、客服人员等，而这些人员的招聘、培训和激励都需要人力资源部门的支持和配合。

人力资源管理通过制定招聘计划、培训计划和绩效考核制度，为市场营销团队提供充足的人才储备和激励措施。市场营销管理则通过明确团队的目标和职责，激发团队成员的积极性和创造力，提升团队的整体绩效。二者之间的协同作用，有助于打造一支高效、专业的市场营销团队，提升企业的市场竞争力。

（四）市场营销管理与质量管理

市场营销管理与质量管理之间的关系主要体现在产品和服务质量的提升上。市场营销活动是企业与客户之间沟通的桥梁，而产品和服务的质量则是客户对企业形象和评价的关键因素。

质量管理通过制定严格的质量标准和监控流程，确保产品和服务的质量符合市场需求和客户期望。市场营销管理则通过收集客户的反馈和意见，为质量管理提供改进的方向和动力。二者之间的紧密结合，有助于不断提升产品和服务的质量水平，提升客户的满意度和忠诚度。

（五）市场营销管理与战略管理

市场营销管理与战略管理之间的关系主要体现在企业长期发展方向的确定和市场竞争策略的制定上。战略管理是企业整体运营的指南针，而市场营销管理则是实现战略目标的重要手段。

战略管理通过分析市场趋势和竞争态势，制定企业的长期发展目标和竞争策略。市场营销管理则根据这些目标和策略，制定具体的市场营销计划和行动方案，推动企业在市场中取得竞争优势。二者之间的紧密配合，有助于确保企业的发展方向正确、目标明确，并在市场竞争中立于不败之地。

第二节　汽车维修企业市场分析与定位

一、市场环境分析与预测

随着汽车行业的快速发展，汽车维修企业作为汽车产业链的重要环节，面临着日益复杂多变的市场环境。

（一）市场环境分析

近年来，政府对汽车行业的政策支持力度不断加大，推动汽车产业的健康发展。同时，对于汽车维修行业也出台了一系列规范和标准，提升了行业的整体水平。这些政策的实施，为汽车维修企业提供了良好的发展环境，同时也要求企业不断提升自身的管理水平和服务质量。随着汽车保有量的不断增加，汽车维修市场的需求也在持续增长。消费者对汽车维修服务的需求越来越多元化和个性化，对服务质量和技术水平的要求也越来越高。这为汽车维修企业提供了广阔的市场空间，同时也要求企业不断创新，满足消费者的需求。

汽车维修市场竞争激烈，企业数量众多，规模大小不一。大型汽车维修企业凭借品牌优势、技术实力和市场网络，占据了一定的市场份额。而中小型汽车维修企业则面临着资金、技术和管理等方面的挑战，需要在市场中寻找自身的定位和发展方向。

（二）市场预测

未来，汽车维修行业将继续保持快速发展的态势。随着新能源汽车的普及和智能化技术的应用，汽车维修行业将面临更多的机遇和挑战。新能源汽车的维修技术和设备将不断更新换代，智能化技术的应用也将提升汽车维修的效率和质量。

因此，汽车维修企业需要紧跟行业发展趋势，加强技术创新和人才培养，以适应市场的变化。

随着汽车保有量的持续增长和消费者对汽车维修服务需求的多元化，汽车维修市场将继续保持旺盛的需求。同时，消费者对汽车维修服务的质量和价格将更加敏感，对个性化、专业化的服务需求也将不断增加。因此，汽车维修企业需要不断提升服务质量和技术水平，加强品牌建设和市场营销，以赢得消费者的信任和认可。

未来，汽车维修市场的竞争将更加激烈。大型汽车维修企业将继续发挥品牌优势和技术实力，通过并购、扩张等方式进一步巩固市场地位。而中小型汽车维修企业则需要寻找差异化发展的道路，通过提供特色化、专业化的服务来赢得市场份额。同时，行业内的合作与共赢也将成为趋势，企业之间可以通过合作共享资源、降低成本、提升效率，实现共同发展。

（三）市场机遇与挑战

随着汽车行业的快速发展和消费者对汽车维修服务需求的增长，汽车维修企业面临着巨大的市场机遇。新能源汽车市场的崛起为汽车维修企业提供了新的增长点；智能化技术的应用将提升汽车维修的效率和质量；个性化、专业化的服务需求也为汽车维修企业提供了差异化发展的空间。

然而，汽车维修企业也面临着诸多挑战。首先，行业竞争激烈，企业需要不断提升自身的竞争力和创新能力；其次，消费者对汽车维修服务的质量和价格要求越来越高，企业需要不断提升服务质量和降低成本；最后，政策法规的变化和新技术的应用也将对汽车维修企业产生一定的影响和挑战。

二、汽车维修企业市场定位

汽车维修企业作为汽车产业链的重要环节，其市场定位对于企业的发展至关重要。一个明确的市场定位可以帮助企业确定目标市场、制定营销策略、提升竞争力，从而实现可持续发展。

（一）市场定位的意义

市场定位是指企业根据市场竞争状况和自身资源条件，确定在市场中的竞争地位和发展方向。对于汽车维修企业而言，市场定位的意义主要体现在以下几个方面：

明确发展方向。市场定位有助于企业明确自身的发展方向和目标，避免盲目跟风或偏离主营业务。

提升竞争力。通过精准的市场定位，企业可以更加有针对性地制定营销策略，提升服务质量和客户满意度，从而在竞争中脱颖而出。

拓展市场份额。明确的市场定位有助于企业找到自身的优势领域和潜在客户，通过精准的营销和推广，增加市场份额。

（二）市场定位的方法

汽车维修企业在进行市场定位时，可以采用以下几种方法：

SWOT 分析。通过对企业内部的优势（Strengths）、劣势（Weaknesses）、机会（Opportunities）和威胁（Threats）进行分析，明确企业在市场中的竞争地位和发展潜力。

目标客户分析。通过对目标客户群体的特征、需求和行为进行分析，确定企业的目标市场和客户群体。

竞争对手分析。了解竞争对手的市场定位、产品特点、营销策略等，以便企业找到自身的差异化和竞争优势。

（三）市场定位的实施策略

基于以上分析，汽车维修企业可以采取以下策略进行市场定位：

专业化定位。根据企业的技术实力和资源条件，选择某一特定领域或车型进行专业化维修服务。例如，专注于高端汽车品牌的维修服务，或者专注于某一类型车辆（如新能源汽车）的维修服务。通过专业化定位，企业可以形成自身的特色和优势，提升在特定领域的竞争力。

区域化定位。根据企业所在地的市场特点和客户需求，进行区域化市场定位。例如，在工业园区等车辆集中区域设立维修站点，为周边客户提供便捷的维修服务。通过区域化定位，企业可以更好地满足当地客户的需求，提升品牌知名度和市场份额。

品质化定位。以高品质的服务和产品质量为核心竞争力，进行品质化市场定位。企业可以通过引进先进的维修设备和技术、加强员工培训和管理、建立严格的质量控制体系等方式，提升服务质量和客户满意度。品质化定位有助于企业在激烈的市场竞争中树立良好的口碑和形象，吸引更多高端客户。

差异化定位。在了解竞争对手的基础上，寻找自身的差异化优势，进行差异化市场定位。例如，提供上门取送车服务、推出预约维修优惠活动、开展汽车知识普及讲座等，以满足客户多样化的需求。差异化定位有助于企业在竞争中脱颖而出，形成独特的竞争优势。

（四）市场定位的调整与优化

市场定位并非一成不变，随着市场环境、客户需求和竞争态势的变化，企业需要不断调整和优化市场定位。具体而言，企业可以通过以下几个方面进行市场定位的调整与优化：

持续关注市场动态和客户需求变化，及时调整市场定位策略。

定期对竞争对手进行分析和比较，找出自身的差距和不足，制定改进措施。

加强内部管理和培训，提升员工的服务水平和专业技能，为市场定位提供有力支撑。

不断创新产品和服务，满足客户的个性化需求，提升客户满意度和忠诚度。

第三节 汽车维修企业产品策略与定价

一、产品策略的制定

随着汽车市场的不断扩大和竞争的日益激烈，汽车维修企业面临着前所未有的挑战与机遇。在这样的背景下，制定一套科学、合理的产品策略，对于汽车维修企业的发展至关重要。产品策略不仅关乎企业的市场份额和盈利能力，更直接关系到企业的品牌形象和长期发展。

（一）产品策略制定的意义

产品策略是汽车维修企业市场营销组合的重要组成部分，它涉及企业所提供服务的范围、质量、特色以及定价等方面。制定合理的产品策略，有助于企业更好地满足客户需求，提升市场竞争力，实现可持续发展。具体而言，产品策略的意义体现在以下几个方面：

满足客户需求。通过深入了解目标客户的维修需求，制定符合其期望的产品策略，从而提供满意的服务，增强客户黏性。

提升竞争力。通过优化产品组合、提升服务质量、创新服务模式等方式，形成独特的竞争优势，提升企业在市场中的竞争力。

实现盈利目标。通过制定合理的定价策略，确保企业在提供优质服务的同时，实现盈利目标，为企业的持续发展提供动力。

（二）产品策略制定的步骤

首先，企业需要对目标市场进行深入的调研与分析，了解客户的维修需求、消费习惯以及竞争对手的产品策略。通过收集和分析这些数据，企业可以更加准确地把握市场动态，为制定产品策略提供有力支持。基于市场调研结果，企业需要确定所提供服务的范围与定位。这包括确定企业的主营业务、特色服务以及目标客户群体等。通过明确产品范围与定位，企业可以更加精准地满足客户需求，提升市场竞争力。

服务质量是汽车维修企业的核心竞争力之一。因此，企业需要制定严格的服务质量标准，确保所提供的服务符合客户期望。这包括技术人员的专业技能、服务流程的规范化、售后服务的完善等方面。通过不断提升服务质量，企业可以赢得客户的信任和口碑。在激烈的市场竞争中，创新是汽车维修企业不断发展的重要动力。企业应积极探索新的服务模式与特色，如预约维修、上门取送车、个性化定制等，以满足客户的多样化需求。同时，企业还可以结合新技术和新理念，推动服务升级和转型。

定价策略是产品策略的重要组成部分。企业应根据服务成本、市场需求、竞争对手的定价情况等因素，制定合理的定价策略。这既要确保企业有足够的利润空间，又要考虑客户的支付能力和接受度。通过科学的定价策略，企业可以实现盈利与市场份额的双赢。

（三）产品策略实施的保障措施

企业应重视技术人员的培训与管理，提升他们的专业技能和服务意识。通过定期的培训和考核，确保技术人员能够熟练掌握新技术、新设备和新工艺，为客户提供更加优质的服务。企业应建立完善的服务流程与制度，确保服务过程的规范化和标准化。通过优化服务流程、提高工作效率、加强质量控制等方式，提升客户满意度和忠诚度。

企业应重视品牌建设与宣传，通过塑造独特的品牌形象、提升品牌知名度和美誉度等方式，增强客户对企业的信任度和归属感。同时，企业还可以通过线上线下的宣传渠道，扩大品牌影响力和市场份额。

二、定价策略的选择与实施

在汽车维修市场中，定价策略的选择与实施是企业实现盈利和市场拓展的关键因素。合理的定价不仅能够吸引客户，还能确保企业的稳定运营和可持续发展。

（一）定价策略的重要性

定价策略是汽车维修企业制定市场营销组合的重要组成部分，它直接影响到企业的收入、利润和市场竞争力。通过合理的定价策略，企业可以平衡成本、需求和竞争之间的关系，实现利润最大化。同时，定价策略也是企业传递产品价值、塑造品牌形象的重要手段。

（二）定价策略的选择

成本导向定价策略是汽车维修企业常用的定价方法之一。它基于产品或服务的成本来确定价格，通常包括固定成本和变动成本。企业可以通过计算成本加成率，将成本加上一定的利润率来确定最终价格。这种策略简单易行，但可能忽略了市场需求和竞争状况。竞争导向定价策略是以市场上竞争对手的价格为基础来制定价格。企业可以通过市场调查和分析，了解竞争对手的定价水平和特点，然后根据自己的竞争地位和市场需求来制定价格。

价值导向定价策略是基于客户对产品或服务价值的认知来制定价格。企业可以通过市场调研，了解客户对汽车维修服务的期望和需求，然后结合自身的技术实力和服务质量，制定符合客户价值认知的价格。这种策略有助于提升企业的品牌形象和客户忠诚度，但需要企业具备较高的市场洞察力和创新能力。

（三）定价策略的实施

在实施定价策略之前，企业需要进行深入的市场调研与分析，了解目标客户群体的需求、支付能力和竞争对手的定价情况。通过收集和分析这些数据，企业可以更加准确地把握市场动态和客户需求，为定价策略的制定提供有力支持。企业需要明确自身的目标利润水平，并根据成本导向定价策略进行成本控制。通过优化采购渠道、降低库存成本、提高生产效率等方式，降低企业的运营成本，为定价策略的实施提供有力保障。

市场环境和客户需求是不断变化的，因此企业需要灵活调整价格以适应市场变化。当市场需求增加时，企业可以适当提高价格以获取更高的利润；当市场竞争激烈时，企业可以适度降低价格以吸引客户。同时，企业还可以根据客户的个性化需求提供差异化定价，以满足不同客户群体的需求。为了确保定价策略的有效实施，企业需要建立价格监控机制。通过定期收集和分析竞争对手的价格信息，了解市场价格的变动趋势，以便及时调整自身的定价策略。同时，企业还需要关注客户对价格的反馈和意见，以便及时改进和优化定价策略。

（四）定价策略的注意事项

虽然降低价格可以吸引客户，但过度的价格战会损害企业的利润和品牌形象。因此，企业在制定定价策略时应避免陷入价格战，而是通过提升服务质量、创新服务模式等方式来赢得市场。

定价策略的制定不仅要考虑短期利益，还要兼顾长期利益。企业在制定价格时，应充分考虑自身的品牌形象、客户关系和市场份额等因素，以确保企业的可持续发展。频繁的价格变动会给客户带来不稳定感，影响客户的信任度和忠诚度。因此，企业在实施定价策略时应保持价格的稳定性，避免频繁调整价格。

第四节　汽车维修企业促销策略与渠道管理

一、促销策略的制定与执行

随着汽车保有量的持续增长，汽车维修市场也迎来了前所未有的发展机遇。然而，市场的繁荣也带来了竞争的加剧，汽车维修企业要想在市场中脱颖而出，除了提供优质的产品和服务外，还需要制定并执行有效的促销策略。

（一）促销策略的重要性

促销策略是汽车维修企业市场营销的重要手段，它可以通过各种促销活动和手段，吸引潜在客户的注意，激发他们的购买欲望，从而促进企业的销售增长。同时，促销策略还可以增强企业的品牌形象和知名度，提升客户忠诚度和满意度，为企业的长期发展奠定坚实的基础。

（二）促销策略的制定

在制定促销策略之前，企业需要明确促销的具体目标。这些目标可以是增加销售额、扩大市场份额、提高品牌知名度等。明确的目标有助于企业在后续的促销活动中保持清晰的方向和重点。了解目标市场和客户群体的需求和特点，是制定促销策略的关键。企业需要通过市场调研和分析，掌握客户的维修需求、消费习惯、购买决策过程等信息，以便更有针对性地制定促销策略。

根据目标市场和客户群体的特点，企业可以选择适合的促销手段。常见的促销手段包括打折优惠、赠送礼品、会员制度、积分兑换等。企业还可以结合线上线下渠道，通过社交媒体、网络平台等方式进行推广和宣传。企业需要根据自身的财务状况和市场环境，制定合理的促销预算和时间安排。预算要充分考虑促销活动的成本效益，确保投入与产出的平衡。时间安排要充分考虑市场需求和竞争态势，确保促销活动在最佳时机进行。

（三）促销策略的执行

企业需要组建一支专业的促销团队，负责促销活动的具体实施。团队成员应具备丰富的市场营销经验和良好的沟通能力，能够确保促销活动的顺利进行。通过线上线下渠道，开展广泛的宣传推广活动。利用社交媒体、网络平台等渠道，发布促销信息，吸引潜在客户的关注。同时，可以通过线下活动、户外广告等方式，提升品牌知名度和曝光率。

在促销活动期间，企业需要确保活动的顺利进行。这包括确保产品质量、服务水平的稳定，以及促销活动的及时性和有效性。同时，要密切关注市场动态和客户需求的变化，及时调整促销策略。促销活动结束后，企业需要收集客户的反馈意见，评估促销活动的效果。通过客户满意度调查、销售数据分析等方式，了解客户对促销活动的满意度和认可度，以及促销活动对企业的实际贡献。这些反馈和评估结果将为企业未来的促销活动提供有益的参考和借鉴。

（四）促销策略的注意事项

虽然促销活动可以带来短期的销售增长，但过度促销可能会损害企业的品牌形象和长期利益。因此，企业在制定促销策略时，要充分考虑促销活动的成本效益和长期影响，避免过度依赖促销活动来推动销售。在促销活动期间，企业需要保持与客户的良好沟通，及时解答客户的疑问和关注，提升客户的购买体验和满意度。同时，要关注客户的反馈意见，及时调整促销策略，以更好地满足客户需求。

促销活动是企业展示品牌形象的重要机会。因此，企业在制定和执行促销策略时，要注重品牌形象的建设与维护，确保促销活动与企业的品牌形象和价值观相一致。

二、渠道管理与拓展

随着汽车市场的不断发展，汽车维修企业作为汽车产业链的重要环节，其渠道管理与拓展的重要性日益凸显。一个完善的渠道体系不仅能够帮助企业提高市场份额，还能提升客户满意度，进而实现可持续发展。

（一）渠道管理的重要性

渠道管理是指企业对自身产品或服务在市场中的流通渠道进行规划、组织、协调和控制的过程。对于汽车维修企业而言，渠道管理的重要性主要体现在以下几个方面：

提升市场竞争力。通过有效的渠道管理，企业能够更好地掌握市场动态和客户需求，及时调整产品和服务策略，从而增强市场竞争力。

扩大市场份额。完善的渠道体系能够帮助企业拓展市场覆盖范围，吸引更多潜在客户，提高市场份额。

提升客户满意度。通过优化渠道布局和服务流程，企业能够提供更便捷、高效的维修服务，从而提升客户满意度和忠诚度。

（二）渠道管理的关键要素

汽车维修企业在选择渠道时，应充分考虑目标市场的特点、客户需求以及自身实力等因素。常见的渠道类型包括直营店、加盟店、合作店等。企业应根据自身情况选择合适的渠道类型，并制定相应的管理策略。合理的渠道布局对于企业的市场覆盖和客户吸引力至关重要。企业应根据市场需求和竞争态势，科学规划渠道的数量、位置和覆盖范围，确保渠道的均衡发展和高效运营。

渠道关系管理包括与渠道合作伙伴的沟通、协调和合作等方面。企业应建立稳定的合作关系，明确双方的权利和义务，共同维护市场秩序和品牌形象。同时，企业还应加强与渠道伙伴的互动和交流，共同应对市场挑战和机遇。

（三）渠道拓展策略

汽车维修企业应积极探索多元化渠道拓展方式，如线上平台、社交媒体等。通过线上渠道，企业可以扩大市场覆盖范围，吸引更多年轻客户。同时，线上渠道还能为企业提供更多宣传和推广的机会，提高品牌知名度。与合作伙伴建立深层次的合作关系，有助于企业实现资源共享和互利共赢。企业可以通过与汽车制造商、保险公司等建立战略合作关系，共同开拓市场，提供更全面的维修服务。此外，企业还可以与同行业企业开展合作，共同提升行业整体水平和服务质量。

为了满足不同客户的需求，汽车维修企业应创新渠道服务模式。例如，可以推出上门维修服务、预约维修服务等，为客户提供更加便捷、个性化的服务体验。同时，企业还可以通过引入新技术和智能设备，提升渠道服务的专业性和效率。

（四）渠道管理与拓展的注意事项

在渠道管理与拓展过程中，企业应保持渠道的稳定性和灵活性之间的平衡。既要确保渠道的长期稳定发展，又要根据市场变化及时调整渠道策略，以适应新的市场需求和竞争态势。渠道拓展和管理过程中会产生一定的成本，企业应合理控制渠道成本，避免浪费。同时，企业还应关注渠道效益的评估和优化，确保渠道投入与产出的平衡。

渠道管理和拓展过程中可能会面临各种风险，如合作伙伴的违约风险、市场竞争风险等。企业应建立完善的风险管理机制，加强风险预警和应对能力，确保渠道体系的稳健发展。

第七章 汽车维修企业技术与质量管理

第一节 技术与质量管理的重要性

一、技术与质量管理对企业发展的意义

随着汽车产业的快速发展，汽车维修企业作为汽车产业链的重要一环，其技术水平和质量管理对于企业的发展具有至关重要的意义。一个拥有先进技术和严格质量管理的汽车维修企业，不仅能够提供优质的服务，赢得客户的信任，还能在激烈的市场竞争中脱颖而出，实现可持续发展。

（一）技术对企业发展的意义

汽车维修企业拥有先进的技术，意味着能够快速、准确地诊断和解决汽车故障。先进的技术设备能够缩短维修周期，提高维修效率，为客户提供更快捷的服务。这不仅可以提高客户满意度，还能增加企业的业务量和收入。在竞争激烈的汽车维修市场中，拥有先进技术的企业更容易获得客户的青睐。先进的技术能够提升企业的服务水平和品牌形象，增强企业的市场竞争力。同时，技术不断创新的企业还能够更好地应对市场变化和客户需求的变化，保持领先地位。

技术是汽车维修企业创新发展的核心驱动力。拥有先进技术的企业能够不断推出新的维修项目和服务，满足客户的多样化需求。此外，技术的创新还能带动企业的管理、营销等方面的创新，推动企业全面发展。

（二）质量管理对企业发展的意义

质量是客户选择汽车维修企业的关键因素之一。严格的质量管理能够确保维修服务的质量和稳定性，减少因质量问题引发的客户投诉和纠纷。高质量的维修服务能够提升客户满意度，增加客户黏性，为企业赢得更多口碑和业务。质量管理不仅关乎客户的满意度，还直接影响企业的经济效益。通过严格的质量管理，企业可以减少因维修质量不达标而引发的返工、赔偿等成本支出。同时，有效的质量管理还能降低企业的维修成本，提高资源利用效率，提升企业盈利能力。

严格的质量管理是企业信誉和形象的体现。一个注重质量管理的汽车维修企业能够赢得客户的信任和尊重，树立良好的企业形象。这不仅有助于企业在市场中树立良好的口碑，还能吸引更多潜在客户，扩大市场份额。质量管理是一个持续改进的过程。通过不断的质量检查、评估和反馈，企业能够发现自身存在的问题和不足，并采取有效措施进行改进。这种持续改进的过程有助于企业不断提升服务水平和技术能力，实现可持续发展。

（三）技术与质量管理的协同作用

技术与质量管理在汽车维修企业中并非孤立存在，而是相互依存、相互促进的。先进的技术为质量管理提供了有力支撑，使得企业能够更加精准地控制维修质量；而严格的质量管理则能够确保技术的有效应用，避免技术资源的浪费和滥用。同时，技术与质量管理的协同作用还能够推动企业的创新与发展，使企业在激烈的市场竞争中保持领先地位。

（四）如何提升技术与质量管理水平

企业应加大对技术研发的投入，引进先进的技术设备和维修工具，提高维修人员的技术水平。同时，加强与高校、科研机构等的合作，推动技术创新和成果转化。企业应建立完善的质量管理体系，包括质量标准的制定、质量检查的实施、质量问题的处理等方面。通过制度化的管理，确保维修服务的质量和稳定性。

企业应加强对员工的培训和教育，提高员工的技术水平和质量意识。通过定期的技能培训和质量教育，使员工能够更好地理解和执行企业的技术与质量管理要求。企业应积极引入先进的管理理念和方法，如精益管理、六西格玛等，提高管理效率和质量水平。通过科学的管理手段和方法，推动企业技术与质量管理的持续改进和提升。

二、技术与质量管理在提升竞争力中的作用

随着汽车市场的不断发展和竞争的加剧，汽车维修企业面临着巨大的挑战。在这个竞争激烈的行业中，汽车维修企业要想立足并不断发展壮大，必须重视技术与质量管理，将其作为提升企业竞争力的核心要素。

（一）技术管理在提升竞争力中的作用

汽车维修企业拥有先进的技术和设备，能够显著提高维修效率和准确性。先进的技术能够快速诊断汽车故障，减少维修时间，提高客户满意度。同时，准确的技术应用能够确保维修质量，降低返修率，为企业节省成本。技术的不断创新和应用，使汽车维修企业能够不断拓展业务范围，提供更多元化的服务。例如，随着新能源汽车的普及，掌握新能源汽车维修技术的企业能够抢占市场先机，满

足客户需求。此外，技术创新还能带动企业创新能力的提升，推动企业向更高层次发展。

先进的技术是企业实力的重要体现，能够提升企业的品牌形象和市场认可度。拥有先进技术的汽车维修企业，更容易获得客户的信任和青睐，从而在市场中树立良好口碑。同时，技术优势还能吸引更多优质客户和合作伙伴，为企业创造更多商业机会。

（二）质量管理在提升竞争力中的作用

质量管理是汽车维修企业生存和发展的基石。严格的质量管理能够确保维修质量和安全性，保障客户的利益。通过制定严格的质量标准和操作规程，加强质量检查和监督，汽车维修企业能够为客户提供高质量、安全的维修服务，赢得客户的信任和忠诚。质量管理直接关系到客户的满意度和忠诚度。同时，满意的客户更有可能成为企业的忠实拥趸，为企业带来稳定的业务来源和持续增长的动力。

严格的质量管理能够降低企业的维修成本和风险。通过优化维修流程、提高维修效率、减少返修率等措施，企业能够降低维修成本，提高盈利能力。同时，质量管理还能帮助企业识别和预防潜在的质量问题和安全隐患，降低因质量问题引发的法律纠纷和经济损失。

（三）技术与质量管理的协同作用在提升竞争力中的体现

技术与质量管理在汽车维修企业中并非孤立存在，而是相互依存、相互促进的。先进的技术为质量管理提供了有力支撑，使得企业能够更加精准地控制维修质量；而严格的质量管理则能够确保技术的有效应用，避免技术资源的浪费和滥用。同时，技术与质量管理的协同作用还能够推动企业的创新与发展，使企业在激烈的市场竞争中保持领先地位。

随着技术的不断创新，汽车维修企业需要不断更新和完善质量管理体系，以适应新的市场需求和客户需求。技术创新为质量管理提供了更多的手段和方法，使得企业能够更加高效地控制维修质量，提升客户满意度。严格的质量管理能够确保技术的有效应用和推广。通过制定技术操作规程、加强技术培训等措施，企业能够确保员工掌握先进技术并正确应用于维修实践中。同时，质量管理还能帮助企业识别和解决技术应用中遇到的问题和难点，推动技术的持续改进和优化。技术与质量管理的协同作用能够显著提升汽车维修企业的竞争力。先进的技术和严格的质量管理能够使企业在市场中脱颖而出，赢得客户的青睐和信任。同时，这种协同作用还能够推动企业的创新和发展，为企业创造更多的商业机会和竞争优势。

（四）如何发挥技术与质量管理在提升竞争力中的作用

企业应加大对技术研发的投入力度，积极引进新技术、新设备和新工艺，提升企业的技术水平和创新能力。同时，加强与高校、科研机构等的合作与交流，推动技术创新和成果转化。

企业应建立完善的质量管理体系，包括质量标准的制定、质量检查的实施、质量问题的处理等方面。通过制度化的管理手段和方法，确保维修服务的质量和稳定性。企业应加强对员工的培训和教育，提高员工的技术水平和质量意识。通过定期的技能培训和质量教育，使员工能够更好地理解和执行企业的技术与质量管理要求。

企业应密切关注市场动态和客户需求变化，及时调整和优化技术与质量管理策略。通过深入了解客户需求和市场趋势，企业能够更有针对性地开展技术研发和质量管理活动，提升客户满意度和忠诚度。

三、技术与质量管理在客户满意度提升中的作用

在汽车维修行业中，客户满意度是衡量企业成功与否的重要指标之一。一个成功的汽车维修企业，除了需要提供高效、专业的维修服务外，更需要在技术与质量管理方面下足功夫。

（一）技术水平对客户满意度的影响

汽车维修企业具备先进的技术和设备，能够显著提高维修效率和准确性。客户在送修车辆时，最关心的就是维修时间的长短和维修质量的优劣。拥有先进技术的企业能够快速诊断故障，准确找出问题所在，从而缩短维修周期，提高维修效率。这不仅节省了客户的时间，也提升了客户对维修服务的满意度。

随着汽车技术的不断发展，新型汽车不断涌现，对维修技术的要求也越来越高。汽车维修企业拥有先进的技术，能够提供更多元化的维修服务，满足不同类型、不同品牌汽车的维修需求。这种多元化的服务能力，使客户在选择维修企业时更有信心，从而提高了客户满意度。先进的技术是企业实力的重要体现。拥有先进技术的汽车维修企业，在客户心中会形成专业、可靠的形象。这种品牌形象的提升，有助于增强客户对企业的信任感，提高客户对企业的忠诚度，进而提升客户满意度。

（二）质量管理对客户满意度的影响

质量管理是汽车维修企业的生命线。严格的质量管理能够确保维修质量和安全性，避免因维修不当引发的安全事故。客户在送修车辆时，最担心的是维修质量不过关，影响行车安全。因此，企业通过实施严格的质量管理，能够消除客户

的顾虑，提高客户满意度。完善的质量管理体系包括规范的维修流程和服务标准。通过制定详细的操作规程和质量标准，企业能够确保每个维修环节都达到既定的质量标准，为客户提供一致、稳定的维修服务。这种规范化的服务流程，有助于提升客户对维修服务的整体满意度。

质量管理还包括对客户投诉和反馈的及时处理。当客户对维修服务提出异议或建议时，企业应积极倾听、认真对待，并采取有效措施进行改进。这种积极的处理态度，能够体现企业对客户的尊重和关心，从而提高客户对企业的好感度和满意度。

（三）技术与质量管理的协同作用在提升客户满意度中的体现

技术与质量管理在汽车维修企业中并非孤立存在，而是相互依存、相互促进的。先进的技术为质量管理提供了有力支撑，使得企业能够更加精准地控制维修质量；而严格的质量管理则能够确保技术的有效应用，避免技术资源的浪费和滥用。这种协同作用有助于提升企业的整体服务水平，进而提高客户满意度。

先进的技术和严格的质量管理相结合，能够使维修服务更加专业、可靠。企业能够凭借先进的技术快速、准确地诊断故障，并通过严格的质量管理确保维修过程的规范性和质量稳定性。这种专业性和可靠性的提升，能够增强客户对维修服务的信心，提高客户满意度。

技术与质量管理的协同作用还能够提升客户在维修过程中的体验和感知价值。先进的技术能够缩短维修时间、提高维修效率，使客户在送修车辆时能够享受到更加便捷的服务；而严格的质量管理则能够确保维修质量的安全性和稳定性，使客户在使用维修后的车辆时更加放心。这种良好的客户体验和感知价值，能够显著提升客户满意度。

（四）如何发挥技术与质量管理在提升客户满意度中的作用

企业应积极引进先进技术和设备，提升维修服务的专业性和效率。同时，加大技术研发投入，推动技术创新和成果转化，以满足客户日益增长的维修需求。企业应建立完善的质量管理体系，包括质量标准的制定、质量检查的实施、质量问题的处理等方面。通过制度化的管理手段和方法，确保维修服务的质量和稳定性。

企业应加强对员工的培训和教育，提高员工的技术水平和质量意识。通过定期的技能培训和质量教育，使员工能够更好地理解和执行企业的技术与质量管理要求。企业应积极收集客户的反馈意见和建议，针对客户关注的问题进行持续改进。通过不断优化技术与质量管理措施，提升客户满意度和忠诚度。

四、技术与质量管理在风险防控中的作用

在汽车维修行业中，风险防控是确保企业稳定运营和持续发展的重要环节。随着汽车技术的不断进步和市场竞争的加剧，汽车维修企业面临着越来越多的风险挑战。为了有效应对这些风险，企业需要加强技术与质量管理，以提升风险防控能力。

（一）技术在风险防控中的关键作用

汽车维修企业拥有先进的技术和设备，能够显著提升故障诊断的准确性。准确的故障诊断是风险防控的第一步，它能够帮助企业快速识别潜在的安全隐患和故障点，从而采取相应的措施进行修复和预防。通过减少误诊和漏诊，企业能够降低因故障引发的风险事件发生的概率。

先进的技术手段能够强化维修过程的安全控制。例如，使用专业的维修设备和工具，能够确保维修操作的规范性和安全性；引入智能化的维修管理系统，可以实时监控维修进度和质量，及时发现并解决潜在问题。这些技术的应用有助于减少维修过程中的安全事故和质量问题，降低企业的风险损失。

技术进步还能够促进风险预警与应急处理能力的提升。通过引入先进的监测设备和预警系统，企业能够实时监测车辆的运行状态，及时发现潜在风险并采取相应的预防措施。同时，建立高效的应急处理机制，能够在风险事件发生时迅速响应，降低风险事件对企业运营的影响。

（二）质量管理在风险防控中的重要作用

严格的质量管理能够确保维修质量的稳定性，从而降低因维修质量问题引发的风险。通过制定明确的质量标准和操作规程，企业能够规范维修流程，确保每个维修环节都达到既定的质量标准。同时，加强质量检查和监督，能够及时发现并纠正维修过程中的质量问题，防止问题扩大化。优质的质量管理能够显著减少返修率和客户投诉，这也是风险防控的重要方面。通过提高维修质量，企业能够降低因维修不当导致的返修情况，减少客户的不满和投诉。这不仅有助于维护企业的声誉和形象，还能够降低因客户投诉引发的法律风险和经济损失。

质量管理还能够提升企业整体运营效率，从而间接降低风险。通过优化维修流程、提高员工技能水平、加强团队协作等措施，企业能够提升维修效率和质量，减少因维修延误和质量问题导致的运营风险。同时，高效的质量管理还能够降低企业的运营成本，提高企业的竞争力。

（三）技术与质量管理的协同作用在风险防控中的体现

技术与质量管理在汽车维修企业中并非孤立存在，而是相互依存、相互促进的。在风险防控方面，技术与质量管理的协同作用能够发挥更大的效果。

首先，先进的技术为质量管理提供了有力支撑。通过引入先进的技术手段和设备，企业能够更加精准地控制维修质量，提高质量管理的效率和准确性。同时，技术进步还能够推动质量管理方法的创新和改进，使其更加适应现代汽车维修行业的发展需求。其次，严格的质量管理能够确保技术的有效应用。在汽车维修过程中，技术的应用需要遵循一定的规范和标准。通过加强质量管理，企业能够确保员工按照规定的操作规程和技术要求进行操作，避免因操作不当导致的风险事件。最后，技术与质量管理的协同作用还能够提升企业的风险预警和应急处理能力。通过整合技术和质量管理资源，企业能够建立更加完善的风险防控体系，实现对潜在风险的及时发现和有效应对。

（四）如何发挥技术与质量管理在风险防控中的作用

为了充分发挥技术与质量管理在风险防控中的作用，汽车维修企业应采取以下措施：

加大技术研发投入，引进先进技术和设备，提升企业的技术水平和创新能力。

建立完善的质量管理体系，包括质量标准的制定、质量检查的实施、质量问题的处理等方面，确保维修服务的质量和稳定性。

加强员工培训与技能提升，提高员工的技术水平和质量意识，使其能够更好地理解和执行企业的技术与质量管理要求。

建立风险预警与应急处理机制，利用技术手段实时监测潜在风险，制定应急预案并定期组织演练，提高企业对风险事件的应对能力。

第二节　汽车维修企业技术体系的建设

一、技术体系的构成与功能

汽车维修企业的技术体系是其运营和发展的重要基石，它涵盖了企业所需的各种技术资源、技术能力和技术管理方法。一个完善的技术体系不仅能够提升企业的维修效率和质量，还能够增强企业的市场竞争力。

（一）技术体系的构成

技术资源是技术体系的基础，包括维修设备、工具、仪器以及相关的技术资料等。这些资源是企业进行维修工作的物质基础，它们的质量和性能直接影响到维修的效果和效率。因此，企业需要不断投入资金，引进先进、高效的技术设备，以满足不同车型和维修需求。

技术能力是指企业所具备的技术水平和维修能力，包括员工的技术水平、企业的技术研发能力以及维修工艺的创新能力等。这些能力是企业技术体系的核心，决定了企业能否提供高质量、高效率的维修服务。为了提高技术能力，企业需要加强员工培训，提升员工的技术水平；同时，还需要加强技术研发和工艺创新，以满足市场不断变化的需求。

技术管理是对技术资源和能力进行组织、协调和控制的过程，包括技术标准的制定、技术流程的规范、技术质量的监控以及技术信息的管理等。有效的技术管理能够确保技术体系和维修工作的有序进行，提高维修效率和质量。因此，企业需要建立完善的技术管理制度和流程，加强技术质量的监控和评估，确保技术体系的正常运行。

（二）技术体系的功能

技术体系的首要功能是支持企业的维修业务。通过提供先进的技术设备和工具，以及高效的技术能力和管理方法，技术体系能够确保企业快速、准确地诊断故障，制定维修方案，并完成维修工作。这不仅能够提高维修效率和质量，还能够提升客户满意度，增强企业的市场竞争力。技术体系还具有推动技术创新的功能。通过不断引进新技术、新工艺和新材料，以及加强技术研发和创新能力，企业能够不断提升自身的技术水平，推出更具竞争力的维修产品和服务。这有助于企业在激烈的市场竞争中脱颖而出，实现可持续发展。

技术体系对于保障维修质量和安全具有至关重要的作用。通过制定严格的技术标准和操作规范，以及加强技术质量的监控和评估，技术体系能够确保维修工作的准确性和可靠性，避免因技术失误或操作不当导致的安全事故和质量问题。这有助于维护企业的声誉和形象，提升客户信任度。

技术体系还能够通过优化维修流程、提高员工技能水平以及加强团队协作等方式，提升企业的运营效率。通过减少不必要的维修环节和等待时间，以及提高维修工作的自动化和智能化水平，技术体系能够降低企业的运营成本，提高整体运营效率。一个完善的技术体系能够为企业的发展和升级提供有力支持。随着汽车技术的不断进步和市场的不断变化，企业需要不断更新和升级自身的技术体系，以适应新的维修需求和市场环境。通过加强技术研发和创新，以及优化技术管理和资源配置，企业能够不断提升自身的竞争力和市场地位，实现可持续发展。

二、技术体系的建设原则与步骤

随着汽车行业的迅猛发展，汽车维修企业面临着日益激烈的市场竞争。为了提升企业的维修效率、保障维修质量，并赢得客户的信任与支持，汽车维修企业必须建立一套完善的技术体系。

（一）技术体系建设的基本原则

技术体系建设应坚持先进性原则，积极引进和应用国内外先进的汽车维修技术、设备和管理方法。通过引进先进技术，提升企业的维修能力和水平，确保企业在激烈的市场竞争中保持领先地位。技术体系建设应紧密结合企业的实际情况和需求，注重实用性和可操作性。在选择技术设备和制定技术流程时，应充分考虑企业的规模、人员素质和车型特点等因素，确保技术体系真正为企业的发展提供支持。

技术体系建设应遵循标准化原则，制定统一的技术标准、操作规范和质量要求。通过标准化管理，确保维修工作的规范性和一致性，提高维修效率和质量，降低因操作不当导致的风险。技术体系建设应注重可持续发展，关注环境保护和资源利用。在引进新技术和设备时，应充分考虑其环保性能和能效比，推动企业的绿色维修和可持续发展。

（二）技术体系建设的步骤

在进行技术体系建设之前，企业应明确建设目标，包括提升维修效率、保障维修质量、降低运营成本等。根据目标制定具体的建设计划和实施方案，确保技术体系建设工作的顺利进行。企业需要开展技术调研与评估工作，了解国内外汽车维修技术的发展趋势和先进经验。同时，对企业现有的技术资源和能力进行评估，找出存在的问题和不足，为技术体系建设提供有针对性的改进方向。

在充分调研和评估的基础上，企业应制定技术体系框架，明确技术体系的构成和功能。框架应包括技术资源、技术能力、技术管理等方面，确保技术体系的完整性和系统性。

根据技术体系框架的要求，企业应积极引进先进的技术和设备，提升企业的维修能力和水平。在引进过程中，应注重技术的先进性和实用性，确保新技术和设备能够为企业的发展提供有力支持。技术体系的建设离不开员工的支持和参与。因此，企业需要加强员工培训和技术提升工作，提高员工的技术水平和操作能力。通过定期的培训、技术交流和技能竞赛等活动，激发员工的学习热情和创新精神，推动技术体系的不断完善和发展。

为了确保技术体系的正常运行和有效管理，企业应建立完善的技术管理制度。制度应包括技术标准、操作规范、质量监控、信息管理等方面，确保维修工作的规范性和一致性。同时，建立技术考核和激励机制，激发员工的技术创新和工作热情。

技术体系建设是一个持续不断的过程，企业需要不断地对技术体系进行改进和优化。通过收集客户反馈、分析维修数据、跟踪新技术发展等方式，发现技术体系中存在的问题和不足，及时进行改进和调整。同时，鼓励员工提出创新性的想法和建议，推动技术体系的不断创新和发展。

（三）技术体系建设中的注意事项

技术体系建设应与企业的发展战略相协同，确保技术体系能够为企业的发展提供有力支撑。在制定建设计划和实施方案时，应充分考虑企业的发展目标和市场需求，确保技术体系的先进性和实用性。

技术体系建设涉及多个部门和环节，需要各部门之间的紧密协作和沟通。企业应建立跨部门协作机制，明确各部门的职责和任务，加强信息共享和资源整合，确保技术体系建设的顺利进行。

专业人才是技术体系建设的关键力量。企业应积极引进和培养专业人才，发挥其在技术研发、设备选型、操作规范制定等方面的作用。同时，为专业人才提供良好的工作环境和激励机制，激发其创新精神和工作热情。

三、技术体系的更新与升级

随着科技的不断进步和汽车行业的快速发展，汽车维修企业面临着技术更新与升级的重要任务。为了保持企业的竞争力，提升维修效率和质量，汽车维修企业必须不断对技术体系进行更新与升级。

（一）技术体系更新与升级的必要性

随着汽车市场的不断扩大和消费者需求的多样化，汽车维修企业需要不断更新技术体系，以适应市场需求的变化。新车型、新技术的不断涌现要求企业掌握更先进的维修技术和设备，以提供更高效、更精准的维修服务。技术体系的更新与升级可以带来更先进的维修技术和设备，从而提升维修效率和质量。新技术的应用可以简化维修流程、缩短维修周期，提高维修工作的准确性和可靠性，降低因人为操作失误导致的风险。

通过技术体系的更新与升级，汽车维修企业可以提升自身的技术水平和创新能力，从而在激烈的市场竞争中脱颖而出。拥有先进技术的企业更有可能获得客户的信任和认可，提升品牌形象和市场份额。

（二）技术体系更新与升级的主要内容

汽车维修企业应积极引进新技术和设备，特别是针对新车型和新技术的维修需求。例如，采用先进的故障诊断系统、智能维修设备和机器人技术等，可以提高维修效率和质量，降低人工成本。对于已经应用的技术，汽车维修企业应根据市场和技术发展趋势进行升级和改进。例如，对现有的维修设备进行升级，提高设备的性能和稳定性；对现有的维修流程进行优化，减少不必要的环节和等待时间。

企业应加大技术研发和创新的投入，推动自主技术的研发和应用。通过研发新的维修技术、工艺和设备，提升企业的技术水平和创新能力，形成自身的技术优势和核心竞争力。

（三）技术体系更新与升级的实施步骤

企业应根据市场需求、技术发展趋势以及自身实际情况，制定技术体系更新与升级的计划。计划应明确更新与升级的目标、内容、时间节点和预算等，确保更新与升级工作的有序进行。企业需要开展市场调研，了解新技术和设备的市场应用情况、性能特点以及成本效益等。同时，对现有技术进行评估，找出存在的问题和不足，为更新与升级提供有针对性的改进方向。

根据市场调研和技术评估的结果，企业应选择适合自身需求的新技术和设备。在选择过程中，应综合考虑技术的先进性、实用性、成本效益以及供应商的信誉和服务等因素。企业按照制订的计划，逐步实施技术体系的更新与升级工作。这包括引进新技术和设备、升级现有技术、优化维修流程等。在实施过程中，应注重质量控制和安全管理，确保更新与升级工作的顺利进行。

技术体系的更新与升级需要员工具备相应的技能和知识。因此，企业需要加强对员工的培训和教育，提升他们的技术水平和操作能力。通过定期的培训、技能竞赛和考核等方式，激发员工的学习热情和创新精神。

技术体系的更新与升级是一个持续不断的过程。企业需要定期对更新与升级的效果进行评估，收集客户反馈和维修数据，分析存在的问题和不足，及时进行改进和调整。同时，关注新技术和新设备的发展动态，为未来的更新与升级做好准备。

（四）技术体系更新与升级中的注意事项

技术体系的更新与升级需要投入一定的资金和资源。因此，企业在进行更新与升级时，应注重成本控制和效益分析，确保投入与产出之间的平衡。避免盲目追求新技术和设备，导致资源浪费和成本增加。

在进行技术体系的更新与升级时，企业需要确保新技术与现有技术之间的稳定性和兼容性。避免因技术冲突或不匹配导致的问题和故障，确保维修工作的顺利进行。技术体系的更新与升级可能带来一定的风险和挑战。企业需要加强风险管理和安全控制，制定详细的风险应对措施和应急预案，确保更新与升级工作的顺利进行，并保障企业的正常运营。

四、技术体系与企业发展战略的协同

随着汽车行业的快速发展和市场竞争的加剧，汽车维修企业面临着巨大的挑战和机遇。为了保持竞争优势并实现可持续发展，汽车维修企业需要建立一套与企业发展战略相协同的技术体系。

（一）技术体系与企业发展战略的关系

技术体系是企业进行技术创新和技术应用的基础和支撑，它涵盖了企业的技术资源、技术能力、技术管理等方面。而企业发展战略则是企业根据自身情况和市场环境制定的长期发展规划和目标。技术体系与企业发展战略之间存在着密切的关系，二者相互依存、相互促进。

首先，技术体系是企业发展战略实现的重要保障。企业发展战略的实现需要技术的支撑和推动。只有拥有先进、完善的技术体系，企业才能在激烈的市场竞争中立于不败之地，实现长期稳定发展。其次，企业发展战略对技术体系的建设具有指导作用。企业发展战略明确了企业的发展方向和目标，为技术体系的建设提供了明确的指导。技术体系的建设应紧紧围绕企业的发展战略，以满足企业战略需求为导向，确保技术体系的建设与企业战略目标的实现相协调。

（二）技术体系与企业发展战略的协同原则

技术体系的建设应与企业发展战略的目标保持一致。企业应明确发展战略的核心目标，如提升市场份额、降低成本、提高客户满意度等，并根据这些目标来规划和建设技术体系。技术体系的建设应服务于企业战略目标的实现，确保技术投入与战略需求相匹配。企业应根据发展战略的需求，合理配置技术资源。在资金、人才、设备等方面，要确保技术体系的建设得到充分的支持。同时，要优化技术资源的配置，提高资源利用效率，避免资源浪费和重复建设。

技术创新是企业发展的核心动力。企业应积极推动技术创新，加强技术研发和成果转化，不断提升技术体系的先进性和竞争力。通过创新驱动，实现技术体系与企业发展战略的深度融合，推动企业持续发展和升级。

（三）技术体系与企业发展战略的协同策略

企业应制定技术体系与企业发展战略的协同发展规划，明确协同发展的目标、路径和措施。规划应充分考虑市场需求、技术发展趋势和企业自身条件，确保技术体系的建设与企业发展战略的协同性。企业应加大技术研发和创新的投入，提升技术体系的创新能力。通过引进先进技术、开展产学研合作、培养创新型人才等方式，推动企业技术创新和成果转化，为发展战略的实现提供有力支撑。

企业应建立科学、高效的技术管理体系，确保技术体系的有效运行。通过完善技术标准、规范操作流程、加强质量管理等方式，提高技术体系的稳定性和可靠性，为企业发展战略的实现提供坚实保障。企业应重视技术人才的培养和引进工作，为技术体系的建设提供人才保障。通过加强内部培训、开展技能竞赛、实施人才激励等方式，提高员工的技能水平和创新能力。同时，积极引进优秀人才，为企业的技术创新和发展注入新的活力。

（四）技术体系与企业发展战略协同的案例分析

以某知名汽车维修企业为例，该企业通过技术体系与企业发展战略的协同，实现了快速发展和市场竞争力的提升。该企业根据发展战略的需求，制定了技术体系的建设规划，并加大了对技术研发和创新的投入。同时，该企业优化了技术管理体系，提高了技术体系的稳定性和可靠性。此外，该企业还注重人才培养和引进工作，为技术体系的建设提供了有力的人才保障。通过这些措施的实施，该企业的技术体系不断完善，为企业的快速发展提供了有力支撑。

第三节　汽车维修企业质量控制与改进

一、质量控制体系的建立与运行

随着汽车产业的迅猛发展，汽车维修行业也迎来了前所未有的发展机遇。然而，在激烈的市场竞争中，如何确保维修质量，提升客户满意度，成为汽车维修企业亟待解决的问题。因此，建立并运行一套完善的质量控制体系，对于汽车维修企业而言至关重要。

（一）质量控制体系建立的必要性

汽车维修企业质量控制体系的建立，旨在通过系统化、标准化的管理手段，确保维修过程中的质量稳定可靠。具体来说，其必要性主要体现在以下几个方面：

提升维修质量。通过建立质量控制体系，企业可以对维修过程进行全程监控，及时发现并纠正潜在问题，从而提升维修质量。

提高客户满意度。优质的维修服务能够增强客户对企业的信任感，提高客户满意度，进而促进企业的业务发展。

降低经营风险。完善的质量控制体系有助于减少维修过程中的失误和纠纷，降低企业的经营风险。

（二）质量控制体系的建立步骤

企业应结合自身实际情况，制定明确的质量方针与目标，为质量控制体系的建立提供指导。质量方针应体现企业对质量的重视和追求，目标应具有可衡量性，便于企业评估体系运行效果。企业应针对汽车维修过程中的各个环节，制定详细的质量控制流程与标准。这些流程与标准应涵盖人员、设备、材料、工艺等方面，确保维修过程的规范化和标准化。

企业应设立专门的质量监测部门，负责对维修过程进行实时监测和评估。通过收集和分析维修数据，企业可以及时发现并纠正潜在问题，确保维修质量的稳定提升。企业应定期组织员工培训，提高员工的质量意识和技能水平。通过培训，使员工熟练掌握质量控制流程与标准，确保维修工作的顺利进行。

企业应建立完善的质量记录与档案管理制度，对维修过程中的关键信息进行记录和保存。这些记录与档案有助于企业追溯问题源头，分析质量问题的成因，为持续改进提供有力支持。

（三）质量控制体系的运行与维护

企业应确保员工在维修过程中严格遵循质量控制流程与标准，确保维修质量的稳定性和可靠性。对于违反流程与标准的行为，企业应予以严肃处理，以维护体系的权威性。企业应定期组织质量检查与审核活动，对维修质量进行全面评估。通过检查与审核，发现潜在问题并制定改进措施，确保质量控制体系的持续改进。

企业应建立客户沟通渠道，积极收集客户对维修质量的反馈意见。对于客户的投诉与建议，企业应认真分析原因并制定改进措施，不断提升客户满意度。企业应根据市场变化和企业发展需求，持续优化质量控制体系。通过引进新技术、新方法和新标准，不断提升维修质量和服务水平，增强企业的市场竞争力。

（四）质量控制体系运行的保障措施

企业领导应高度重视质量控制体系的建立与运行，为体系提供必要的资源保障和政策支持。领导层应积极参与体系运行过程，发挥示范引领作用，推动全员参与质量控制工作。企业应营造浓厚的质量文化氛围，使员工充分认识到质量对企业发展的重要性。通过举办质量月、质量竞赛等活动，激发员工的质量意识和创新精神，形成全员参与质量控制的良好氛围。

企业应建立完善的激励机制与考核评估体系，对在质量控制工作中表现突出的员工进行表彰和奖励。同时，对未能达到质量要求的员工进行督促和指导，确保其改进工作并提升质量。

二、质量控制标准的制定与执行

随着汽车行业的快速发展，汽车维修企业面临着日益激烈的市场竞争。为了提高维修质量和客户满意度，汽车维修企业需要制定并执行严格的质量控制标准。

（一）质量控制标准制定的意义

制定汽车维修企业质量控制标准，对于提升维修质量、保障客户权益、树立企业形象具有重要意义。具体来说，其意义主要体现在以下几个方面：

规范维修流程。通过制定质量控制标准，可以明确维修过程中的各个环节和操作步骤，规范员工的行为，确保维修工作的顺利进行。

提高维修质量。质量控制标准明确了维修工作的质量要求和验收标准，有助于员工把握维修质量的关键点，提高维修质量。

保障客户权益。制定并执行质量控制标准，可以确保维修工作的透明度和公正性，保障客户的合法权益，增强客户对企业的信任感。

提升企业形象。通过执行严格的质量控制标准，企业可以展示其专业性和责任心，树立良好的企业形象，吸引更多客户。

（二）质量控制标准的制定步骤

1. 分析市场需求与客户需求

在制定质量控制标准之前，企业需要对市场需求和客户需求进行深入分析。通过了解客户对维修质量、维修周期、服务态度等方面的期望，企业可以更有针对性地制定质量控制标准，满足客户的需求。

2. 借鉴行业标准与先进经验

企业应积极借鉴行业标准和先进经验，结合自身的实际情况，制定符合企业特色的质量控制标准。这有助于企业在行业竞争中保持领先地位，提升企业的竞争力。

3. 制定具体的质量控制标准

在制定具体的质量控制标准时，企业应关注以下几个方面：

（1）人员要求。明确维修人员应具备的技能水平、操作规范和安全意识等方面的要求，确保维修工作的人员素质符合要求。

（2）设备要求。规定维修设备的技术参数、性能要求和维护保养等方面的标准，确保维修设备的正常运行和维修质量。

（3）材料要求。明确维修所使用的材料应符合的标准和规格，避免使用不合格或假冒伪劣材料对维修质量造成影响。

（4）维修流程要求。制定详细的维修流程，包括故障诊断、拆卸、清洗、更换零部件、组装调试等各个环节的操作步骤和质量要求，确保维修工作的规范化和标准化。

（5）验收标准。设定维修工作的验收标准和检测方法，包括外观检查、性能测试、安全性能检测等，确保维修质量的合格性和可靠性。

4. 征求员工与客户意见

在制定质量控制标准的过程中，企业应积极征求员工和客户的意见。通过员工的参与，可以发现实际操作中可能存在的问题和不足，进一步完善标准。同时，客户的反馈也可以帮助企业了解市场需求和客户期望，使标准更加贴近客户实际需求。

（三）质量控制标准的执行与监督

企业应建立完善的质量控制标准执行机制，明确各级管理人员和操作人员的职责和权限。通过制定详细的执行计划和措施，确保质量控制标准得到全面贯彻和执行。企业应加强对员工的培训和教育，提高员工对质量控制标准的认识和理解。通过培训，使员工熟练掌握维修技能和质量要求，确保维修工作的质量和效率。

企业应建立严格的监督与考核机制，对维修过程进行全程监控和评估。通过定期检查、抽查和专项审计等方式，发现存在的问题和不足，并及时进行整改和改进。同时，对执行质量控制标准优秀的员工进行表彰和奖励，激励员工积极参与质量控制工作。企业应建立质量控制标准的反馈与改进机制，及时收集和分析员工、客户以及市场反馈的信息。通过对反馈信息的分析和处理，发现质量控制标准中存在的问题和不足，并及时进行修订和完善。同时，鼓励员工提出改进意见和建议，促进质量控制标准的不断优化和提升。

三、质量问题的识别与解决

汽车维修企业在日常运营中，难免会遇到各类质量问题，这些问题如果不得到及时识别与有效解决，不仅会影响企业的维修服务质量，还会对客户满意度和企业声誉造成损害。因此，汽车维修企业必须具备对质量问题进行快速识别和解决的能力。

（一）质量问题的识别

客户反馈是识别质量问题的重要途径。企业应建立有效的客户反馈机制，包括设立专门的客户服务热线、定期进行客户满意度调查等，以收集客户对维修服务的意见和建议。通过深入分析客户反馈，企业可以发现维修过程中存在的质量问题，如维修周期过长、维修效果不佳、服务态度不佳等。企业应定期对维修流程进行检查，确保各个环节的操作符合规范。通过内部流程检查，可以发现潜在的质量问题，如设备故障、操作失误、材料问题等。此外，企业还可以利用数据分析工具，对维修数据进行统计分析，找出可能存在的质量问题。

员工是维修服务的直接参与者，往往能发现一些客户和管理层难以察觉的质量问题。因此，企业应鼓励员工积极提出意见和建议，通过设立员工建议箱、开展员工座谈会等方式，收集员工对质量问题的看法和建议。

（二）质量问题的分类

在识别出质量问题后，企业需要对这些问题进行分类，以便更有针对性地制定解决方案。常见的质量问题可以分为以下几类：

技术性问题。包括故障诊断不准确、维修操作不规范、设备故障等。

材料问题。包括使用劣质材料、材料不符合规范等。

服务态度问题。包括服务态度冷漠、沟通不畅、回应不及时等。

流程问题。包括维修流程烦琐、效率低下、环节衔接不畅等。

（三）质量问题的解决策略

针对技术性问题，企业应加强对员工的技能培训，提高员工的专业水平。同时，企业可以引进先进的维修设备和诊断工具，提升维修服务的准确性和效率。此外，建立技术交流平台，鼓励员工之间分享经验和技术，也有助于解决技术性问题。对于材料问题，企业应建立严格的材料采购制度，确保采购的材料符合规范和质量要求。同时，加强对材料质量的检测和监督，防止劣质材料进入维修流程。此外，与信誉良好的供应商建立长期合作关系，也有助于保障材料质量。

服务态度问题直接影响到客户的满意度和忠诚度。因此，企业应加强对员工的服务意识培训，使员工充分认识到服务质量的重要性。同时，建立客户服务标准和流程，规范员工的服务行为。对于服务态度不佳的员工，企业应及时进行纠正和辅导，确保服务质量的提升。

针对流程问题，企业应对维修流程进行全面梳理和优化，简化烦琐环节，提高维修效率。同时，加强各个环节之间的衔接和沟通，确保信息的畅通和准确。此外，引入信息化管理系统，实现维修流程的数字化和智能化，也有助于解决流程问题。

（四）质量问题的持续改进

质量问题的解决不是一次性的任务，而是需要企业持续改进和完善的长期过程。为此，企业应建立质量问题解决和改进的闭环管理机制，确保质量问题得到彻底解决并防止类似问题的再次发生。

企业应建立完善的质量问题记录与档案管理制度，对每一个质量问题进行详细记录和分析。这有助于企业深入了解质量问题的成因和解决方案，为后续的质量改进提供有力支持。企业应定期对质量问题进行回顾和总结，分析问题的发生原因和解决方案的有效性。通过总结经验教训，企业可以不断完善质量管理制度和流程，提高质量问题的识别和解决能力。

针对常见的质量问题和易发问题，企业应制订具体的持续改进计划。这些计划应明确改进目标、措施和时间节点，确保质量问题的持续改进得到有效实施。为了确保质量问题的持续改进取得实效，企业可以引入第三方评估与监督机制。通过邀请专业机构或行业专家对企业的质量管理体系和维修服务进行评估和监督，企业可以及时发现潜在的质量问题并制定改进措施。

四、质量持续改进的策略与方法

在汽车维修行业中，质量的持续改进是确保企业长期竞争力的关键。通过不断优化维修流程、提升技术水平、加强员工培训等方式，汽车维修企业可以逐步提高维修质量和客户满意度，从而巩固和拓展市场份额。

（一）质量持续改进的重要性

质量持续改进是汽车维修企业不断追求卓越、提高竞争力的核心手段。通过持续改进，企业可以及时发现并解决存在的问题，优化维修流程，提高维修效率和质量。同时，持续改进也有助于企业满足客户日益增长的需求，提升客户满意度，进而增强企业的市场地位。

（二）质量持续改进的策略

汽车维修企业应设定明确的质量目标和标准，作为持续改进的导向。这些目标和标准应涵盖维修质量、服务态度、维修周期等方面，确保企业始终关注客户需求和市场动态。同时，企业应定期对目标和标准进行评估和调整，确保其与实际情况相符。企业应建立完善的质量管理体系，包括质量策划、质量控制、质量保证和质量改进等环节。通过制订详细的质量管理计划、设立专门的质量管理部门、明确各部门的质量职责等方式，确保质量管理体系的有效运行。

员工是企业质量持续改进的主体。因此，企业应加强员工的质量意识培训，使员工充分认识到质量的重要性，并积极参与质量改进活动。通过举办质量知识竞赛、设立质量改进奖励等措施，激发员工的质量改进热情。企业应积极引入先进的质量管理方法和工具，如六西格玛管理、精益生产等，以提高质量管理水平。同时，利用数据分析、质量统计等工具，对维修过程进行实时监控和评估，发现潜在的质量问题并及时解决。

（三）质量持续改进的方法

企业应定期对维修流程进行审查和优化，消除无效环节，简化操作流程，提高维修效率。通过引入自动化设备和信息化管理系统，实现维修流程的数字化和智能化，进一步提高维修质量和服务水平。企业应关注行业技术动态，及时引进新技术、新工艺和新材料，提高维修技术水平。同时，加强技术研发和创新，开发具有自主知识产权的维修技术和产品，增强企业的核心竞争力。

企业应不断提升客户服务水平，包括提高服务态度、加强客户沟通、完善售后服务等。通过建立客户档案、定期回访客户、及时处理客户投诉等方式，深入了解客户需求和反馈，为质量持续改进提供有力支持。企业应加强与供应商的合作与沟通，确保采购的材料和设备符合质量要求。同时，对供应商进行定期评估和筛选，选择具有良好信誉和优质产品的供应商，为维修质量的提升提供保障。

（四）质量持续改进的保障机制

企业应设立质量改进奖励制度，对在质量改进活动中表现突出的员工给予表彰和奖励。这有助于激发员工参与质量改进的积极性，推动质量持续改进活动的深入开展。企业应建立完善的质量监控与评估体系，对维修过程和质量进行实时监控和评估。通过定期的质量检查、客户满意度调查等方式，发现潜在的质量问题并及时解决。同时，对质量改进活动的效果进行定期评估和总结，为后续的改进活动提供经验和借鉴。

企业应积极营造持续改进的文化氛围，鼓励员工敢于尝试、勇于创新。通过举办质量改进经验分享会、开展质量改进主题活动等方式，增强员工的质量改进意识，推动质量持续改进活动的深入开展。

第四节　汽车维修企业标准化与认证管理

一、标准化的意义与原则

随着汽车行业的快速发展，汽车维修企业作为保障汽车安全、延长汽车使用寿命的重要环节，其运营管理和服务质量日益受到关注。标准化作为提升汽车维修企业管理水平和服务质量的有效手段，其意义与原则显得尤为重要。

（一）汽车维修企业标准化的意义

标准化将汽车维修过程中的各个环节进行规范，确保维修人员按照统一的标准进行操作，从而提高维修质量。标准化维修流程可以减少因操作不当导致的维修质量问题，提高客户满意度。标准化可以优化维修流程，减少不必要的环节，提高服务效率。通过制定标准化的作业指导书和操作规范，维修人员可以更快地掌握维修技能，提高维修效率，缩短维修周期。

标准化有助于汽车维修企业实现资源的合理配置和有效利用，降低运营成本。通过统一采购、统一管理等手段，企业可以降低采购成本和管理成本，提高经济效益。标准化可以提升汽车维修企业的品牌形象和市场竞争力。通过提供标准化、高质量的维修服务，企业可以赢得客户的信任和口碑，吸引更多客户，扩大市场份额。

（二）汽车维修企业标准化的原则

汽车维修企业标准化应遵循系统性原则，将维修过程中的各个环节作为一个整体进行考虑。在制定标准时，应充分考虑各环节之间的衔接和配合，确保整个维修过程的连贯性和协调性。标准化应紧密结合汽车维修企业的实际情况，注重实用性和可操作性。制定的标准应简单易懂、便于执行，能够真正起到指导维修工作的作用。同时，标准应具有一定的灵活性，以适应不同车型和维修需求的变化。

汽车维修企业标准化应追求先进性，积极引进国内外先进的维修技术和管理经验。通过借鉴和学习先进的标准化理念和方法，不断提升企业的维修水平和服务质量，保持与行业发展同步。标准化是一个持续不断的过程，需要不断地进行改进和完善。汽车维修企业应建立标准化的持续改进机制，定期对现有标准进行评估和调整，以适应市场变化和客户需求的变化。同时，企业应鼓励员工积极参与标准化改进活动，提出改进意见和建议，推动标准化的不断完善。

（三）实施汽车维修企业标准化的策略

汽车维修企业应制定完善的标准化体系，包括技术标准、管理标准、工作标准等。这些标准应覆盖维修过程中的各个环节和方面，确保维修工作的规范化和标准化。企业应加强对员工的标准化培训，使员工了解标准化的意义、原则和方法，掌握相关标准和操作规范。通过培训，提高员工对标准化的认识和重视程度，确保标准化的有效实施。

企业应建立标准化的考核机制，对员工的维修工作进行定期考核和评价。通过考核，发现员工在维修过程中存在的问题和不足，及时进行纠正和改进，推动标准化的深入实施。汽车维修企业应加强与行业协会和监管部门的沟通与合作，及时了解行业标准和政策动态，参与行业标准的制定和修订工作。通过与行业协会和监管部门的合作，共同推动汽车维修行业的标准化发展。

二、标准化体系的建立与实施

随着汽车行业的快速发展，汽车维修企业作为保障汽车安全、延长汽车使用寿命的重要环节，其规范化、标准化发展显得尤为重要。标准化体系的建立与实施，不仅有助于提高汽车维修企业的管理水平和服务质量，还能增强企业的核心竞争力。

（一）汽车维修企业标准化体系建立的意义

标准化体系是汽车维修企业实现规范化、标准化运营的基础。通过建立标准化的作业流程、技术标准和管理规范，企业可以确保维修服务的一致性和可靠性，提高客户满意度。同时，标准化体系还有助于降低运营成本、提高工作效率，增强企业的市场竞争力。

（二）汽车维修企业标准化体系的建立步骤

在建立标准化体系之前，企业首先需要明确标准化的目标。这包括提高维修质量、提升服务效率、降低运营成本等方面。明确的目标有助于指导后续标准化工作的开展。根据标准化目标，企业需要制定一套完整的标准化制度。这包括技术标准、管理标准、工作标准等。技术标准应涵盖汽车维修的各个环节，确保维修操作的规范性和准确性；管理标准应涉及企业的组织结构、职责划分、管理流程等方面，确保企业运营的顺畅和高效；工作标准应明确员工的工作职责、操作规范、安全要求等，确保员工能够按照统一的标准进行工作。

在制定标准化制度的基础上，企业需要建立标准化的作业流程。这包括接待客户、故障诊断、维修操作、质量检验、交车结算等环节。通过优化流程、简化操作，企业可以提高工作效率和服务质量。标准化体系的建立需要员工的积极参与和支持。因此，企业需要开展标准化培训，使员工了解标准化的意义、原则和方法，掌握相关标准和操作规范。通过培训，提高员工对标准化的认识和重视程度，确保标准化的有效实施。

为确保标准化体系的有效运行，企业需要建立完善的监督与考核机制。通过定期检查和评估，企业可以及时发现标准化实施过程中存在的问题和不足，并进行改进和完善。同时，通过考核机制，企业可以激励员工积极参与标准化工作，推动标准化的深入实施。

（三）汽车维修企业标准化体系的实施策略

标准化体系的建立与实施需要企业领导的重视和支持。领导应充分认识到标准化的重要性，将其作为企业发展的战略任务来抓。同时，领导应积极参与标准化工作，为标准化体系的建立与实施提供有力的组织保障和资源支持。标准化体系涉及企业的各个方面和环节，需要全体员工的共同参与和协作。企业应营造积极的标准化氛围，鼓励员工提出改进意见和建议，共同推动标准化的深入实施。同时，企业应加强部门之间的沟通与协作，确保标准化工作的顺利开展。

标准化体系是一个动态发展的过程，需要不断地进行改进和优化。企业应建立标准化的持续改进机制，定期对现有标准进行评估和调整，以适应市场变化和客户需求的变化。同时，企业应关注行业发展趋势和新技术动态，及时引进先进的维修技术和管理方法，提升标准化水平。汽车维修企业在建立与实施标准化体系的过程中，应积极加强与外部机构的合作与交流。这包括与行业协会、标准化机构、科研机构等建立合作关系，共同开展标准化研究、制定行业标准、推广先进技术等。通过合作与交流，企业可以获取更多的标准化资源和信息支持，推动标准化工作的深入开展。

三、认证管理的流程与要求

随着汽车行业的蓬勃发展，汽车维修企业作为保障汽车安全、提升汽车性能的重要环节，其认证管理显得尤为重要。认证管理不仅有助于提升企业的服务质量和管理水平，还能增强企业的市场竞争力。

（一）汽车维修企业认证管理的意义

认证管理是对汽车维修企业服务质量和管理水平进行客观评价的重要手段。通过认证，企业可以展示自己的实力和能力，提升客户信任度；同时，认证过程也能帮助企业发现问题、改进不足，进而提升服务质量和管理水平。此外，认证还是企业参与市场竞争的重要资质，有助于企业扩大市场份额、提升品牌影响力。

（二）汽车维修企业认证管理的流程

汽车维修企业应选择具有权威性和公信力的认证机构进行认证。在选择认证机构时，企业应考虑其资质、认证范围、认证标准等因素，确保选择的认证机构符合企业需求和行业标准。企业在选择好认证机构后，需按照认证机构的要求提交认证申请。申请资料通常包括企业基本情况、经营范围、管理体系文件等。企业应确保申请资料的真实性和完整性，以便认证机构进行准确评估。

认证机构在收到申请后，会安排专家团队对企业进行现场审核。现场审核主要包括对企业的管理体系、设施设备、人员素质、服务质量等方面进行检查。企业应积极配合审核工作，提供必要的支持和协助。

现场审核结束后，认证机构会根据审核情况撰写审核报告，并作出认证决定。如企业符合认证要求，认证机构将颁发认证证书；如企业存在不足，认证机构将提出改进意见，并要求企业在规定时间内完成整改。

认证证书颁发后，认证机构将定期对企业进行监督审核，以确保企业持续符合认证要求。此外，企业还需在认证证书有效期满前进行复评，以维持认证资格。企业应积极配合监督审核和复评工作，不断提升服务质量和管理水平。

（三）汽车维修企业认证管理的要求

汽车维修企业应确保服务质量符合行业标准和客户需求。企业应建立完善的服务流程和质量管理体系，确保维修操作的规范性和准确性；同时，企业还应关注客户反馈，及时处理客户投诉，不断提升客户满意度。企业应加强对员工的培训和管理，确保员工具备相应的专业技能和职业素养。员工应熟悉汽车维修行业的相关法规和标准，掌握维修操作的基本知识和技能；同时，员工还应具备良好的服务意识和沟通能力，能够为客户提供优质的服务。

企业应配备符合行业标准的维修设备和工具，确保维修工作的顺利进行。同时，企业还应关注设施设备的维护和更新，确保设备的正常运行和安全性。此外，企业还应保持工作环境的整洁和卫生，为客户提供舒适的服务环境。

企业应建立完善的管理体系，包括质量管理、安全管理、环境管理等方面。企业应制定明确的管理制度和操作规程，确保各项工作的有序进行；同时，企业还应建立有效的监督机制，对各项工作进行定期检查和评估，确保管理体系的有效性。

企业应树立持续改进的理念，不断提升服务质量和管理水平。企业应关注行业发展趋势和新技术动态，及时引进先进的维修技术和管理方法；同时，企业还应积极参与行业交流和合作，学习借鉴其他企业的成功经验，推动企业的创新发展。

四、标准化与认证管理在提升企业信誉中的作用

随着汽车市场的不断扩大和消费者对于汽车服务品质要求的提升，汽车维修企业面临着日益激烈的市场竞争。在这一背景下，标准化与认证管理成为汽车维修企业提升信誉、增强竞争力的重要手段。

（一）标准化管理对提升企业信誉的作用

标准化管理通过制定统一的作业流程、技术标准和服务规范，确保了汽车维修企业在服务过程中的一致性和可靠性。这不仅能够提升客户满意度，还能够减少因服务差异导致的投诉和纠纷，进而增强企业的信誉。标准化管理有助于企业实现资源的合理配置和高效利用。通过制定科学的作业流程和合理的工时定额，企业能够减少资源浪费，提高工作效率。同时，标准化管理还能够促进企业内部各部门之间的协作与配合，实现资源的共享和优化配置，从而提升企业的整体运营效率。

实施标准化管理的企业通常具有更高的管理水平和更规范的服务流程，这有助于提升企业的整体形象。消费者在选择汽车维修企业时，往往会倾向于选择那些管理规范、服务质量高的企业。因此，标准化管理能够提升企业在消费者心中的地位，增强企业的信誉。

（二）认证管理对提升企业信誉的作用

认证管理是通过第三方认证机构对企业的管理体系、服务质量等方面进行评估和认证的过程。通过获得认证，企业能够客观地证明自己的实力和能力，展示自己在行业中的优势和地位。这有助于提升消费者对企业的信任度，提升企业的信誉。认证管理不仅要求企业符合一定的标准和要求，还要求企业建立持续改进的机制。在认证过程中，认证机构会对企业的管理体系和服务质量进行全面检查

和评估，并提出改进意见和建议。企业需要根据这些意见和建议进行整改和提升，以实现持续改进。这一过程有助于企业不断完善自身的管理体系和服务质量，提升企业的竞争力。

获得认证的企业往往能够得到行业和市场的广泛认可。认证机构通常具有权威性和公信力，其认证结果能够为企业赢得更多的信任和认可。这有助于企业在行业中树立良好的口碑和形象，提升企业的信誉和品牌价值。

（三）标准化与认证管理共同提升企业信誉

标准化管理与认证管理在提升企业信誉方面具有相辅相成的作用。标准化管理为认证管理提供了坚实的基础和保障，通过制定统一的标准和规范，确保企业在服务过程中的一致性和可靠性；而认证管理则是对标准化管理成果的客观验证和认可，通过第三方认证机构的评估和认证，进一步增强了企业的信誉和竞争力。

同时，标准化与认证管理还能够促进企业之间的交流和合作。在标准化和认证的过程中，企业可以学习借鉴其他企业的成功经验和管理方法，不断提升自身的管理水平和服务质量。此外，通过参与行业标准和认证体系的制定和推广，企业还能够为行业的健康发展做出积极贡献，进一步提升企业的社会形象和信誉。

（四）实施标准化与认证管理的挑战与对策

尽管标准化与认证管理在提升企业信誉方面具有重要作用，但在实施过程中也面临着一些挑战。例如，企业需要投入大量的时间和资源来建立和完善标准化管理体系和认证体系；同时，员工对于新标准和新要求的接受程度也可能影响实施的效果。

针对这些挑战，企业可以采取以下对策：一是加强内部培训和教育，提高员工对标准化与认证管理的认识和重视程度；二是制定合理的实施计划和时间表，确保各项工作的有序推进；三是积极寻求外部支持和合作，如与认证机构、行业协会等建立合作关系，共同推动标准化与认证管理的实施。

第八章　汽车维修企业服务管理

第一节　服务管理的概念与特点

一、服务管理的定义与内涵

随着汽车产业的飞速发展，汽车维修企业作为汽车产业链的重要环节，其服务管理质量直接关系到汽车用户的满意度和企业的长期发展。因此，深入探讨汽车维修企业服务管理的定义与内涵，对于提升维修企业的服务水平、增强企业竞争力具有重要意义。

（一）汽车维修企业服务管理的定义

汽车维修企业服务管理，是指在汽车维修企业中，通过一系列的管理活动，对服务过程进行计划、组织、指挥、协调、控制，以实现服务目标、提高服务质量、增强客户满意度和企业效益的过程。这一定义涵盖了服务管理的核心要素，即管理活动、服务过程、服务目标以及管理效果。

（二）汽车维修企业服务管理的内涵

服务理念是汽车维修企业服务管理的灵魂，决定了企业的服务方向和服务水平。一个优秀的汽车维修企业应树立"客户至上"的服务理念，将客户的需求和满意度放在首位，不断追求服务质量的提升。同时，企业文化也是服务管理的重要组成部分，它通过塑造企业价值观、行为规范和团队精神，影响员工的服务态度和行为，从而提升整体服务水平。服务流程是汽车维修企业服务管理的核心内容，它涉及服务从起始到结束的整个过程。一个完善的服务流程应包括接待、诊断、报价、维修、质检、交车等多个环节，每个环节都应有明确的操作规范和质量标准。通过优化服务流程、制定服务规范，可以确保服务过程的顺畅、高效和规范，提高客户满意度。

服务质量和效率是汽车维修企业服务管理的关键指标。服务质量包括服务的准确性、及时性、专业性和礼貌性等方面，它直接关系到客户的满意度和忠诚度。

服务效率则是指服务过程中时间、资源和成本的利用效率，高效的服务能够减少客户的等待时间、降低维修成本，提升企业的经济效益。人员是汽车维修企业服务管理的核心要素，他们的素质和能力直接决定了服务质量和效率。因此，企业应加强对员工的选拔、培训和考核，提高员工的专业技能和服务意识。同时，建立良好的激励机制和晋升机制，激发员工的工作积极性和创新精神，形成一支高素质、专业化的服务团队。

客户关系管理是汽车维修企业服务管理的重要组成部分，它涉及客户信息的收集、整理、分析和利用等方面。通过建立完善的客户档案，企业可以了解客户的购车信息、维修记录、需求偏好等，从而为客户提供更加个性化、精准的服务。此外，企业还应通过定期回访、满意度调查等方式，了解客户的反馈和意见，及时改进服务质量和流程。随着信息技术的不断发展，信息化和数字化管理已经成为汽车维修企业服务管理的重要趋势。通过引入先进的信息化管理系统，企业可以实现服务流程的自动化、数据化和智能化，提高服务效率和质量。同时，利用大数据、云计算等技术手段，企业可以对客户数据和服务数据进行深度挖掘和分析，为服务决策提供有力支持。

（三）汽车维修企业服务管理的重要性

汽车维修企业服务管理对于企业的长期发展具有重要意义。首先，优质的服务管理能够提升客户满意度和忠诚度，为企业赢得良好的口碑和品牌形象。其次，通过优化服务流程、提高服务效率和质量，企业可以降低运营成本、提高经济效益。此外，服务管理还能够促进企业内部管理的规范化和科学化，提升企业的整体竞争力。

（四）提升汽车维修企业服务管理水平的策略

为了提升汽车维修企业服务管理水平，企业可以采取以下策略：一是树立先进的服务理念和文化，引导员工树立正确的服务意识和价值观；二是优化服务流程、制定服务规范，确保服务过程的顺畅和高效；三是加强人员管理和培训，提升员工的专业技能和服务意识；四是加强客户关系管理和维护，建立长期稳定的客户关系；五是推进信息化和数字化管理，提高服务效率和质量。

二、服务管理的特点与要求

随着汽车产业的快速发展和消费者需求的日益多样化，汽车维修企业作为汽车产业链中的重要一环，其服务管理水平的高低直接影响到企业的竞争力和客户满意度。因此，深入了解和把握汽车维修企业服务管理的特点与要求，对于提升企业的服务质量、增强客户黏性具有重要意义。

（一）汽车维修企业服务管理的特点

汽车维修企业服务管理具有高度的专业性和技术性。这主要体现在维修技术的不断更新和维修设备的日益智能化。汽车维修企业需要掌握先进的汽车维修技术，了解各种车型的结构、原理和维修方法，以确保维修质量和效率。同时，随着新能源汽车、智能网联汽车等新型汽车的出现，汽车维修企业还需要不断更新维修技术和设备，以适应市场的变化。

汽车维修企业服务管理注重流程化和标准化。服务流程是企业提供服务的基础，包括接待、诊断、报价、维修、质检、交车等环节。通过制定标准化的服务流程，可以确保服务过程的规范性和一致性，提高服务质量和效率。此外，标准化管理还体现在作业标准、技术规范、服务标准等方面，以确保服务质量的稳定性和可靠性。

汽车维修企业服务管理具有客户导向性的特点。客户是企业生存和发展的基础，因此，汽车维修企业需要以客户为中心，关注客户需求和体验，提供个性化的服务。这要求企业建立完善的客户档案，了解客户的购车信息、维修记录、需求偏好等，以便为客户提供更加精准的服务。同时，企业还需要加强与客户的沟通互动，及时收集客户的反馈和意见，不断改进服务质量和流程。

汽车维修企业服务管理需要团队协作的支持。汽车维修服务是一个复杂的过程，需要多个部门和岗位的协同配合。因此，企业需要建立良好的团队协作机制，明确各部门的职责和协作关系，确保服务过程的顺畅和高效。同时，企业还需要加强员工的团队协作意识和能力培训，提高团队的凝聚力和执行力。

（二）汽车维修企业服务管理的要求

汽车维修企业服务管理的首要要求是提升服务质量与效率。企业需要通过优化服务流程、提高员工技能、引入先进设备等方式，不断提升维修质量和效率。同时，企业还需要关注客户体验，提供便捷、高效的服务，满足客户的多样化需求。客户关系管理是汽车维修企业服务管理的关键要求。企业需要建立完善的客户档案，了解客户的购车信息、维修记录等，以便为客户提供个性化的服务。此外，企业还需要加强与客户的沟通互动，及时收集客户的反馈和意见，不断改进服务质量和流程。通过强化客户关系管理，企业可以提高客户满意度和忠诚度，增强企业的市场竞争力。

信息化建设是汽车维修企业服务管理的重要要求。企业需要引入先进的信息化管理系统，实现服务流程的自动化、数据化和智能化。通过信息化建设，企业可以提高服务效率和质量，降低运营成本，提升企业的竞争力。同时，信息化建设还可以帮助企业更好地收集和分析客户数据，为服务决策提供有力支持。

人员培训与管理是汽车维修企业服务管理的基础要求。企业需要加强员工的技能培训和服务意识培养，提高员工的专业素质和服务水平。同时，企业还需要建立完善的激励机制和晋升机制，激发员工的工作积极性和创新精神。通过加强人员培训与管理，企业可以打造一支高素质、专业化的服务团队，为提升服务质量提供有力保障。汽车维修企业服务管理必须遵守行业规范与法律法规。企业需要遵循汽车维修行业的标准和规范，确保服务过程的合规性和安全性。同时，企业还需要遵守相关法律法规，如消费者权益保护法、环境保护法等，保障客户的合法权益和社会公共利益。

三、服务管理在现代汽车维修企业中的应用

随着现代社会的快速发展，汽车维修行业正面临着前所未有的挑战与机遇。作为连接汽车制造商和汽车消费者的关键环节，汽车维修企业不仅需要保证维修质量，更需提升服务品质，以满足消费者日益增长的需求。服务管理作为一种先进的管理理念和方法，在现代汽车维修企业中的应用显得尤为重要。

（一）服务管理在现代汽车维修企业中的重要作用

服务管理在现代汽车维修企业中发挥着举足轻重的作用。首先，服务管理有助于提升企业的整体服务质量。通过实施服务管理，企业可以规范服务流程，明确服务标准，确保每位员工都能为客户提供专业、高效的服务。其次，服务管理有助于增强客户满意度和忠诚度。优质的服务能够赢得客户的信任和支持，使客户成为企业的忠实拥趸，进而为企业带来稳定的客源和收益。最后，服务管理有助于提升企业的竞争力。在激烈的市场竞争中，服务质量往往成为企业胜出的关键。通过实施服务管理，企业可以不断提升自身的服务水平，从而在竞争中脱颖而出。

（二）服务管理在现代汽车维修企业中的具体应用

服务流程是汽车维修企业服务管理的核心。通过优化服务流程，企业可以提高服务效率，减少客户等待时间，提升客户满意度。首先，企业应对现有的服务流程进行全面梳理和分析，找出其中的瓶颈和问题。然后，针对这些问题，制定具体的优化措施，如简化流程、引入自动化设备、提高员工技能等。最后，对优化后的服务流程进行试运行和评估，确保其能够达到预期的效果。

客户关系管理是服务管理的重要组成部分。在现代汽车维修企业中，客户关系管理主要包括客户信息管理、客户沟通与客户满意度调查等方面。首先，企业应建立完善的客户信息档案，记录客户的购车信息、维修记录、联系方式等，以便为客户提供个性化的服务。其次，企业应加强与客户的沟通互动，及时了解客户的需求和反馈，解决客户的问题和疑虑。最后，企业应定期进行客户满意度调查，了解客户对服务的评价和建议，以便不断改进服务质量。

员工是汽车维修企业服务管理的主体，他们的素质和能力直接影响到服务质量。因此，企业应加强对员工的培训和激励。首先，企业应定期开展各种培训活动，提高员工的专业技能和服务意识。这些培训可以包括汽车维修技术培训、客户服务技巧培训等。其次，企业应建立完善的激励机制，通过设立奖金、晋升通道等方式，激发员工的工作积极性和创新精神。

随着信息技术的快速发展，信息化和智能化已经成为现代汽车维修企业服务管理的重要趋势。通过引入信息化管理系统和智能化设备，企业可以实现对服务流程的自动化、数据化和智能化管理。例如，企业可以利用信息化管理系统实现客户信息的快速录入和查询、维修进度的实时跟踪和反馈等；同时，企业还可以引入智能化诊断设备，提高故障诊断的准确性和效率。这些信息化和智能化应用不仅可以提升服务效率和质量，还可以降低运营成本，提高企业的经济效益。

（三）服务管理在现代汽车维修企业中的挑战与对策

尽管服务管理在现代汽车维修企业中具有广泛的应用前景，但在实际应用过程中也面临着一些挑战。首先，企业需要投入大量的资源和精力来推进服务管理改革，包括人员培训、系统建设等方面。这可能会对企业的运营成本造成一定的压力。其次，服务管理的实施需要全体员工的积极参与和配合，但在实际操作中，员工可能因为对改革的不理解或抵触而产生抵触情绪。此外，随着市场的不断变化和客户需求的不断升级，企业需要不断更新和完善服务管理体系，以适应市场的变化。

针对这些挑战，企业可以采取以下对策：一是加强内部沟通和协调，确保全体员工对服务管理改革的理解和支持；二是制定详细的实施计划和时间表，确保改革的有序推进；三是加大对服务管理改革的投入力度，包括人员培训、系统建设等方面；四是建立灵活的服务管理体系，根据市场变化和客户需求进行及时调整和完善。

四、服务管理与其他管理模块的关系

汽车维修企业作为汽车产业链中的重要一环，其管理涉及多个方面，包括服务管理、人力资源管理、财务管理、战略管理、组织结构管理等。这些管理模块之间相互关联、相互影响，共同构成了汽车维修企业的管理体系。

（一）服务管理与人力资源管理的关系

人力资源是汽车维修企业的核心资源，而服务管理则是将人力资源转化为企业价值的关键过程。服务管理要求企业根据客户需求和市场变化，提供高效、专业的维修服务。这离不开员工的积极参与和高效执行。因此，人力资源管理在服务管理中发挥着至关重要的作用。

首先，人力资源管理通过招聘、培训、绩效管理等手段，确保企业拥有具备专业技能和服务意识的员工队伍。这些员工能够按照服务管理的要求，为客户提供优质的服务体验。其次，人力资源管理还关注员工的激励和福利，以激发员工的工作积极性和创造力。一支满意的员工队伍将更有可能提供高质量的服务，从而提高客户对企业的信任和忠诚度。因此，服务管理与人力资源管理是相互促进、相互依存的关系。服务管理需要人力资源管理的支持，而人力资源管理也需要通过服务管理来实现其价值。

（二）服务管理与财务管理的关系

财务管理是汽车维修企业的重要管理模块，它涉及企业的资金运作、成本控制、风险管理等方面。服务管理与财务管理之间的关系主要体现在以下几个方面：

首先，服务管理要求企业提供高效、专业的维修服务，这需要投入大量的资金和资源。财务管理需要确保企业有足够的资金支持服务管理的实施，包括设备购置、员工培训、市场推广等方面的投入。其次，服务管理过程中的成本控制和风险管理也是财务管理的重要内容。通过制定合理的收费标准、优化服务流程、降低运营成本等手段，服务管理可以帮助企业实现盈利和可持续发展。同时，财务管理也需要对服务过程中可能出现的风险进行预测和防范，确保企业的稳健运营。因此，服务管理与财务管理是紧密相连的。服务管理需要财务管理的支持和保障，而财务管理也需要通过服务管理来实现企业的经济效益和社会效益。

（三）服务管理与战略管理的关系

战略管理是汽车维修企业的顶层设计，它涉及企业的长期发展规划和目标设定。服务管理作为战略管理的重要组成部分，是实现企业战略目标的关键手段。

首先，战略管理为服务管理提供了方向和目标。企业根据市场环境和竞争态势，制定相应的发展战略和业务规划。服务管理需要根据这些战略和目标，制定相应的服务策略和服务标准，以确保企业的服务能够满足客户需求并赢得市场份额。

其次，服务管理的实施情况也反过来影响战略管理的调整和优化。通过收集客户反馈和市场信息，服务管理可以及时发现市场变化和客户需求的变化，为战略管理提供重要的决策依据。企业可以根据这些信息调整战略方向、优化业务结构，以更好地适应市场变化和客户需求。

因此，服务管理与战略管理是相辅相成的。战略管理为服务管理提供指导，而服务管理则为战略管理提供支持和反馈，共同推动企业的持续发展。

（四）服务管理与组织结构管理的关系

组织结构管理涉及企业的部门设置、职责划分和协调机制等方面。服务管理与组织结构管理之间的关系主要体现在以下几个方面：

首先，合理的组织结构能够为服务管理提供有力的支持。通过明确的部门职责和协调机制，企业可以确保各个部门之间的顺畅沟通和协作，共同为客户提供优质的服务体验。

其次，服务管理也需要不断优化组织结构以适应市场变化和客户需求的变化。随着汽车维修市场的不断发展和竞争的加剧，企业可能需要调整部门设置、优化人员配置、加强跨部门协作等，以更好地满足客户需求并提升服务质量。

因此，服务管理与组织结构管理需要相互配合、相互调整，以实现企业的最佳运营效果。

第二节　汽车维修企业服务流程与服务标准

一、服务流程的设计与优化

汽车维修企业作为汽车产业链的重要环节，其服务流程的设计与优化直接关系到客户满意度、企业运营效率以及市场竞争力。随着汽车行业的快速发展和消费者需求的日益多样化，对汽车维修企业服务流程的要求也越来越高。

（一）汽车维修企业服务流程设计的重要性

汽车维修企业服务流程设计是企业运营的基础，它决定了企业如何接收客户需求、安排维修工作、提供服务以及收取费用等一系列活动。一个优秀的服务流程设计能够确保企业在短时间内响应客户需求，提高维修效率，降低运营成本，进而提升客户满意度和忠诚度。同时，良好的服务流程设计还能够增强企业的市场竞争力，使企业在激烈的市场竞争中脱颖而出。

（二）汽车维修企业服务流程设计的原则

以客户为中心。服务流程设计应始终以客户需求为出发点和落脚点，确保客户在维修过程中得到及时、专业、周到的服务。

高效与便捷。服务流程应尽可能简化，减少不必要的环节和等待时间，提高维修效率，为客户提供便捷的服务体验。

质量与安全。服务流程设计应确保维修质量和安全，遵循相关法规和行业标准，保障客户车辆的安全和性能。

信息化与智能化。借助现代信息技术和智能化设备,实现服务流程的自动化、数据化和智能化管理,提高管理效率和服务质量。

（三）汽车维修企业服务流程的设计步骤

需求分析。通过对市场需求、客户需求和企业内部需求的深入分析,明确服务流程设计的目标和方向。

流程梳理。对现有服务流程进行全面梳理,找出存在的问题和瓶颈,为优化提供依据。

流程设计。根据需求分析和流程梳理的结果,设计新的服务流程,包括客户接待、故障诊断、维修作业、质量检查、结算交车等环节。

流程测试。对新设计的服务流程进行试运行和测试,收集客户反馈和员工意见,对流程进行微调和完善。

流程实施。在测试通过后,正式实施新的服务流程,并对实施过程进行监控和评估,确保流程的有效运行。

（四）汽车维修企业服务流程的优化策略

引入先进的管理理念和工具。借鉴其他行业的成功经验,引入六西格玛、精益管理等先进的管理理念和方法,以及使用 CRM、ERP 等信息化管理系统,提升服务流程的管理水平和效率。

加强员工培训与激励。定期对员工进行技能培训和服务意识培训,提高员工的专业素质和服务水平;同时,建立合理的激励机制,激发员工的工作积极性和创新精神。

优化资源配置。根据市场需求和企业实际情况,合理配置人力资源、设备资源和物资资源,确保服务流程的顺畅运行。

创新服务模式。探索新的服务模式,如预约服务、上门服务、快速维修等,以满足不同客户的需求,提升客户满意度。

建立持续改进机制。定期对服务流程进行评估和审查,及时发现问题并进行改进;同时,鼓励员工提出改进意见和建议,形成全员参与、持续改进的良好氛围。

（五）汽车维修企业服务流程设计与优化的注意事项

注重客户体验。在服务流程设计与优化过程中,要始终关注客户体验,确保客户在维修过程中感受到专业、便捷和舒适的服务。

保持灵活性。服务流程设计应具有一定的灵活性,以适应不同客户的需求和市场变化。

强化跨部门协作。服务流程涉及多个部门和岗位,需要强化跨部门之间的沟通与协作,确保流程的顺畅运行。

遵循法规与标准。服务流程设计应遵守相关法律法规和行业标准，确保企业的合规经营。

二、服务标准的制定与执行

汽车维修企业作为汽车产业链的重要组成部分，其服务质量的优劣直接影响到客户的满意度和企业的声誉。为了提升服务质量，确保服务的规范化、专业化和高效化，制定并执行一套科学、合理的服务标准显得尤为重要。

（一）汽车维修企业服务标准制定的必要性

服务标准的制定是汽车维修企业实现服务规范化的基础。通过制定明确的服务标准，企业可以确保服务过程中的各个环节都有明确的操作规范和质量要求，从而避免服务质量的波动和不确定性。同时，服务标准还可以作为员工培训的参考依据，帮助员工快速掌握服务技能，提高服务效率和质量。

此外，服务标准的制定还有助于提升企业的形象和竞争力。一套完善的服务标准可以体现企业的专业性和管理水平，增强客户对企业的信任和认可。在激烈的市场竞争中，优质的服务标准可以成为企业吸引客户、留住客户的重要手段。

（二）汽车维修企业服务标准的制定原则

以客户为中心。服务标准的制定应始终围绕客户的需求和期望展开，确保服务内容、服务流程和服务质量都符合客户的期望。

科学性与实用性。服务标准应基于汽车维修行业的特点和企业的实际情况制定，既要符合行业规范，又要具有可操作性和实用性。

系统性与完整性。服务标准应涵盖汽车维修服务的各个方面，包括接待、诊断、维修、质检、交车等环节，形成一个完整的服务体系。

持续改进。服务标准不是一成不变的，应根据市场变化、客户需求和技术发展进行不断调整和优化。

（三）汽车维修企业服务标准的制定步骤

市场调研与需求分析。通过对市场和客户需求的深入调研，了解客户对汽车维修服务的期望和要求，为服务标准的制定提供依据。

服务流程梳理与优化。对现有服务流程进行全面梳理，找出存在的问题和不足，结合客户需求和行业规范进行优化和改进。

服务内容与服务标准的确定。根据优化后的服务流程，确定具体的服务内容和服务标准，包括服务时间、服务价格、服务质量等方面。

服务标准的审核与发布。组织相关部门和专家对服务标准进行审核和评估，确保标准的科学性和实用性；通过内部培训和宣传，使员工了解并遵守服务标准。

（四）汽车维修企业服务标准的执行与监督

严格执行服务标准。企业应要求全体员工严格按照服务标准进行操作，确保服务过程的规范化和标准化。对于违反服务标准的行为，应及时进行纠正和处理。

加强员工培训与教育。定期对员工进行服务标准的培训和教育，提高员工对服务标准的认识和理解，增强员工的服务意识和质量意识。

建立服务质量考核机制。通过设立服务质量考核指标和奖惩机制，激励员工积极执行服务标准，提高服务质量。同时，对服务质量不佳的员工进行辅导和帮助，促进其改进和提升。

定期开展服务质量检查。组织相关部门定期对服务质量进行检查和评估，及时发现并解决服务过程中存在的问题和不足。对于重大问题或客户投诉，应及时进行调查和处理。

收集客户反馈并持续改进。通过客户满意度调查、客户回访等方式收集客户对服务的反馈意见，对服务标准进行持续改进和优化。同时，关注行业动态和技术发展，及时将新的理念和技术引入到服务标准中。

（五）汽车维修企业服务标准制定与执行的注意事项

确保标准的可操作性和实用性。在制定服务标准时，应充分考虑企业的实际情况和员工的操作能力，避免制定过于烦琐或难以执行的标准。

强化跨部门协作与沟通。服务标准的制定和执行涉及多个部门和岗位，需要加强跨部门之间的沟通与协作，确保标准的顺利推进。

注重客户体验与满意度。在制定和执行服务标准时，应始终关注客户体验和满意度，确保服务内容和服务质量符合客户的期望和需求。

定期评估与更新标准。随着市场变化和客户需求的变化，服务标准也需要进行定期评估和更新，以适应新的环境和需求。

第三节　汽车维修企业服务质量管理与提升

一、服务质量管理体系的构建

汽车维修企业作为汽车产业链的重要环节，其服务质量直接关系到客户的满意度和企业的声誉。随着汽车市场的不断扩大和消费者需求的多样化，对汽车维修企业的服务质量要求也越来越高。因此，构建一套科学、有效的服务质量管理体系，成为汽车维修企业提升竞争力的关键。

（一）服务质量管理体系构建的重要性

构建服务质量管理体系有助于汽车维修企业实现服务质量的规范化、标准化和持续改进。通过明确服务标准、规范服务流程、强化员工培训、建立考核机制等措施，企业可以确保服务质量的稳定性和可靠性，提升客户满意度和忠诚度。同时，服务质量管理体系还能够帮助企业及时发现并解决服务过程中存在的问题和不足，促进企业的持续改进和发展。

（二）服务质量管理体系的构建原则

客户导向。将客户需求和满意度作为服务质量管理体系的核心，确保所有服务活动都以满足客户期望为目标。

系统性。将服务质量管理体系作为一个整体进行设计，确保各个部分相互协调、相互支持，形成一个完整的服务质量保证系统。

持续改进。注重服务质量的不断提升和改进，通过定期评估、反馈和调整，推动服务质量管理体系的持续优化。

全员参与。鼓励全体员工积极参与服务质量管理体系的建设和运行，形成共同关注服务质量的良好氛围。

（三）服务质量管理体系的构建步骤

明确服务理念和目标。根据企业定位和市场需求，明确服务理念和目标，为构建服务质量管理体系提供指导。

制定服务标准和流程。结合行业规范和客户需求，制定详细的服务标准和流程，确保服务过程的规范化和标准化。

建立组织架构和职责分工。明确服务质量管理体系的组织架构和职责分工，确保各项服务活动的有序进行。

强化员工培训和考核。加强员工对服务质量管理体系的培训和考核，提高员工的服务意识和技能水平。

实施服务质量监控和评估：通过设立监控点和评估指标，对服务质量进行实时监控和定期评估，及时发现并解决问题。

建立持续改进机制。根据监控和评估结果，对服务质量管理体系进行持续改进和优化，提升服务质量水平。

（四）服务质量管理体系的关键要素

服务标准与流程。明确的服务标准和流程是服务质量管理体系的基础，它们为员工提供了操作指南和行为规范，确保服务过程的一致性和高效性。

员工培训与素质提升：员工是服务质量的直接执行者，他们的素质和技能水平直接影响到服务质量。因此，企业需要加强员工的培训和教育，提升员工的服务意识和专业能力。

客户关系管理。良好的客户关系管理是提升服务质量的关键。企业需要建立完善的客户档案，记录客户的需求和反馈，以便更好地了解客户，提供个性化的服务。

信息管理与技术应用。利用现代信息技术手段，如客户关系管理系统、大数据分析等，可以帮助企业更好地收集、分析和利用客户信息，优化服务流程，提升服务质量。

服务质量评价与改进。定期对服务质量进行评价和反馈，及时发现问题并进行改进，是确保服务质量持续提升的关键环节。企业需要建立有效的评价机制，激励员工积极参与服务质量的改进工作。

（五）服务质量管理体系的运行与维护

定期审查与更新。服务质量管理体系需要定期审查与更新，以适应市场变化、客户需求和技术发展。企业应建立定期审查机制，对服务质量管理体系进行全面检查和评估，及时发现问题并进行改进。

加强沟通与协作。服务质量管理体系的运行需要各部门之间的密切沟通与协作。企业应建立有效的沟通机制，促进部门之间的信息共享和协同工作，确保服务质量管理体系的顺畅运行。

激励与约束机制。企业应建立激励与约束机制，对在服务质量管理体系中表现优秀的员工进行表彰和奖励，对违反服务标准和流程的员工进行惩罚和纠正，以维护服务质量管理体系的严肃性和有效性。

二、服务质量持续提升的策略与方法

随着汽车行业的快速发展和市场竞争的日益激烈，汽车维修企业面临着巨大的挑战和机遇。为了保持竞争优势并满足客户需求，持续提升服务质量成为汽车维修企业的关键任务。

（一）明确服务质量提升的目标与意义

汽车维修企业需要明确服务质量提升的目标和意义。服务质量提升不仅关乎客户的满意度和忠诚度，还直接影响到企业的声誉和市场份额。通过提升服务质量，企业可以赢得客户的信任和支持，增加回头客数量，进而提升企业的竞争力和盈利能力。

（二）制定科学的服务质量提升策略

员工是服务质量的直接执行者，他们的服务意识和技能水平直接影响到服务质量的优劣。因此，汽车维修企业应加强对员工的培训和教育，提升他们的服务意识和专业技能。通过定期的技能培训、服务案例分享和经验交流等方式，使员工掌握最新的维修技术和服务理念，提高服务质量和效率。

服务流程与标准是服务质量提升的基础。汽车维修企业应针对客户需求和市场变化，不断优化服务流程，简化操作步骤，提高服务效率。同时，制定明确的服务标准，确保服务过程的规范化和标准化，减少服务差错和纠纷。

客户关系管理是提升服务质量的重要手段。汽车维修企业应建立完善的客户档案，记录客户的车辆信息、维修记录、反馈意见等，以便更好地了解客户需求，提供个性化的服务。同时，加强与客户的沟通和互动，及时解决客户问题，增强客户对企业的信任和满意度。

借助现代信息技术和管理工具，可以提高汽车维修企业的服务质量和效率。例如，引入智能化的维修管理系统，实现维修过程的实时监控和数据分析；利用客户关系管理系统，优化客户服务流程，提升客户满意度；通过移动应用或在线平台，提供便捷的预约、咨询和支付等服务，提升客户体验。

（三）实施有效的服务质量提升方法

汽车维修企业应定期对服务质量进行评估和反馈，以便及时发现问题并进行改进。通过客户满意度调查、服务过程监控、质量抽查等方式，收集客户对服务的反馈意见，分析服务过程中存在的问题和不足，制定改进措施。建立有效的激励与约束机制，对于提升服务质量具有重要意义。汽车维修企业可以设立服务质量奖，对在服务质量方面表现突出的员工进行表彰和奖励；同时，对于服务质量不佳或违反服务标准的员工，采取相应的惩罚措施，以维护服务质量的稳定和可靠性。

在市场竞争日益激烈的今天，持续创新和服务升级是汽车维修企业提升服务质量的关键。企业应关注行业动态和技术发展，及时引入新的维修技术和服务理念，提升服务水平和竞争力。同时，根据客户需求和市场变化，不断推出新的服务项目和产品，满足客户的多样化需求。

（四）构建服务质量文化

服务质量文化的构建是汽车维修企业持续提升服务质量的重要保障。企业应树立以客户为中心的服务理念，强调服务质量和客户满意度的重要性。通过内部宣传、培训和教育等方式，使员工深刻认识到服务质量对企业发展的关键作用，形成共同关注服务质量的良好氛围。

（五）加强行业合作与交流

加强行业合作与交流也是提升服务质量的有效途径。汽车维修企业可以积极参加行业组织、技术论坛等活动，与同行交流经验、分享技术，共同推动服务质量的提升。同时，与其他相关行业建立合作关系，实现资源共享和优势互补，提升企业的综合竞争力。

第四节　汽车维修企业服务创新与个性化服务

一、服务创新的重要性与原则

随着汽车产业的不断发展，汽车维修企业作为汽车产业链的重要一环，面临着日益激烈的市场竞争和客户需求多样化的挑战。在这样的背景下，服务创新成为汽车维修企业提升竞争力、实现可持续发展的关键所在。

（一）汽车维修企业服务创新的重要性

服务创新能够为企业带来更加高效、便捷、个性化的服务体验，满足客户的多样化需求。通过创新服务方式、优化服务流程、提升服务质量，汽车维修企业能够赢得客户的信任和满意，进而提升客户的忠诚度和口碑传播效应。在激烈的市场竞争中，服务创新是汽车维修企业区别于竞争对手的重要手段。通过创新服务模式、拓展服务领域、提升服务品质，企业能够形成独特的竞争优势，吸引更多客户，提升市场份额。

服务创新有助于汽车维修企业适应市场变化和技术发展，保持与时俱进。通过不断创新，企业能够不断提升自身的服务能力和水平，实现可持续发展。同时，服务创新还能够为企业带来新的增长点和发展机遇，推动企业不断壮大。

（二）汽车维修企业服务创新的原则

服务创新的出发点和落脚点都应该是客户的需求和满意度。汽车维修企业在进行创新时，应深入了解客户的真实需求，关注客户的体验感受，确保创新服务能够真正满足客户的期望。同时，企业还应建立有效的客户反馈机制，及时收集客户的意见和建议，不断优化服务创新方案。

技术创新是服务创新的重要支撑。汽车维修企业应积极引进和应用新技术、新工艺、新材料，提升维修效率和质量。同时，企业还应加强技术研发和创新能力建设，推动技术创新与服务创新的深度融合，形成具有自主知识产权的核心竞争力。服务创新并不意味着服务流程的复杂化。相反，企业应追求服务流程的简洁与高效，减少不必要的环节和等待时间，提高服务效率。通过优化服务流程、提升员工素质、加强团队协作等方式，实现服务创新与服务效率的双重提升。

在客户需求多样化的背景下，汽车维修企业应追求服务的个性化与差异化。通过细分客户群体、了解不同客户的需求特点，制定针对性的服务方案，提供个性化的服务体验。同时，企业还应关注市场动态和竞争对手情况，通过差异化服务形成自身的竞争优势。

服务创新需要在保证服务质量的前提下，充分考虑成本效益。汽车维修企业在进行创新时，应合理评估创新投入与产出比，确保创新服务的经济效益。同时，企业还应加强成本控制和风险管理，确保服务创新的稳健发展。

随着环保意识的日益增强，汽车维修企业在服务创新过程中应充分考虑可持续发展和环境保护。通过采用环保材料、推广绿色维修技术、优化能源利用等方式，降低维修过程中的环境污染和资源消耗。同时，企业还应加强员工环保意识的培养，形成全员参与环保的良好氛围。

（三）服务创新的具体实施策略

汽车维修企业应建立专门的创新团队，负责服务创新的规划、实施和评估。同时，企业应建立健全的创新机制，包括激励机制、合作机制、学习机制等，为服务创新提供有力保障。企业应积极与高校、科研机构、行业协会等外部资源进行合作与交流，引进先进的服务理念和技术，提升服务创新水平。通过产学研合作、技术联盟等方式，实现资源共享和优势互补。

企业应积极营造创新文化氛围，鼓励员工敢于尝试、勇于创新。通过举办创新大赛、设立创新基金等方式，激发员工的创新热情和积极性。同时，企业还应加强创新成果的宣传和推广，形成全员参与创新的良好氛围。

二、个性化服务的实施与管理

随着汽车市场的日益繁荣和消费者需求的多样化，汽车维修企业面临着越来越大的竞争压力。为了提升客户满意度和忠诚度，个性化服务成了汽车维修企业的重要发展方向。

（一）个性化服务的内涵与重要性

个性化服务是指根据客户的个性化需求和偏好，提供定制化的服务解决方案。在汽车维修领域，个性化服务包括但不限于定制化维修方案、个性化保养计划、专属客户经理服务等。通过提供个性化服务，汽车维修企业能够更好地满足客户的多样化需求，提升客户满意度和忠诚度，进而增强企业的竞争力。

（二）个性化服务的实施策略

实施个性化服务的关键在于深入了解客户的需求。汽车维修企业可以通过多种途径获取客户需求信息，如定期的客户调查、维修过程中的沟通交流、客户反馈等。企业应对客户信息进行整理和分析，形成客户画像，为后续的个性化服务提供数据支持。根据客户需求信息，汽车维修企业应制定个性化的服务方案。例如，针对不同车型和驾驶习惯的客户，提供不同的维修和保养建议；针对高端客户，提供专属客户经理服务，全程跟踪客户需求和满意度等。个性化服务方案应体现出差异化和独特性，以吸引和留住客户。

个性化服务的实施需要员工具备较高的服务意识和专业技能。汽车维修企业应加强对员工的培训和教育，提升他们的服务水平和专业能力。同时，企业还应建立激励机制，鼓励员工积极参与个性化服务的实施，提高服务质量和效率。

（三）个性化服务的管理措施

个性化服务的实施需要建立完善的服务流程，确保服务的规范化和高效性。汽车维修企业应制定详细的服务流程，明确各个环节的职责和要求，确保服务的顺畅进行。同时，企业还应建立监督机制，对服务过程进行实时监控和评估，及时发现和解决问题。客户关系管理是个性化服务的重要组成部分。汽车维修企业应建立完善的客户档案，记录客户的车辆信息、维修记录、反馈意见等，以便更好地了解客户需求和提供个性化服务。同时，企业还应加强与客户的沟通和互动，及时解答客户疑问，处理客户投诉，提升客户满意度。

个性化服务是一个持续优化的过程。汽车维修企业应定期对服务方案进行评估和调整，根据市场变化和客户需求的变化，不断完善和优化服务方案。企业可以通过客户反馈、市场调研等方式获取客户对服务的评价和建议，为服务优化提供数据支持。随着信息技术的发展，汽车维修企业可以引入先进的客户关系管理系统（CRM）、数据分析工具等，提升个性化服务的管理效率。通过 CRM 系统，企业可以实现对客户信息的整合和分析，为个性化服务提供数据支持；通过数据分析工具，企业可以对服务过程进行实时监控和评估，及时发现和解决问题。

（四）个性化服务实施的注意事项

在获取客户信息的过程中，汽车维修企业应尊重客户的隐私权，确保客户信息的安全性和保密性。企业应采取有效的措施，防止客户信息泄露和滥用。个性化服务并非无限制地满足客户需求，企业应避免过度服务，以免造成资源浪费和成本增加。在服务过程中，企业应把握好服务的度，确保服务的合理性和有效性。市场环境和客户需求是不断变化的，汽车维修企业在实施个性化服务的过程中，应密切关注市场变化，及时调整服务策略，确保服务的适应性和竞争力。

第九章　汽车维修企业信息化与智能化管理

第一节　信息化与智能化管理的概念与意义

一、信息化与智能化管理的定义与内涵

（一）概述

随着信息技术的迅猛发展，信息化与智能化管理已成为汽车维修企业提升管理效率、优化服务品质、增强竞争力的关键手段。信息化与智能化管理不仅改变了传统的汽车维修管理方式，更为企业的创新发展注入了新的活力。

（二）汽车维修企业信息化管理的定义与内涵

1. 定义

汽车维修企业信息化管理是指利用信息技术对汽车维修企业的业务流程、管理活动、决策过程进行全面整合和优化，实现信息的快速传递、共享和处理，提高企业的管理效率和决策水平。信息化管理强调以信息技术为手段，推动企业管理模式的创新和发展。

2. 内涵

信息化管理的基础是构建完善的信息系统，包括企业资源计划（ERP）、客户关系管理（CRM）、供应链管理（SCM）等。这些系统能够将企业的各个部门和环节紧密连接起来，实现信息的实时共享和协同工作。同时，企业还需要根据实际需求，开发或引进专业的汽车维修管理软件，提高维修工作的效率和质量。

信息化管理要求企业充分整合和利用各类数据资源，包括车辆维修记录、客户档案、库存信息等。通过对这些数据进行挖掘和分析，企业能够更准确地了解市场需求、客户偏好和运营状况，为决策提供有力支持。此外，数据资源的整合还有助于企业实现精细化管理，提高资源利用效率。

信息化管理需要对企业的信息流程进行全面梳理和优化，消除信息孤岛和冗余环节，实现信息的快速传递和有效处理。通过优化信息流程，企业能够提高工

作效率、降低运营成本，并提升客户满意度。同时，企业还需要根据市场变化和技术发展，不断调整和优化信息流程，保持竞争优势。

信息化管理需要一批具备信息技术和管理知识的复合型人才。汽车维修企业应加强对信息化人才的培养和引进力度，通过培训、交流等方式提升员工的信息化素养和应用能力。同时，企业还应建立良好的激励机制，吸引和留住优秀的信息化人才，为企业的信息化发展提供有力保障。

（三）汽车维修企业智能化管理的定义与内涵

1.定义

汽车维修企业智能化管理是指运用人工智能、大数据、物联网等先进技术手段，对汽车维修企业的业务流程、管理活动进行智能化改造和升级，实现决策智能化、服务智能化和运营智能化。智能化管理旨在通过技术手段提升企业的管理水平和服务质量，推动企业的创新发展。

2.内涵

智能化管理通过构建智能决策支持系统，利用大数据分析和机器学习等技术，对企业的运营数据进行深入挖掘和分析，为企业决策提供科学、准确的依据。智能决策支持系统能够实现对市场趋势的预测、客户需求的分析、风险评估等功能，帮助企业做出更加明智的决策。

智能化管理将人工智能技术应用于汽车维修服务中，实现故障诊断的自动化和精准化。通过引入智能诊断设备、建立故障诊断数据库等方式，企业能够快速准确地识别车辆故障，提高维修效率和质量。同时，智能化服务还能够为客户提供个性化的维修方案和建议，提升客户满意度。智能化管理通过物联网技术实现对车辆、设备、库存等资源的实时监控和智能调度。通过物联网技术，企业能够实时掌握车辆的运行状态、维修进度和设备的使用情况，优化资源配置和调度方案。此外，智能化管理还能够实现对库存的智能化管理，降低库存成本和提高库存周转率。

智能化管理同样需要一批具备智能化技术和管理知识的专业人才。汽车维修企业应加强对智能化人才的培养和引进力度，通过培训、交流等方式提升员工的智能化素养和应用能力。同时，企业还应建立良好的激励机制，吸引和留住优秀的智能化人才，为企业的智能化发展提供有力保障。

二、信息化与智能化管理在汽车维修企业中的意义

随着科技的不断进步，信息化与智能化管理已经成为汽车维修企业提升运营效率、优化服务质量、增强市场竞争力的重要手段。

（一）提升运营效率

信息化与智能化管理通过引入先进的信息技术和智能化设备，能够提升汽车维修企业的运营效率。首先，信息化管理系统能够实现业务流程的自动化和数字化，减少人工操作和纸质文档的使用，降低出错率，提高工作效率。其次，智能化设备能够自动完成一些烦琐的维修任务，降低员工的劳动强度，提高维修效率。此外，通过数据分析和预测，企业可以更加精准地安排工作计划和资源配置，优化运营流程，进一步提高运营效率。

（二）优化服务质量

信息化与智能化管理对于提升汽车维修企业的服务质量具有显著意义。首先，通过客户关系管理系统，企业能够全面了解客户需求和偏好，为客户提供个性化的维修方案和服务。其次，智能化设备能够实现对车辆故障的精准诊断和快速修复，提高维修质量和客户满意度。此外，信息化平台还能够实现服务流程的透明化和可追溯性，增强客户对企业的信任感。

（三）增强市场竞争力

在激烈的市场竞争中，信息化与智能化管理成为汽车维修企业提升竞争力的关键。首先，通过信息化手段，企业能够实现对市场趋势和竞争对手的实时监控和分析，为企业制定市场策略提供有力支持。其次，智能化管理能够提升企业的服务水平和运营效率，使企业在竞争中占据优势地位。此外，信息化与智能化管理还能够增强企业的品牌形象和知名度，吸引更多客户，扩大市场份额。

（四）促进创新发展

信息化与智能化管理为汽车维修企业的创新发展提供了强大动力。首先，通过引入新技术和新设备，企业能够不断创新维修服务模式和业务流程，提升服务品质。其次，信息化平台能够为企业提供一个开放、共享的创新环境，促进企业内部和外部的创新资源整合和协作。此外，通过数据分析和挖掘，企业能够发现新的市场需求和业务机会，为企业的创新发展提供有力支撑。

（五）提升员工素质

信息化与智能化管理不仅提升了企业的运营效率和服务质量，也对员工素质提出了更高的要求。为了适应这种管理模式，员工需要具备一定的信息技术和智能化设备操作能力。因此，企业需要加强对员工的培训和教育，提升他们的专业技能和素质水平。同时，信息化与智能化管理也为企业提供了一个更加公平、透明的竞争环境，有助于激发员工的积极性和创造力。

（六）强化安全管理

汽车维修行业涉及车辆的安全性能，因此安全管理至关重要。信息化与智能化管理为汽车维修企业的安全管理提供了有力支持。通过引入智能化监控系统和安全预警机制，企业能够实现对维修过程和车辆状态的实时监控和预警，及时发现和处理安全隐患。同时，信息化手段还能够帮助企业建立健全的安全管理制度和流程，提升企业的安全管理水平。

（七）推动行业转型升级

信息化与智能化管理是汽车维修行业转型升级的重要方向。通过实施信息化与智能化管理，汽车维修企业能够逐步实现从传统维修模式向现代化、智能化维修模式的转变。这种转变不仅能够提升企业的运营效率和服务质量，还能够推动整个行业的技术进步和产业升级，为行业的可持续发展注入新的活力。

综上所述，信息化与智能化管理在汽车维修企业中具有深远的意义。它不仅能够提升企业的运营效率和服务质量，还能够增强市场竞争力、促进创新发展、提升员工素质、强化安全管理以及推动行业转型升级。因此，汽车维修企业应积极拥抱信息化与智能化管理，不断提升自身的管理水平和竞争力，以应对日益激烈的市场竞争和不断变化的客户需求。

第二节　汽车维修企业信息化基础设施建设

一、信息化基础设施的构成与要求

随着信息技术的迅猛发展，汽车维修企业信息化已经成为提升企业运营效率、优化服务品质、增强竞争力的关键所在。信息化基础设施作为实现信息化的基石，对于汽车维修企业的信息化进程具有至关重要的作用。

（一）信息化基础设施的构成

汽车维修企业信息化基础设施主要包括硬件设备、网络设施、软件系统以及数据安全设施等方面。

硬件设备是信息化基础设施的基础，包括计算机、服务器、存储设备、输入输出设备等。计算机是员工日常办公和维修操作的主要工具，需要具备一定的性能以保证工作的顺利进行；服务器则用于存储和管理企业数据，需要具备高可靠性、高扩展性和高安全性；存储设备用于备份和保存重要数据，防止数据丢失；输入输出设备则包括打印机、扫描仪等，用于实现数据的输出和输入。

网络设施是连接企业内部各个部门和外部世界的桥梁，包括企业内部局域网、互联网接入设备等。企业内部局域网需要实现各个部门和设备之间的互联互通，保证信息的快速传递和共享；互联网接入设备则用于实现企业与外部网络的连接，便于企业进行远程办公、在线交流以及获取外部资源。

软件系统是信息化基础设施的核心，包括操作系统、数据库系统、应用软件等。操作系统是计算机的基本软件，负责管理和控制计算机的硬件和软件资源；数据库系统用于存储和管理企业数据，需要具备高效的数据处理能力和良好的数据安全性；应用软件则根据企业的实际需求进行定制或选购，包括维修管理系统、客户关系管理系统、办公自动化系统等。

数据安全设施是保障企业数据安全的重要手段，包括防火墙、入侵检测系统、数据加密技术等。防火墙用于隔离内外网，防止外部攻击；入侵检测系统则实时监控网络流量和系统日志，发现异常行为并及时报警；数据加密技术则用于保护数据的机密性和完整性，防止数据泄露或被篡改。

（二）信息化基础设施的要求

信息化基础设施需要具备高度的稳定性和可靠性，以确保企业业务的连续性和数据的安全性。硬件设备应选用品质可靠、性能稳定的产品，网络设施应保证数据传输的畅通无阻，软件系统应经过严格的测试和验证，确保无故障运行。数据安全是企业信息化的核心问题。信息化基础设施应建立完善的数据安全体系，包括数据加密、访问控制、安全审计等措施，确保企业数据不被非法获取或篡改。同时，还需要加强对网络安全的防范，防止黑客攻击和病毒传播。

随着企业业务的不断发展和变化，信息化基础设施需要具备一定的灵活性和可扩展性。硬件设备和软件系统应支持模块的增删和配置调整，以适应企业不同的业务需求。同时，网络设施也应具备足够的带宽和扩展能力，以满足未来业务增长的需求。信息化基础设施应具备良好的易用性和维护性，以降低员工的操作难度和维护成本。软件系统的界面应简洁明了、操作便捷，方便员工快速上手；硬件设备应易于安装和维护，减少故障发生的可能性。此外，企业还应建立完善的维护体系，定期对信息化基础设施进行检查和保养，确保其正常运行。

在构建信息化基础设施时，企业需要充分考虑成本效益问题。应根据企业的实际情况和需求进行合理规划，避免盲目追求高端设备和先进技术而造成浪费。同时，还需要注重信息化基础设施的长期使用价值，选择具有高性价比的产品和服务。

二、信息化基础设施的建设规划与实施

随着信息技术的飞速发展，汽车维修企业正面临着前所未有的挑战与机遇。为了提升运营效率、优化服务品质、增强市场竞争力，汽车维修企业亟须加强信息化基础设施的建设。

（一）建设规划

汽车维修企业信息化基础设施的建设目标应与企业的发展战略相一致，包括提升运营效率、优化客户服务、强化内部管理等方面。具体目标可以包括实现业务流程的数字化、智能化，提升数据分析能力，优化资源配置等。

在建设规划阶段，企业需要对自身的信息化现状进行全面分析，包括现有硬件设备、网络设施、软件系统等的使用情况、性能表现以及存在的问题。同时，还需要深入了解业务需求，明确信息化基础设施应满足的功能和性能要求。

根据建设目标和需求分析结果，企业需要制定详细的建设方案。方案应包括硬件设备、网络设施、软件系统等的选型与配置，数据安全与备份策略的制定，以及系统集成与测试等方面的内容。同时，还需要考虑建设过程中的时间节点、人员分工和预算安排等。

（二）实施过程

根据建设方案，企业需要采购所需的硬件设备，包括计算机、服务器、存储设备、输入输出设备等。在采购过程中，应注重设备的性能、稳定性和可靠性，确保设备能够满足企业的业务需求。同时，还需要对设备进行合理的部署，确保设备之间的互联互通和数据的顺畅传输。网络设施是信息化基础设施的重要组成部分，企业需要建设稳定、高效、安全的网络环境。这包括企业内部局域网的搭建、互联网接入设备的配置以及网络安全设施的部署等。在建设过程中，应注重网络的带宽、稳定性和安全性，确保网络能够满足企业的数据传输和通信需求。

软件系统是信息化基础设施的核心，企业需要根据业务需求开发或选购合适的软件系统。在开发过程中，应注重系统的易用性、稳定性和可扩展性，确保系统能够为企业提供便捷、高效的服务。同时，还需要对系统进行严格的测试，确保系统的质量和稳定性。

数据安全是企业信息化建设的重中之重，企业需要制定完善的数据安全与备份策略。这包括建立数据安全管理制度、部署防火墙和入侵检测系统等网络安全设施、采用数据加密技术等措施。同时，还需要定期备份重要数据，确保数据的完整性和可恢复性。

信息化建设不仅依赖于先进的设备和技术，还需要专业的人才队伍。因此，企业需要加强对员工的信息化培训，提升员工的信息化素养和技能水平。同时，

还需要建立完善的信息化管理制度，明确各部门的职责和权限，确保信息化建设的顺利进行。

（三）注意事项

信息化建设是一个系统工程，需要注重整体规划。企业在制定建设方案时，应充分考虑各个方面的因素，确保各个系统之间的协调性和一致性。随着技术的发展和业务的变化，企业的信息化建设也需要不断调整和优化。因此，企业需要保持开放的心态，灵活适应变化，不断优化信息化基础设施的配置和功能。

信息化建设涉及企业的核心数据和业务流程，存在一定的风险。因此，企业需要加强风险控制，制定完善的安全策略和应急预案，确保信息化建设的安全和稳定。

第三节　汽车维修企业信息化系统与应用

一、信息化系统的选择与建设

随着信息技术的迅猛发展和普及，汽车维修企业面临着从传统业务模式向信息化、智能化转型的迫切需求。信息化系统作为提升企业运营效率、优化客户体验、强化内部管理的关键工具，其选择与建设显得尤为重要。

（一）信息化系统选择的原则与考虑因素

在选择信息化系统之前，汽车维修企业应首先明确自身的业务需求，包括维修管理、客户关系管理、库存管理、财务管理等方面。通过对业务需求的深入分析，可以确定信息化系统应具备的基本功能和性能要求，为后续的系统选择提供依据。

在选择信息化系统时，企业应重点关注系统的功能和性能。功能方面，系统应能够覆盖企业的主要业务流程，提供便捷的操作界面和丰富的数据分析工具；性能方面，系统应具备良好的稳定性和可扩展性，能够支持企业的长远发展。

信息化系统的安全性和可靠性直接关系到企业的数据安全和业务连续性。因此，在选择系统时，企业应关注系统的安全机制、数据备份与恢复策略以及供应商的售后服务等方面，确保系统的稳定运行和数据安全。

成本效益是企业选择信息化系统时不可忽视的因素。企业应综合考虑系统的购买成本、维护成本以及带来的效益，选择性价比高的系统。同时，还应关注系统的升级和扩展成本，确保系统的长期使用价值。

（二）信息化系统建设的步骤与关键点

在明确业务需求和系统选择原则的基础上，企业应制定详细的信息化系统建设方案。方案应包括系统架构、功能模块、数据流程、实施计划等方面的内容，为后续的系统建设提供指导。根据建设方案，企业应组织专业团队进行系统部署和集成工作。这包括硬件设备的安装与配置、软件系统的安装与调试、数据迁移与转换等。在部署过程中，应注重系统的稳定性和安全性，确保系统的正常运行。

信息化系统的成功实施离不开员工的支持和参与。因此，在系统建设过程中，企业应开展针对员工的培训和推广活动，提高员工对信息化系统的认识和使用能力。通过培训，员工可以更好地理解和使用系统，发挥其最大的效益。

在系统运行过程中，企业应持续关注系统的性能和功能表现，根据实际情况进行优化和调整。这包括优化系统流程、提升系统性能、增加新功能等方面的工作。通过持续优化，可以使信息化系统更好地适应企业的业务需求和发展变化。

信息化系统的维护和升级是确保其长期稳定运行的关键。企业应建立完善的维护与升级机制，定期对系统进行维护和检查，及时发现和解决潜在问题。同时，还应关注新技术的发展和应用，适时对系统进行升级和改造，保持系统的先进性和竞争力。

（三）信息化系统建设中的注意事项

信息化系统的易用性直接影响到员工的使用体验和效率。因此，在选择和建设系统时，应注重系统的操作界面、功能布局和操作流程等方面的设计，使其符合员工的使用习惯和操作逻辑。汽车维修企业涉及大量的客户信息和车辆数据，数据安全和隐私保护至关重要。在信息化系统建设中，企业应建立完善的数据安全管理制度和技术防范措施，确保数据的机密性、完整性和可用性。

随着企业业务的不断发展和变化，信息化系统需要具备一定的灵活性和可扩展性。在选择系统时，应关注其模块化和可配置性特点，以便根据实际需求进行功能调整和扩展。信息化系统的建设涉及多个部门和多个业务流程的整合与优化。因此，企业需要建立跨部门协作机制，加强各部门之间的沟通与协作，确保系统建设的顺利进行和业务的顺利转型。

二、信息化系统的功能与应用场景

随着信息技术的不断发展和应用，汽车维修企业面临着转型升级的重要机遇。信息化系统作为提升企业管理水平、优化服务流程、增强市场竞争力的关键工具，正逐渐成为汽车维修企业的标配。

（一）信息化系统的功能

信息化系统具备强大的维修管理功能，能够实现对维修订单、维修进度、维修质量等全过程的跟踪和管理。系统可以自动生成维修工单，记录车辆故障信息、维修项目、维修费用等关键数据，方便企业随时查询和统计。同时，系统还可以对维修进度进行实时监控，确保维修任务按时完成。此外，通过数据分析，系统还可以帮助企业发现维修过程中的问题，优化维修流程，提高维修效率和质量。

信息化系统可以帮助企业实现客户信息的全面管理，包括客户基本信息、车辆信息、维修记录等。系统可以自动记录客户的维修历史和需求，为客户提供个性化的服务。同时，系统还可以实现客户回访、满意度调查等功能，帮助企业及时了解客户需求和反馈，提升客户满意度和忠诚度。

信息化系统可以对企业的库存进行全面管理，包括零部件的采购、入库、出库、盘点等各个环节。系统可以实时更新库存信息，确保库存数据的准确性和及时性。同时，系统还可以根据历史数据和预测模型，为企业提供合理的采购计划和库存优化建议，降低库存成本，提高库存周转率。

信息化系统具备强大的财务管理功能，可以实现对维修费用、零部件成本、员工工资等财务数据的全面管理。系统可以自动生成财务报表和统计数据，帮助企业了解财务状况和经营成果。同时，系统还可以提供财务分析功能，帮助企业发现财务问题，制定有效的财务管理策略。

信息化系统可以对企业的各项数据进行深度挖掘和分析，为企业决策者提供有力的数据支持。通过对维修数据、客户数据、库存数据等的分析，系统可以帮助企业发现市场趋势、优化业务流程、制定合理的发展战略。此外，系统还可以提供预测和预警功能，帮助企业提前发现潜在风险和问题，制定应对措施。

（二）信息化系统的应用场景

在门店日常运营管理中，信息化系统可以发挥重要作用。通过系统，门店可以实时掌握车辆维修进度、员工工作情况、库存状态等信息，确保门店运营的高效和有序。同时，系统还可以提供客户服务支持，包括预约服务、在线咨询、投诉处理等，提升客户满意度。

（三）连锁店或分支机构管理

对于拥有多个连锁店或分支机构的汽车维修企业，信息化系统可以实现跨地域的集中管理。通过系统，企业可以实时了解各分支机构的运营情况、财务数据、客户反馈等信息，实现资源的优化配置和风险的及时控制。此外，系统还可以支持分支机构之间的协同作业和信息共享，提升整体运营效率。在供应链管理中，信息化系统可以帮助汽车维修企业实现与供应商、合作伙伴之间的信息互通和协同作业。通过系统，企业可以实时了解零部件的采购情况、库存状态、价格波动等信息，制定合理的采购计划和库存策略。同时，系统还可以支持订单跟踪、物流查询等功能，确保供应链的畅通和高效。

信息化系统可以为企业决策者提供全面的数据支持和决策参考。通过对系统数据的深度分析和挖掘，企业可以了解市场趋势、客户需求、竞争态势等信息，为制定发展战略、优化业务流程、提升市场竞争力提供有力支持。

（四）信息化系统应用的注意事项

在信息化系统应用中，数据安全与隐私保护至关重要。企业应建立完善的数据管理制度和技术防范措施，确保客户信息和业务数据的安全性和机密性。同时，企业还应加强对员工的培训和管理，提高员工的数据安全意识和操作技能。

信息化系统的稳定与可靠性直接影响到企业的正常运营和客户体验。因此，在选择和使用系统时，企业应注重系统的稳定性和可靠性评估，选择成熟、稳定的产品和供应商。同时，企业还应定期对系统进行维护和升级，确保系统的正常运行和功能的不断完善。信息化系统的用户体验和易用性对于员工的操作效率和系统的普及程度具有重要影响。因此，在选择系统时，企业应关注系统的操作界面、功能布局和操作流程等方面的设计，使其符合员工的使用习惯和操作逻辑。同时，企业还应提供必要的培训和支持，帮助员工熟练掌握系统的使用方法和技巧。

第四节　汽车维修企业智能化技术与应用

一、智能化技术的类型与特点

随着科技的飞速发展，智能化技术逐渐渗透到各个行业中，汽车维修企业也不例外。智能化技术的运用，极大地提高了汽车维修的效率和质量，为企业的发展注入了新的活力。

（一）汽车维修企业智能化技术的类型

故障诊断是汽车维修的重要环节，智能化技术的应用使得故障诊断更加精准和高效。通过智能化的诊断系统，可以对车辆的各项参数进行实时监测和分析，快速准确地判断故障位置和原因。此外，利用大数据分析技术，还可以对故障模式进行挖掘和预测，为预防性维修提供依据。维修作业智能化技术主要包括机器人技术和自动化设备的应用。通过引入智能机器人和自动化设备，可以实现维修作业的自动化和智能化，减少人工干预，提高作业精度和效率。例如，智能机器人可以完成零部件的拆卸、安装和调试等烦琐工作，而自动化设备则可以实现对车辆的快速检测和维修。

库存管理智能化技术主要通过物联网技术和信息系统实现。通过物联网技术，可以实时追踪零部件的库存状态和使用情况，确保库存数据的准确性和及时性。同时，信息系统可以根据历史数据和预测模型，为企业提供合理的采购计划和库存优化建议，降低库存成本，提高库存周转率。

客户服务智能化技术主要包括智能客服系统和客户数据分析技术。通过智能客服系统，企业可以为客户提供 24 小时在线的咨询和服务，提高客户满意度。同时，客户数据分析技术可以帮助企业深入了解客户需求和偏好，为个性化服务提供依据。

（二）汽车维修企业智能化技术的特点

智能化技术通过自动化和智能化的方式，大大提高了汽车维修的效率。无论是故障诊断、维修作业还是库存管理，智能化技术都能实现快速、准确的处理，减少了人工操作的烦琐和耗时。智能化技术依托于大数据、云计算等先进的信息处理技术，可以对海量数据进行分析和挖掘，从而实现对故障模式和维修需求的精准预测。这使得汽车维修企业能够提前发现潜在问题，制定针对性的维修方案，提高了维修的精准性和有效性。

智能化技术的应用使得汽车维修过程更加安全。通过智能化的故障诊断系统，可以及时发现和处理安全隐患，防止故障扩大。同时，自动化设备和智能机器人的使用也减少了人为因素的干扰和误差，降低了安全事故的发生概率。

智能化技术为客户提供了更加便利的服务体验。通过智能客服系统，客户可以随时随地获取维修咨询和服务支持；通过客户数据分析技术，企业可以为客户提供个性化的维修方案和建议，满足客户的多样化需求。

（三）智能化技术在汽车维修企业中的应用意义

智能化技术可以提高汽车维修企业的服务质量。通过精准地诊断和维修，企业可以为客户提供更加专业和高效的服务，提升客户满意度和忠诚度。同时，智能化的客户服务系统也可以提供更加便捷和个性化的服务体验，增强企业的竞争力。

智能化技术的应用可以降低汽车维修企业的运营成本。通过自动化的维修作业和智能化的库存管理，企业可以减少人力和物力资源的浪费，提高资源利用效率。此外，智能化的故障诊断系统还可以减少不必要的维修和更换成本，降低企业的运营成本。

智能化技术为汽车维修企业的创新发展提供了有力支持。通过引入先进的智能化设备和系统，企业可以不断探索新的维修模式和服务方式，推动行业的进步和发展。同时，智能化技术也可以为企业带来新的商业机会和增长点，促进企业的可持续发展。

二、智能化技术在汽车维修企业中的应用场景

随着信息技术的飞速发展和汽车维修行业的转型升级，智能化技术在汽车维修企业中的应用越来越广泛。智能化技术不仅提高了汽车维修的效率和准确性，还为企业带来了更多的商业机会和竞争优势。

（一）智能化技术在故障诊断中的应用

故障诊断是汽车维修的关键环节，而智能化技术在这一环节的应用显得尤为突出。首先，智能化故障诊断系统可以通过传感器和数据分析技术，实时监测车辆的运行状态，收集并处理各种故障信息。系统能够自动分析故障数据，判断故障类型和位置，并给出相应的维修建议。这大大提高了故障诊断的准确性和效率，减少了人工诊断的误差和耗时。

其次，智能化技术还可以应用于远程故障诊断。通过远程数据传输和通信技术，维修人员可以实时获取车辆故障信息，进行远程诊断和维修指导。这不仅解决了地域限制的问题，还提高了维修服务的及时性和便利性。

（二）智能化技术在维修作业中的应用

在维修作业方面，智能化技术同样发挥着重要作用。首先，智能机器人和自动化设备的应用，使得维修作业更加高效和精准。智能机器人可以完成零部件的拆卸、安装和调试烦琐工作，而自动化设备则可以实现对车辆的快速检测和维修。这不仅减少了人工操作的复杂性和难度，还提高了作业效率和质量。

其次，智能化技术还可以实现维修过程的可视化和管理。通过视频监控和实时数据传输技术，企业可以实时监控维修作业的进展情况，及时发现和解决问题。同时，智能化的管理系统还可以对维修数据进行记录和分析，帮助企业优化维修流程和提高维修质量。

（三）智能化技术在库存管理中的应用

库存管理是汽车维修企业运营中的重要环节，智能化技术的应用也为其带来了诸多便利。首先，通过物联网技术和 RFID 等技术手段，企业可以实时追踪零部件的库存状态和使用情况。系统可以自动记录零部件的入库、出库和库存量等信息，确保库存数据的准确性和及时性。

其次，智能化技术还可以实现库存的预测和优化。基于历史数据和算法模型，

系统可以预测零部件的需求量和采购周期，为企业提供合理的采购计划和库存策略。这有助于降低库存成本、减少库存积压和浪费，提高企业的运营效率和盈利能力。

（四）智能化技术在客户服务中的应用

客户服务是汽车维修企业的重要竞争力之一，智能化技术的应用也为客户服务带来了革命性的变化。首先，智能客服系统可以为客户提供 24 小时在线的咨询和服务。客户可以通过语音、文字或图像等方式与系统进行交互，获取维修建议、预约维修服务或查询维修进度等信息。这不仅提高了客户服务的及时性和便利性，还提高了客户的满意度和忠诚度。

其次，智能化技术还可以实现客户数据的分析和挖掘。通过对客户数据的收集和分析，企业可以深入了解客户的需求和偏好，为客户提供个性化的维修方案和服务。同时，企业还可以根据客户的反馈和评价，不断优化服务流程和提高服务质量。

（五）智能化技术在培训和教育中的应用

随着汽车维修技术的不断更新和升级，员工的培训和教育也变得尤为重要。智能化技术在这一方面也发挥着重要作用。通过虚拟现实（VR）和增强现实（AR）技术，企业可以创建逼真的维修场景和模拟操作环境，为员工提供身临其境的培训体验。员工可以在虚拟环境中进行实践操作和故障排除，提高技能水平和操作熟练度。

此外，智能化技术还可以实现远程教育和在线学习。企业可以开发在线课程和学习平台，为员工提供灵活多样的学习方式。员工可以随时随地进行学习，掌握最新的维修技术和知识，提升个人素质和竞争力。

（六）智能化技术在市场营销中的应用

市场营销是汽车维修企业拓展业务、提升品牌影响力的重要手段。智能化技术在市场营销方面也有着广泛的应用。首先，通过大数据分析和人工智能技术，企业可以精准地定位目标客户群体，制定个性化的营销策略和推广方案。企业可以根据客户的消费习惯、维修需求等信息，进行精准推送和定制化服务，提高营销效果和转化率。

其次，智能化技术还可以实现营销活动的自动化和智能化管理。通过自动化的营销系统和智能分析工具，企业可以实时监测营销活动的效果和反馈，及时调整策略和优化流程。这有助于降低营销成本、提高营销效率，并为企业带来更多的商业机会和收益。

第五节　汽车维修企业大数据与人工智能管理

随着信息技术的飞速发展，大数据与人工智能正逐渐成为汽车维修行业转型升级的重要驱动力。大数据的广泛应用为汽车维修企业提供了海量的数据资源，而人工智能技术的应用则进一步提升了数据处理和分析的能力。

（一）大数据在汽车维修企业中的应用价值

在汽车维修领域，大数据技术的应用可以实现对车辆故障数据的全面收集和分析。通过收集车辆运行过程中的各类数据，如传感器信号、故障代码等，可以形成庞大的故障数据库。利用大数据技术对故障数据进行深度挖掘和分析，可以找出故障发生的规律和模式，从而实现对故障类型的精准判断。这种基于大数据的故障诊断方法相比传统的经验式诊断更加准确可靠，有助于提高维修效率和质量。大数据技术在汽车维修企业的库存管理中也发挥着重要作用。通过收集和分析零部件的采购、库存、销售等数据，可以预测零部件的需求趋势和库存水平。基于大数据的预测模型可以为企业制定合理的采购计划和库存策略提供依据，避免库存积压和浪费。同时，通过对库存数据的实时监控和分析，还可以及时发现库存异常和潜在问题，为企业的库存管理提供有力支持。

大数据技术在客户关系管理和个性化服务方面也具有重要意义。通过收集和分析客户的维修记录、消费习惯、偏好等信息，可以深入了解客户的需求和行为特征。基于大数据的客户画像可以为企业制定个性化的维修方案和服务策略提供依据，提高客户满意度和忠诚度。同时，通过对客户数据的挖掘和分析，还可以发现潜在的市场机会和客户需求，为企业的市场拓展提供有力支持。

（二）人工智能在汽车维修企业中的应用价值

人工智能技术的应用可以推动汽车维修作业的自动化和智能化。通过引入智能机器人和自动化设备，可以实现零部件的自动识别和拆卸、故障点的自动定位和修复等功能。这不仅降低了人工操作的复杂性和难度，还提高了维修作业的效率和精度。同时，人工智能还可以根据车辆的故障类型和维修历史，自动推荐合适的维修方案和零部件更换计划，为维修人员提供智能化的决策支持。

人工智能技术在故障诊断和预测方面也具有显著优势。通过深度学习等技术，人工智能可以学习和理解车辆的故障模式和特征，实现对故障类型的智能识别和判断。同时，基于大数据和人工智能的预测模型还可以对车辆的故障趋势进行预测和分析，为预防性维修提供有力支持。这有助于提前发现和解决潜在问题，减少故障发生的概率和维修成本。

人工智能技术在提升客户体验和服务创新方面也发挥着重要作用。通过智能客服系统和语音识别技术，可以为客户提供更加便捷和高效的咨询服务。客户可以通过语音或文字与智能客服系统进行交互，获取维修建议、预约维修服务或查询维修进度等信息。同时，人工智能还可以根据客户的需求和偏好，为客户提供个性化的维修方案和服务推荐，提高客户的满意度和忠诚度。

（三）大数据与人工智能协同应用的价值

大数据与人工智能在汽车维修企业中的应用不是孤立的，而是相互协同、相互促进的。通过将大数据与人工智能技术相结合，可以实现更加精准和高效的故障诊断、库存管理、客户关系管理等功能。大数据为人工智能提供了丰富的数据资源，而人工智能则通过对这些数据的深度学习和分析，实现了对车辆故障、客户需求等信息的智能识别和判断。这种协同应用不仅提高了汽车维修企业的运营效率和服务质量，还为企业带来了更多的商业机会和竞争优势。

二、大数据与人工智能在业务决策与优化中的应用

随着信息技术的飞速发展，大数据与人工智能已经成为当今企业业务决策与优化的重要工具。大数据提供了海量的数据资源，而人工智能则能够对这些数据进行深度分析和处理，为企业提供更精准、更高效的决策支持。

（一）大数据在业务决策与优化中的应用

大数据的收集和分析为市场分析与预测提供了有力的支持。通过对海量市场数据的收集、整合和挖掘，企业可以深入了解市场的趋势、竞争态势和消费者需求。基于大数据的市场分析模型可以预测市场变化，为企业制定市场策略和产品规划提供决策依据。

大数据还可以帮助企业进行客户行为分析，了解客户的消费习惯、偏好和需求。通过对客户数据的收集和分析，企业可以构建客户画像，实现精准营销和个性化服务。同时，企业还可以根据客户的反馈和评价，优化产品和服务，提升客户满意度和忠诚度。

在运营管理方面，大数据也发挥着重要作用。通过对企业内部运营数据的分析，企业可以找出运营过程中的瓶颈和问题，优化流程、降低成本、提高效率。此外，大数据还可以帮助企业进行供应链管理和库存管理，实现资源的合理配置和高效利用。

（二）人工智能在业务决策与优化中的应用

人工智能技术的应用为企业提供了智能决策支持系统。这些系统能够利用机

器学习、深度学习等技术，对大量数据进行处理和分析，为决策者提供有价值的洞察和建议。智能决策支持系统可以帮助企业快速识别问题、分析原因并给出解决方案，提高决策的质量和效率。

人工智能还可以实现决策流程的自动化。通过构建基于人工智能的决策模型，企业可以实现决策过程的自动化和智能化。这不仅可以减少人为干预和误差，提高决策的一致性和准确性，还可以降低决策成本和时间成本，提高企业的响应速度和竞争力。

人工智能的预测分析能力可以帮助企业提前识别潜在的风险和机会。通过对历史数据的分析和学习，人工智能可以构建预测模型，对未来的发展趋势进行预测和判断。这使得企业能够在风险发生之前制定有效的风险管理策略，降低潜在损失。同时，人工智能还可以发现潜在的市场机会和业务增长点，为企业制定扩张战略提供有力支持。

（三）大数据与人工智能协同应用的价值

大数据与人工智能在业务决策与优化中的应用不是孤立的，而是相互协同、相互促进的。大数据为人工智能提供了丰富的数据资源，使得人工智能的决策模型更加精准和可靠。同时，人工智能的算法和技术又能够深入挖掘大数据中的潜在价值，为企业的业务决策提供更全面、更深入的分析和洞察。

通过大数据与人工智能的协同应用，企业可以实现更精准的市场预测、更个性化的客户服务、更高效的运营管理以及更智能的决策支持。这不仅可以提高企业的业务水平和市场竞争力，还可以为企业创造更多的商业机会和价值。

参考文献

[1] 陈婧 . 汽车维修企业管理 [M]. 重庆：重庆大学出版社 , 2019.

[2] 吴书豪 , 杨旭 . 汽车维修企业管理 [M]. 天津：天津科学技术出版社 , 2018.

[3] 王一斐 . 汽车维修企业管理 第 4 版 [M]. 北京：机械工业出版社 , 2021.

[4] 栾琪文 . 现代汽车维修企业管理实务 第 4 版 [M]. 北京：机械工业出版社 , 2018.

[5] 晋东海 . 汽车维修企业管理实务 永续发展篇 [M]. 北京：机械工业出版社 , 2016.

[6] 李秀峰 . 汽车维修企业运营与管理 [M]. 上海：同济大学出版社 , 2021.

[7] 李莹 , 刘德发 . 汽车维修企业管理 [M]. 北京：中国铁道出版社 , 2021.

[8] 孙国君 , 张雯娣 . 汽车维修企业管理 [M]. 北京：化学工业出版社 , 2020.

[9] 李蒋 . 汽车维修企业管理 [M]. 江苏凤凰教育出版社 , 2020.

[10] 沈慧 , 赵晖 . 汽车维修企业管理 [M]. 武汉：中国地质大学出版社 , 2019.

[11] 沈树盛 , 安国庆 . 汽车维修企业管理 [M]. 北京：人民交通出版社 , 2019.

[12] 杨宝成 , 赵海新 . 汽车维修企业管理 [M]. 西北工业大学出版社 , 2019.

[13] 高菲菲 , 邓持 , 任莉 . 汽车维修企业管理 [M]. 北京：航空工业出版社 , 2018.

[14] 许行宇 , 缑庆伟 . 汽车维修企业管理 [M]. 国家开放大学出版社 , 2018.

[15] 许福有 . 突出重围 汽车维修企业经营与管理实战问答 [M]. 北京：机械工业出版社 , 2016.

[16] 崔政敏 , 王婷 . 汽车维修企业管理 [M]. 北京：机械工业出版社 , 2017.

[17] 王晓飞 , 李明杰 , 杨德明 . 汽车维修企业管理 [M]. 北京：冶金工业出版社 , 2017.